Igor Janke
VIKTOR ORBÁN

www.schenkbuchverlag.de
www.schenkverlag.com
www.schenkverlag.eu

Igor Janke

VIKTOR ORBÁN

Ein Stürmer in der Politik

SCHENK VERLAG ❖ PASSAU

Für meine Frau Bogna
und meinen Söhne Antek und Franek

Originalausgabe: Igor Janke: Napastnik – Opowieść
o Viktorzue Orbánie, 2012, © Demart SA, Warszawa/Polen

Die Deutsche Bibliothek verzeichnet diese Publikation
in der Deutschen Nationalbibliographie;
detaillierte bibliographische Daten sind im Internet
über http://dnb.ddb.de abrufbar.

© 2014 Schenk Verlag GmbH • Passau
Deutsch von Karl-Heinz Schweitzer
Lektorat: Larissa Vogl, Richard Schenk
Umschlaggestaltung, Satz: Tibor Stubnya
Umschlagbild: Barna Burger
Printed in Hungary

ISBN 978-3-944850-14-6

INHALT

EINLEITUNG

Vom Kampf, dem Postkommunismus und einem sehr langen Western, den man sich sogar fünfzehn Mal anschauen kann

„Verdammt, das geht aber zu weit!" fluchte Adam Michnik. Der polnische Journalist und Politiker, stand in der Menge der Ungarn, die sich auf dem Budapester Heldenplatz versammelt hatte. Es war der 16. Juni 1989. Brütende Hitze herrschte. Mehrere Zehntausend Menschen waren auf dem Platz, Millionen saßen vor dem Fernseher. Über den Köpfen wehten rot-weiß-grüne Fahnen, mit einem Loch in der Mitte, ausgeschnitten oder ausgebrannt. Anlässlich der feierlichen Umbettung des Leichnams von Imre Nagy forderte der 26-jährige Viktor Orbán, junges Vorstandsmitglied des Fidesz (Bund Junger Demokraten), die sowjetischen Truppen auf, das Land zu verlassen. Wie sich im Laufe der Zeit herausstellte, war dies die wichtigste Rede seines Lebens. Die Feierlichkeit wurde vom staatlichen Fernsehen übertragen. Orbáns Rede auch.

Den Ungarn lief bei den gewagten Worten des jungen Studenten ein Schauer über den Rücken. In der Tschechoslowakei und auch in Ungarn waren noch die Kommunisten an der Macht. In Rumänien und in der DDR hielten sich Ceauşescus und Honeckers Regime eisern. Nur in Polen waren schon Gespräche am Runden Tisch im Gange. Doch so weit wagten sich selbst die polnischen Radikalen mit ihren Forderungen nicht vor. Orbán sagte Dinge, die das System untergruben. Die Ungarn mochten ihn sofort wegen seiner direkten Art. Er sprach das aus, wovon unzählige Menschen träumten. Die Straßen von Budapest erfüllte eine euphorische Stimmung.

Entschlossen war Viktor Orbán immer. Radikal. Den anderen immer ein paar Schritte voraus. Immer hatte er ferne Ziele vor Augen. Jeder, der sich an ihn aus den alten Zeiten erinnert, bestätigt, dass wir es mit einem außerordentlich harten, fleißigen und konsequenten Burschen zu tun haben. Einem Jungen aus einem Haus am Rand des Dorfes. Von Kindheit an musste er kämpfen. Alles erreichte er aus eigener Kraft. Er weiß genau, was ihn einzelne Schritte kosten, er weiß genau, wie viel man arbeiten muss, um vorwärtszukommen, wie viel man lernen muss, um etwas zu erreichen. Er musste mehr arbeiten, auch mehr lernen als andere. Und schön der Reihe nach besiegte er alle.

Innerlich ist er voller Leidenschaft, äußerlich ist ihm nichts daran anzusehen. Wenn es sein muss, ist er charmant, locker und witzig. Wenn es sein muss, hart und kalt. Höllisch intelligent. Er hat hohe Erwartungen. Im Alltag ist er normal, freundlich und höflich. Ein guter Kumpel, es lässt sich gut mit ihm plaudern, ein sympathisches Mannsbild. Aber er ist auch fähig, mit den Menschen zu spielen, taktiert mit ihnen, ohne dass ihre Position gefährdet wird. Er achtet darauf, dass alle wichtigen Fragen in seiner Hand liegen.

Er weiß, wie man eine ergebene Mannschaft aufstellt. Mit einer Gruppe von ein paar Gleichgesinnten hat er den Anfang gemacht. Seitdem sind 25 Jahre vergangen und nun führt er die größte und am besten organisierte Partei Mitteleuropas. Er verfügt über bedeutende Macht. „Seine formelle Macht ist gewaltig. Die informelle noch größer", sagt einer seiner Mitarbeiter. Er unterwirft sich alles und jeden. Unbedingte Loyalität erwartet er und die weiß er auch zu erzwingen. Konflikten stellt er sich und schürt sie auch, wenn es das Ziel erfordert, das er sich gesetzt hat. Vor einem Kampf scheut er nicht zurück. Viele behaupten, dass er es geradezu liebt, zu kämpfen. „Wenn er die Wahl hat, die Tür mit der Klinke zu öffnen oder einzurennen, rennt Viktor sie lieber ein", sagt einer seiner Freunde. Er hat zahlreiche Feinde. Todfeinde. Es ist schwer einen Politiker zu finden, der wie er in der

Lage ist, so große Leidenschaften zu erwecken. Millionen beten ihn an, Hunderttausende hassen ihn aus ganzem Herzen. Als er der Sowjetunion den Fehdehandschuh hinwarf, war er in seinem Element. Wenn er sich mit dem ganzen ungarischen postkommunistischen Apparat und den missmutigen linken Medien anlegt, spürt er Wind in seinen Segeln. Wenn die ganze EU gegen ihn ist, empfindet er das als Herausforderung. Innerhalb von fünfundzwanzig Jahren hat er gelernt, die unterschiedlichsten Mittel der Politik zu gebrauchen. Er kann sich wie ein verantwortungsvoller Staatsmann verhalten, aber auch wie ein Populist, der das Blaue vom Himmel herunter verspricht. An einem Tag führt er in Brüssel das große Wort über die europäische Einheit, am nächsten Tag spricht er in Budapest darüber, dass fremde Mächte versuchen, Ungarn zu kolonialisieren. Er ist zu Kehrtwendungen fähig. Einst war er ein radikaler Kirchengegner, der an die Freiheit glaubte. Heute ist er gottesfürchtig, referiert vor der Öffentlichkeit die Notwendigkeit staatlicher Einmischung und dass das neoliberale Experiment gescheitert sei.

Er hat Überzeugungskraft. Er ist ein ausgezeichneter Redner. Er ist ein Meister, wenn es darum geht, die Stimmung der Menschen zu erfassen. Wenn er spürt, dass er recht hat, bringt ihn nichts von seinem Weg ab. Unermüdlich leistet er Überzeugungsarbeit. Und ebenso unermüdlich ist er beim Argumentieren.

1. KAPITEL

Für die Mannschaft sterben

Darüber, wie systematisch der ungarische Ministerpräsident in einer Dorfmannschaft Fußball spielte, wie er während wichtiger Sitzungen die Ergebnisse der Champions League verfolgt und wie er eine Fußballakademie neben seinem eigenen Haus erbaute – denn ohne Fußball kann man nicht verstehen, wer dieser Viktor Orbán ist

„Herr Präsident, einen Pass hierher, Herr Präsident, gib nach links ab!" rufen die Mannschaftsgefährten in Felcsút dem ungarischen Ministerpräsidenten zu, wenn sie zusammen auf dem Dorffußballplatz spielen. Die Wortkombination „Herr Präsident" klingt halb ernst, voller Ehrerbietung, halb scherzhaft. Unter Präsident ist hier der Vorsitzende des Fidesz zu verstehen. „Viktor, du bist aber schwach heute!" Manchmal bekommt er auch so etwas zu hören.

Zwei, drei Mal die Woche pflegte der ungarische Ministerpräsident frühmorgens oder spätabends auf dem Fußballplatz des ruhigen Dörfchens Felcsút, 46 Kilometer von Budapest entfernt, zu trainieren. In Felcsút hat er einen Teil seiner Kindheit verbracht und hier besitzt er ein Haus. „Er ist fleißig, aber wegen seiner zahlreichen Beschäftigungen kommt er in letzter Zeit nur selten zum Trainieren", beklagt sich sein persönlicher Trainer Mihály Takács. (Die Medien lassen es sich nicht entgehen, den Ministerpräsidenten zu kritisieren, weil er zugenommen hat.) Gewöhnlich halten sie zu zweit ein normales Fußballtraining ab: Laufen, Cardiotraining, Ballführung. Von Zeit zu Zeit veranstalten sie ein Spiel mit den übrigen Mannschaftsmitgliedern.

Orbán ist ein sehr harter Spieler. Er mobilisiert die anderen: „Vorwärts, los, angreifen!" Er liebt es, das Spiel zu lenken. Im Dorf nennt man ihn einfach nur Viktor. Die Felcsúter sind sehr stolz auf ihn, aber sie behandeln ihn wie alle anderen Nachbarn auch. „Er verhält sich normal, ist nicht hochmütig, ein genauso bescheidener Sportler, wie er es immer war", sagt man über ihn. „Der Viktor ist der Viktor, seit der Kindheit kennen wir ihn, er ist einer von uns." Wenn er nach Felcsút kommt, fällt kein Wort über Politik. Sie sprechen über Fußball, die Bekannten, die Familie. „Der Viktor, der hierher kommt, ist nicht der, den man im Fernsehen sieht. Er ist ein normaler Typ. Einer wie wir alle", meint man im Dorf.

Vor nicht allzu langer Zeit bereiteten sich die Spieler des Fünftligisten Felcsút in der Umkleide auf ein Spiel vor. Orbán setzte sich auf den Platz eines anderen. Der kam mit Verspätung, trat vor ihn hin und sagte: „Das ist mein Platz!" „Ah, sorry!", antwortete der Ministerpräsident und setzte sich auf einen anderen Platz. Eine andere Geschichte: „Noch bevor er zum zweiten Mal Ministerpräsident wurde, spielten wir in einem Dorf, das keine Umkleide hatte. Ich gehe auf dem Parkplatz an einem Auto vorbei und sehe, dass Orbán da in Unterhosen auf der Straße steht und sich gerade umkleidet wie die anderen auch."

Viktor Orbán wird kein Fußballstar mehr. Aber sein Sohn Gáspár wird vielleicht die Träume seines Vaters verwirklichen. Der 20-jährige, braunhaarige junge Mann ist Fußballspieler geworden und hatte kürzlich seine Premiere in der zweiten Mannschaft von Videoton. Ich traf ihn in Felcsút auf dem Sportplatz. „Ich schreibe ein Buch über deinen Vater." „Großartig! Das werde ich unbedingt lesen", sagte er höflich. Er trug das rotblaue Trikot von Videoton. „Wir könnten uns ein wenig unterhalten. Ich möchte erfahren, was dir der Fußball bedeutet", sagte ich. „Ger-

ne, aber jetzt muss ich auf den Platz." Auf der Tribüne saß ich
mit György Szöllősi, dem Chefredakteur des Fußballmagazins
FourFourTwo, der selbst auch in Felcsút wohnt und Pressechef
der Puskás-Akademie ist: „Gáspár ist ein sehr enthusiastischer
Junge, aber du hast keine Chance bei ihm. Der gibt keinem ein
Interview. Er weiß, dass alle sich wegen seines Vaters für ihn
interessieren. Er möchte aber sich selbst aufbauen." Gáspár
Orbán meidet die Medien. Er will der Welt zeigen, dass er Tore
schießen kann. Sein Vater ist außerordentlich stolz auf ihn.
Wenn wir sagen, dass Viktor Orbán sich für Fußball begeistert, reicht das bei Weitem nicht aus. Fußball ist das zweite
Leben des Ministerpräsidenten. „Im politischen Leben kann es
drunter und drüber gehen, Viktor behält einen kühlen Kopf,
wenn aber unsere Sportler kämpfen, brechen seine Gefühle
durch", sagt jemand, der Orbán sehr nahe steht. Diese Meinung
bestätigen alle, die einmal mit ihm im Stadion waren oder mit
ihm ein Spiel im Fernsehen angeschaut haben. Wenn die Spieler
auf dem Platz kampfen, kann er nicht sitzen bleiben. Er ereifert
sich und kommentiert. Man kann dann mit ihm über nichts
anderes reden. „Vor Kurzem haben wir zusammen das Spiel
Real Madrid – FC Barcelona gesehen. Von jedem Spieler hatte
er eine Meinung", erzählt einer seiner Freunde. Orbáns Mitarbeiter, die meine Treffen mit ihm organisierten, warnten mich
vor: Wenn du eventuell mit ihm zu einem Fußballspiel gehst,
dann versuche nicht, das Gespräch vom Fußball abzulenken!
Am besten ist es, wenn du gar nichts sagst.

Viktor Orbán liebt Fußball, liebt Ungarn und liebt die
Politik. Und diese drei Dinge gehören eng zusammen. Er weiß,
dass Fußball nicht einfach ein Spiel ist, sondern den Ungarn
ein seelisches Bedürfnis. Nach seiner Überzeugung ist Fußball
einer der wirksamsten Faktoren, die zum Wiedererstarken der
ungarischen Gesellschaft beitragen können. Sie neu aufzubau-

en, damit eine gesunde, dynamische, unternehmungslustige Gesellschaft entsteht. Orbáns Traum ist ein starker Staat, ein starker ungarischer Fußball, der Aufbau einer Gesellschaft, die stark und selbstbewusst ist, stolz auf ihre Ergebnisse und ihre Fußballspieler. Fußball liebt er auch, weil es ein strategisches Spiel ist. Man kann das Spiel planen und die Taktik vorbereiten. Fußball wühlt die Gefühle auf. Es gibt die Chance zu siegen, zur großen Freude oder genauso zur Verbitterung bei einer Niederlage. Fußball fordert Glauben, Entschlossenheit, Denken und harte Arbeit. All das, was Orbán liebt. Auf dem Platz und auch in der Politik ist er ein Stürmer oder ein Angreifer im Mittelfeld.

```
Stürmer Berczeli Csaba:  - Entwicklung der Einwurf-tech-
                           nik, Entwicklung des linken
                           Beins und der Schusstechnik.
Stürmer Viktor Orbán:    - Schnelles Denken, Schussbereit-
                           schaft, Technik, Entwicklung
                           des dynamischen Einwurfs vor-
                           rangig
Stürmer Csaba Bikárdi:   - Schussbereitschaft, Technik,
                           Entwicklung der Wendigkeit,
                           Fleiß, Disziplin
Stürmer Attila Klénán:   - rechtes Bein, Kopfspiel und Ex-
                           plosivität
```

Auszug aus der Bewertung für die Spieler der Jugendmannschaft

Viktor war immer fußballbegeistert. Als kleiner Junge, als sie noch im Nachbarort Alcsútdoboz wohnten, hing er sehr an seinem Großvater Mihály. Heute ranken sich zahllose Legenden um diese Beziehung. Der Großvater vermittelte seinem Enkel die wichtigsten Werte. Er selbst war ein Mensch, der nach kämpferischen, harten, religiösen und kategorischen Grundprinzipien lebte. So wie Viktor später auch. Sicher enthält das viel Wahres. Aber es gibt auch eine trivialere Erklärung. Die Orbáns wohnten mit den Großeltern in einem recht kleinen Haus und Viktor hielt sich meistens im Zimmer des Großvaters auf. Vielleicht weil er sich die patriotischen Heldengeschichten des Großvaters anhörte, aber vielleicht auch nur weil dort der Fernseher stand, mit dem er sich Fußballspiele ansah. Wer weiß?

In seiner Kindheit spielte Viktor Orbán Fußball, wo und wann er nur konnte. In der Mittelschule war er einer der besten Spieler. „Neunzig Prozent meiner Freizeit verbrachte ich mit Fußball. Zehn Prozent blieben für die Mädchen. Für andere Dinge hatte ich kaum Zeit", erzählte Viktor Orbán, als wir in einer Gasstätte am Donauufer zu Mittag aßen. Als er die Mädchen erwähnt, lächelt immer er, aber immer wenn er über Fußball spricht, wird er todernst.

Wenn er von zu Hause durchbrannte, dann immer, um Fußball spielen zu können. Der Ball stand bei ihm immer in Konkurrenz zum Lernen, Arbeit, Politik und Familie. Zu allem. Wenn er als Soldat ein Spiel sehen wollte, versteckte er sich irgendwo auf dem Stützpunkt oder verschwand einfach ein paar Stunden. Dafür drohten ihm Strafen inklusive Haft. Aber Fußball war ihm wichtiger als alles.

An der Universität stürzte er sich in das gesellschaftliche und politische Leben. Obwohl neben der Politik, dem Wein und den Mädchen weiterhin für ihn Fußball das Wichtigste war. Sofort schloss er sich einer Amateurmannschaft an, von denen es in Budapest mehrere Hundert gab. Diese kleinen Gruppen waren damals in Ungarn sehr populär. Regelmäßig spielte er bei den Universitätsmeisterschaften und immer in einer richtigen Mannschaft. Zuerst beim Sportverein Felcsút, dann beim Eisenbahnerverein Előre (Vorwärts) in Székesfehérvár und schließlich in Budapest in der Mannschaft von Erdért.

Viktor Orbán hörte auch während seiner ersten Ministerpräsidentschaft nicht auf, Fußball zu spielen. Er wurde Stammspieler der Mannschaft des Felcsút SC. Meistens wurde er als Mittelstürmers aufgestellt. „Auf dem Platz ist er so wie im Leben. Hart. Und ständig übernimmt er das Steuer. Auch da will er Chef sein", sagt Gábor Borókai, der von 1998 bis 2002 Sprecher des Fidesz war. Auf dem Bild trägt Viktor das Trikot der ungarischen Nationalmannschaft als Spieler der Parlamentsmannschaft. Bei der Felcsúter Mannschaft trug er die Nummer 2.

Dem Training widmete er immer viel Zeit. Sowohl in seiner Schulzeit als auch an der Universität und als Politiker. 1989 war er Mittelstürmer beim Budapester Sportverein Erdért. Er fehlte nie beim Training, doch an einem Tag im Juni bat er den Trainer, ihm ein paar Tage freizugeben. János Jakab nickte nur, ohne ein Wort zu sagen. Als der Trainer ein paar Tage darauf mit dem Auto irgendwohin unterwegs war, schaltete er das Radio ein und zu seiner größten Überraschung hörte er die Stimme seines Spielers. In seiner Rede forderte er gerade die sowjetischen Truppen auf, das Land zu verlassen. Jakab dachte damals, dieser Junge würde wohl für längere Zeit verschwinden. Aber er verschwand nicht. Bald war er wieder zurück und spielte weiter Fußball. Die beiden Männer sind bis heute gute Freunde und schauen sich gemeinsam Spiele an.

Als Orbán Parteivorsitzender wurde, fiel es ihm schwerer zum Training zu kommen, aber letztlich bis 2010, als er zum zweiten Mal Regierungschef wurde, war er Stammspieler in verschiedenen Vereinen. Am längsten spielte er beim Fünftligisten Felcsút, in der Mannschaft seines Dorfes. Während er von 1988 bis 2002 Regierungschef war, spielte er weiter regelmäßig in diesem Verein. Als Ministerpräsident arbeitete er in der Woche von früh bis spät, am Wochenende raste er nach Felcsút zum Training und zu den Spielen. Seine Frau Anikó beklagte sich oft darüber.

2001 verschob er einmal eine Regierungssitzung, weil seine Mannschaft zu einem Trainingsspiel ins kroatische Poreč reiste. Wenn er nicht selbst spielt, schaut er sich die Spiele an. Wenn er dazu keine Möglichkeit hat, versucht er wenigstens die Spielergebnisse zu verfolgen. Wenn er das selbst nicht kann, bittet er einen Kollegen darum. „Oft fragte er nach Einzelheiten. Wer was macht, auf welcher Position er spielt, wer der Trainer ist. Ich hatte es nicht leicht. Obwohl ich bereits von zahlreichen Fußballmeisterschaften berichtet hatte. Ich weiß wirklich viel über Fußball und habe auch Erfahrung damit. Aber er weiß mehr als ich. Er zerbricht sich den Kopf darüber, wie man die Mannschaftsaufstellung verändern müsste, welche Mannschaft welche Taktik anwenden müsste", erzählt Gábor Borókai, der Sprecher der ersten Regierung Orbán. Womit hatte der Regierungssprecher sich vorher beschäftigt? Sportjournalist war er gewesen, Fußballsachverständiger. Ministerpräsident Orbán hat gern Menschen in seiner Umgebung, mit denen sich versteht.

Viktor Orbán zeigt ein Trikot, das seinen Namen trägt. Ein Geschenk von Real Madrid.

Die Situation änderte sich kaum, als Orbán 2010 zum zweiten Mal Ministerpräsident wurde. Einmal flog er nach Brüssel zu einer Sitzung des Europarats. Damals waren wichtige Besprechungen unter Beteiligung der Regierungschefs im Gange. Die Berater mussten draußen bleiben. Im Saal gab es kein Internet. Der ungarische Ministerpräsident wies seine Berater an, ihn während der Sitzung per SMS über den Stand eines Spiels der ungarischen Meisterschaften zu informieren.

Als im Juli 2012 das offizielle slowakisch-ungarische Verhältnis recht gespannt war, was übrigens in den letzten Jahren keine Seltenheit war, ergab es sich, dass er beim Ausscheidungsspiel der UEFA Europa League zwischen Slovan Bratislava – Videoton FC den Ministerpräsidenten Robert Fico traf. In einer offiziellen diplomatischen Note – dem Reglement entsprechend – unterrichtete er die slowakische Seite von seiner Absicht, das Spiel zu besuchen. Die Beziehungen zwischen den beiden Regierungen verbesserten sich schnell. Auch Fico besucht von Zeit zu Zeit Fußballspiele, ist allerdings nicht so fußballbegeistert wie sein ungarischer Partner. „Viktor Orbán ist ein großer Fußballfan", sagte der slowakische Ministerpräsident über ihn. Nach dem Spiel erzählte er, dass der ungarische Ministerpräsident bei dem Spiel so mitgegangen sei, dass es schwierig gewesen sei, darüber zu sprechen, was sie trenne. Deshalb hätten sie lieber das Gesehene kommentiert, und darüber gesprochen, was die beiden Länder verbinde und auch darüber, wie man das Verhältnis zwischen ihn verbessern könne. Die Spieler verhielten sich diplomatisch, das Spiel endete 1: 1 unentschieden. Danach unterhielten sich die beiden Ministerpräsidenten bei Sliwowitz und Wein über Baupläne für Stadien in ihrer jeweiligen Heimat.

Als Orbán im gleichen Jahr nach Chicago zum NATO-Gipfel flog, bat er seine Mitarbeiter, zu prüfen, ob er über München fliegen könne, weil nämlich zu dieser Zeit in der Allianz Arena das Finale der UEFA Champions League stattfand. Zu seiner größten Enttäuschung gab es keine passende Flugverbindung. Zum Eröffnungsspiel der Europameisterschaft 2012, Polen gegen Griechenland, erschien er aber. Ministerpräsident Donald Tusk hatte ihn eingeladen und es bestand kein Zweifel, dass Orbán zu diesem Spiel anreisen würde. Besonders deshalb, weil ihm ähnlich wie der Fußball das gute ungarisch-polnische Verhältnis am Herzen liegt. Orbán hatte die polnische Regierung öffentlich unterstützt, als er sich gegen den Boykott Europa-Meisterschafts-finale in Kiew einsetzte.

Der Mensch, der sein ganzes Leben der Politik widmete, eine große, starke Partei aufbaute und einer der bekanntesten Politiker Europas ist, behauptet Fußballer werden zu wollen, wenn er noch einmal geboren würde. Der beste, berühmteste Fußballer.

So einer, wie Ferenc Puskás es war. Puskás, der die ungarischen Fußballerfolge verkörpert. Das Symbol der Heldenhaftigkeit, der verlorenen Größe Ungarns. Einer der besten, berühmtesten Fußballer der Welt. Ungarns Stolz. Orbáns Idol. Den Namen Puskás kennt jeder kleine Junge in Ungarn. „Rasender Major" war sein Spitzname.

Viktor Orbán in Kiew, beim Finale der Fußballeuropameisterschaft 2012, zwischen Lech Wałęsa (vorne rechts) und dem polnischen Senatspräsidenten Bogdan Borusewicz (vorne links).

Wenn wir das heutige Ungarn verstehen wollen, die Ambitionen und das Denken der Ungarn, ihre Träume und Traumata, wenn wir Viktor Orbán verstehen wollen, müssen wir uns wenigstens in groben Zügen mit der Geschichte des Fußballs zu jener Zeit vertraut machen. In den 50-er Jahren reihte die Goldene Elf der Ungarn Sieg an Sieg. Die ungarische Nationalmannschaft verlor zwischen Juni 1950 und Juli 1954 kein einziges von 32 Spielen! Ganz Ungarn begeisterte sich für Fußball, alle verfolgten die Aktivitäten der berühmten Spieler, der Stars des europäischen

Fußballs: Ferenc Puskás, Sándor Kocsis, József Bozsik und Nándor Hidegkúti.

1952 errang die ungarische Nationalelf bei den Olympischen Spielen die Goldmedaille. Am 25. November 1953 spielten sie in Wembley gegen England. Der Engländer hatte bis dahin zu Hause noch nie ein Spiel verloren. An jenem Tag verloren sie 6:3. Puskás schoss zwei Tore. Ungarn raste vor Freude. Das war das Spiel des Jahrhunderts. 1998 drehte der ungarische Regisseur Péter Tímár den Spielfilm 6:3, in dem die Häftlinge vor Freude ihre Wächter umarmen, wenn die Ungarn Tore schießen.

Im Sommer 1954 erreichte die ungarische Mannschaft das Finale der Fußballweltmeisterschaft. Sie spielten gegen Deutschland. Die Ungarn waren eindeutig die Favoriten. In den Gruppenspielen hatten sie die Deutschen schon einmal 8:3 geschlagen, man sah sie als sichere Weltmeister. Das Spiel begann gut. Die Ungarn führten mit zwei Toren, verloren aber schließlich mit 3:2. In Budapest wollte das niemand glauben. Was in Deutschland ein Jahrhundertsieg war, war in Ungarn eine Katastrophe. Tränen flossen. Schnell war nicht mehr nur vom Sport die Rede, die Niederlage wurde zu einer politischen Angelegenheit. Auf den Straßen der Hauptstadt kam es zu Krawallen. Anschuldigungen machten die Runde, nach denen die Geheimdienste und die Politiker das Ergebnis „eingestellt" hätten. Die Ungarn erlebten die Niederlage als Tragödie. Der ungarisch-stämmige britische Schriftsteller Tibor Fischer schrieb Folgendes: „Diese Nacht zeigte, dass die Diktatur die Ungarn nicht so sehr stört, sie es aber wirklich hassen, ein Spiel zu verlieren." Das wahre Drama ereilte den ungarischen Fußball jedoch zwei Jahre später. 1956 reiste die Mannschaft von Honvéd Budapest, in der die strahlendsten Sterne des ungarischen Fußballs spielten, nach Spanien, zu einem Spiel gegen Athletic Bilbao. Sie verließen Ungarn, als gerade die Revolution ausbrach, die von den sowjetischen Truppen bald blutig niedergeschlagen wurde. Sie hatten keinen Grund mehr nach Hause zurückzukeh-ren. Mehrere der besten ungarischen Spieler aller Zeiten blieben im Ausland. Puskás wurde Stürmer bei Real Madrid. Dreimal gewann er mit seiner Mannschaft den Europapokal. Er nahm die spanische Staatsbürgerschaft an. Nach der Niederschlagung des Aufstands von 1956 verließen, nach Schätzungen des schon erwähnten György Szöllősi, zwölftausend Fußballer Ungarn. Diesen Verlust konnte man nicht mehr gutmachen. Puskás war weltweit Trainer bei mehreren Mannschaften. Nach dem Fall des Kommunismus kehrte er heim nach Ungarn und war kurze Zeit Trainer der Nationalmannschaft. Aber er konnte nicht mehr viel tun. Gesundheitliche Probleme beendeten seine Fußballkarriere. Für den Tag seiner Besetzung wurde Staatstrauer angeordnet.

Das Nachrichtenportal index.hu brachte am Tag seines Todes einen Artikel mit folgendem Titel: „Ohne Puskás gibt es keinen ungarischen Fußball". Seit einigen Jahrzehnten verlieren die Ungarn regelmäßig. Im europäischen Fußball spielen sie keine Rolle mehr. Die Stadien und Sportplätze gähnen vor Leere. Das Niveau der Meisterschaften ist jämmerlich. Pausenlos hört man von Korruption. Die Nationalelf konnte sich für keinerlei Ausscheidungsspiele qualifizieren. Es gibt kaum Jugendliche, die bereit sind zu spielen.

„Die kommunistische Führung beurteilte nach '56 im All-gemeinen alles als gefährlich, was nationalen Zusammenhalt und – wie '56 – gemeinsames Handeln zur Folge hatte", erklärt Orbán in einem langen Interview, ausschließlich über Fußball, das auf der Webseite der Ferenc-Puskás-Fußballakademie in Felcsút veröffentlicht ist.[1]

---

[1]   Die in diesem und weiteren Kapiteln angeführten Zitate aus dem Orbán-Interview entstammen zwei Interviews, die György Szöllősi 2011 und 2012 geführt hat (Quelle: pfla.hu/?q=news/2103, bzw. pfla.hu/?q=news/2996)

„Bewusst demontierten sie, ja zerbombten sie alles, vom geistigen Leben über den Mannschaftssport bis hin zur Welt der Politik", so Orbán.

Viktor Orbán mit Ferenc Puskás, der legendären Gestalt des ungarischen Fußballs, einem der berühmtesten Fußballer der Welt (1999)

In Ungarn sind ungefähr hunderttausend Spieler registriert, während die Zahl in Tschechien bei achthunderttausend liegt.

„Den ungarischen Fußball, nicht nur was die Profis betrifft, haben sie skalpiert. Ich spreche vom Nachwuchs, den brachliegenden Grundstücken, auf denen man spielen konnte, den Sportplätzen. Sie drehten den Geldhahn zu. In erster Linie liquidierten sie Einrichtungen für die Kinder. Nicht die der Profiklubs, sondern der Mannschaften niedrigerer Klassen in Budapest und in der Provinz", sagt Orbán. Er hat viele Gespräche darüber geführt, wie man den ungarischen Fußball wieder auf die Beine stellen kann. Er weiß genau, dass es am wichtigsten ist, die Lust auf Fußball erneut zu wecken, der Jugend die Spielfreude zurückzugeben, zu erreichen, dass die Ungarn, wie in den 50-er Jahren, wieder mit Spannung die Meisterschaften und das Abschneiden der Nationalmannschaft verfolgen.

Die Verbesserung der Lage des ungarischen Fußballs wurde eines von Viktor Orbáns persönlichen und politischen Zielen. Er hat entschieden, selbst eine Art Fußballmanager zu werden. Fünf Jahre nach dem Ende seiner ersten Regierungsperiode, in die Opposition gezwungen, gründete er 2007 in Felcsút die Ferenc-Puskás-Fußballakademie. Er nahm die Ausgestaltung seiner Vorstellungen und die Schaffung des finanziellen Rahmens in die Hand. Die Chefs der OTP-Bank und des Mineralölkonzerns MOL brachte er dazu, in den Fußball zu investieren. Er sagte, Opposition zerstöre im Allgemeinen, sie aber müssten positive Dinge zustande bringen und aufbauen, während die Regierung zerstörte.

Orbán begann schon 2004, sich mit diesem Projekt zu beschäftigen. Er gründete eine Stiftung, an deren Spitze er stand, leistete Überzeugungsarbeit bei Geschäftsleuten und schaute sich an, wie ähnliche Akademien im Ausland funktionieren. Er wollte ein System schaffen, in dem die Kinder gleichzeitig trainieren, lernen und erzogen werden. Und er schuf es. Drei Jahre später wurde die Ferenc-Puskás-Fußballakademie eröffnet.

Der Felcsúter Verein schloss einen Vertrag mit Videoton, einem der besten ungarischen Vereine. Die Jugendlichen von Felcsút haben damit die Chance, in eine Mannschaft der 1. Liga zu gelangen. Der Sportverein Felcsút ist auch offiziell die zweite Mannschaft von Videoton geworden und spielt heute in der 2. Liga. Unter dem Namen Puskás Akedemia FC stieg die Mannschaft in die 1. Liga auf.

Ferenc Puskas ist Viktor Orbans Idol. Heute zieren gewaltige Puskas-Porträts die Wände der Akademie.

In dem Dorf wurden neun schöne Sportplätze angelegt und ein Gebäudekomplex nach einem Entwurf des berühmten ungarischen Architekten Imre Makovecz errichtet. Der unlängst verstorbene Makovecz war in Ungarn eine bedeutende Persönlichkeit, sein Denken stand dem von Orbán nahe. Er betonte die Traditionspflege und sein Ungarntum bei jeder Gelegenheit. Er ist Vorreiter der sogenannten Organischen Architektur. Seine Gebäude fügen sich immer in die Landschaft ein, ihre Formen erinnern an Pflanzen. „Wenn jemand hierher zu Besuch kommt, sieht er Gebäude, die nirgendwo sonst auf der Welt gebaut werden, nur hier", sagte Orbán.

Die Akademie bildet junge Spieler – Schüler von 12 bis 19 Jahren – zu Hunderten aus. Mindestens ein Jahr verbringen sie hier. Jeden Tag fahren sie in die nahegelegene Hauptschule zum Unterricht. 2012 wurde eine neue Schule eröffnet, wo neben dem jungen Fußballern auch die Kinder aus dem Ort unterrichtet werden.

„In Ungarn ist für jeden Fußballleiter, jeden Klub und die Akademie von Bedeutung, dass Teil des Erziehungsprogramms die Erziehung des Spielers zu Bescheidenheit und Demut ist, auch wenn heutzutage Bescheidenheit, Demut und Klubtreue klingen, als habe man sie vor unserer Zeitrechnung geprägt, oder als kämen sie von einem anderen Planeten. Wir müssen zu diesen Werten stehen und die Akademie muss sie unseren Kindern beibringen".

Die jungen Sportler wohnen auf dem Gelände der Akademie. Überall Sauberkeit, Grünpflanzen und Ruhe. Die Gebäude mit ihren ungewöhnlichen Formen entfalten eine große Wirkung. In den Räumen hängen große Porträts von Puskás. Ferenc Mácsodi, der stellvertretende Heimleiter, ist gleichzeitig Geistlicher und Erzieher. „Wir bringen ihnen nicht nur Fußball spielen bei. Wir bemühen uns, sie auch zu erziehen, das halten wir für besonders wichtig", erzählt er bei der Führung durch die Gebäude und über die Plätze. „Der Herr Ministerpräsident kommt regelmäßig zu uns. Die Akademie ist sein Augapfel. Er kennt alle Jungen, die hier lernen. Jede Woche kommt er hierher, spricht mit ihnen und schaut sich die Spiele an." Aus zahlreichen Ländern der Welt kommen Jungen nach Felcsút, um zu trainieren und gegen ihre ungarischen Altersgenossen zu spielen.

Der größte Erfolg der Fußballschule von Felcsút war das 2011 unterzeichnete Abkommen mit Real Madrid. Als Gemeinschaftsunternehmen des Dorfes in der Nähe von Budapest und des berühmten spanischen Fußballklubs entstand eine Schule, mit dem Ziel junge Roma-Kinder mit Sport und Bildung in die Gesellschaft einzugliedern.

FIFA-Präsident Joseph Blatter in Felcsút mit Viktor Orbán und dem ungarischen Torwartlegende Gyula Grosics. Im Hintergrund links die Witwe von Ferenc Puskás.

2009 besuchte der FIFA-Präsident Joseph Blatter Felcsút, um mit Viktor Orbán zusammen die Entscheidung der FIFA-Stiftung zur Schaffung des Puskás-Preises zu verkünden. Der Preis wird für das schönste Tor des Jahres vergeben. Als Erster erhielt ihn CR7, das heißt Cristiano Ronaldo, für einen Treffer, den er im Trikot von Manchester United am 15. April 2009 im Viertelfinalspiel der Champions League gegen den FC Porto erzielte. Die Übereinkunft mit Real Madrid und der FIFA-Preis kommen, auch wenn Orbán beides nicht selbst in die Wege geleitet hat, mit seinem Wissen und seiner Unterstützung zustande.

Seine politischen Gegner werfen Orbán heutzutage vor, dass er seine Position als Regierungschef zum Bau der Akademie in seinem Geburtsort ausgenutzt hat. Die Wahrheit ist jedoch, dass die Akademie entstand, als Orbán in der Opposition war und er keinerlei Zugang zu Geldquellen der Regierung hatte. Es war ihm gelungen, einige Unternehmen als Investoren und Sponsoren zu gewinnen. Nun, da die Akademie ständig erweitert wird, untersuchen die Opposition und die gegen Orbán eingestellten Medien, ob er beispielsweise dazu illegal Baugrundstücke beschafft hat. Gerüchte ranken sich um ausgedehnte Besitztümer Orbáns. Die Akademie befindet sich neben dem Haus der Orbáns im Dorf, welches bescheiden und einfach ist und sich äußerlich nicht von anderen unterscheidet. Hier ist kein Wachpersonal zu sehen. An den Wochenenden kann man in Felcsút den Ministerpräsidenten treffen, der in Sportkleidung spazieren geht oder gerade joggt. Seine Anwesenheit erregt kein Aufsehen.

Orbáns Familie hat in Alcsútdoboz das Haus gekauft, das einst dem Großvater des Ministerpräsidenten gehört hatte und wo Viktor Orbán die ersten zehn Jahre seines Lebens verbracht hat. Nach der Renovierung übergaben sie das Haus der Akademie zur Nutzung. Heute leben die Jungen darin, die nach Felcsút zum Training kommen.

Im Sommer 2012 traf die Fußballlegende Michel Platini, der Präsident der UEFA, Viktor Orbán. Als Platini lobte, wie gut es sei, dass der ungarische Regierungschef seine Freizeit dem Fußball widmet, erwiderte Orbán scherzhaft, das sei nicht so, er arbeite für den Fußball und beschäftige sich in seiner Freizeit mit den Staatsgeschäften.

Orbán beabsichtigt noch, ein Puskás-Institut zu errichten, in dem dann das 2011 aus Spanien heimgeführte Puskásvermächtnis aufgearbeitet werden soll. Man möchte zeigen, wie der berühmte Fußballer war, damit die Jugend sich ihn zum Vorbild nimmt, ihn wieder zu ihrem Idol erklärt und so werden will wie er. Orbán glaubt ungebrochen daran, dass es wieder einen hoch geschätzten ungarischen Fußball geben wird.

Orbán: „Im Fußball steht an erster Stelle der Klub, an zweiter die Mannschaft, an dritter der Spieler (...) Wo diese Reihenfolge aufbricht, da gibt es Probleme, und in Ungarn ist das geschehen. Diese Tatsache klarzumachen ist eine der wichtigen Aufgaben der akademischen Erziehung." (auf dem Bild: Viktor Orbán auf dem Felcsúter Fußballplatz mit einer Sense – Harke, Weizengarbe und Sense stehen für den Ort Felcsút und sind Symbolbestandteile des Dorfwappens.)

Eine seiner ersten Entscheidungen, als Viktor Orbán 2010 zum zweiten Mal Ministerpräsident wurde, war eine Steuerentlastung, um die Geschäftsleute zu ermuntern, den Sport, den Bau von Sportstätten und Sportakademien zu unterstützen und damit vor allem die Jugend zu fördern. Heute gibt es schon fünf solcher Akademien wie die von Felcsút. Der ungarische Regierungschef verkündete vor Kurzem den Bau von drei neuen Stadien, darunter der totale Umbau des Budapester Ferenc-Puskás-Stadions (früher Volksstadion). Gegenwärtig sieht die Arena so aus wie das Warschauer Stadion X-Lecia aussah, bevor es Nationalstadion wurde.

Im Frühjahr 2012 wurde zum fünften Mal in Felcsút das Jugendfußballturnier um den Suzuki Cup ausgetragen (Orbán hatte den größten Automobilhersteller Ungarns als Sponsor gewonnen), an dem immer die Jugendmannschaften bekannter Vereine teilnehmen. Hier spielte Videoton Puskás Akadémia 2:2 unentschieden gegen Real Madrid. Orbán war sehr glücklich. Er hatte in die Zukunft des ungarischen Fußballs geblickt. Er glaubt sehr stark daran, dass Ungarn seine Bedeutung im Fußball zurückgewinnt. Die Akademie von Felcsút hält er für eines der wichtigsten Werke seines Lebens.

Was der Fußball für ihn bedeutet, darüber spricht er selbst im Interview, das auf der Webseite der Akademie zu lesen ist: „Wir leben und sterben für eine Auswahlmannschaft, weil da nämlich nur elf Leute auf dem Platz sind, wir aber spüren, was der große gemeinsame Nenner in unserem nationalen Unterfangen ist (...) Für uns ist der Fußball selbst das Leben. Das Leben, so wie wir Ungarn es leben."

2. KAPITEL

Das Haus am Rande des Dorfes

> Wie Viktor Orbán in einem typischen Kádár-Milieu
> aufwuchs, in dem man akzeptierte, was ringsum geschah

Der ungarische Ministerpräsident vertritt die erste gebildete Generation in seiner Familie. Seine Eltern – Győző Orbán und Erzsébet Sípos – erlangten ihre höhere Bildung erst, als er schon ein erwachsener, junger Mann war. Am 31. Mai 1963 wurde er in Székesfehérvár (Stuhlweißenburg) geboren. Zusammen mit seiner Familie lebte er zunächst im Haus der Großeltern in Alcsútdoboz, dann zogen sie in das benachbarte Felcsút. Ihr Haus stand am äußersten Rand des Dorfes. Ein Haus in der Mitte des Dorfes bedeutete damals Ansehen und eine hohe gesellschaftliche Position, am Rande des Dorfes verhielt es sich genau umgekehrt. Im Haus der Orbáns gab es kein fließendes Wasser. Viktor und sein jüngerer Bruder wurden von Kindheit an nachmittags auf die Maisfelder der anderen, wohlhabenden Bauern geschickt, um dort die abgebrochenen Kolben zu sammeln. In den Ferien mussten sie einen Monat auf dem Staatsgut in der Nähe arbeiten. Auch zu Hause hatten sie viele Aufgaben: Kartoffeln schälen, die Tiere versorgen und den Hof fegen. Der Vater erzog seine Kinder mit harter Hand. Wenn Viktor aufbegehrte, und das kam häufig vor, rutschte dem Vater schnell die Hand aus. Sie hatten kein sonderlich gutes Verhältnis. Für Viktor war der Großvater Mihály Orbán die Autorität. Von ihm erbte er zahlreiche Charakterzüge.

Der Großvater genoss übrigens den Respekt der ganzen Familie. Sie hielten ihn für einen wichtigen Menschen. Es kam vor, mehr als 40 Kilometer zu Fuß nach Budapest ging, um irgendeine Arbeit zu finden und den Unterhalt für die Seinen zu beschaffen.

Viktor verbrachte die ersten Lebensjahre in Alcsútdoboz, in Großvater Mihálys Haus. Seine Eltern arbeiteten hart. Daher verbrachte Viktor viel Zeit mit dem Großvater, der großen Einfluss auf ihn hatte.

Später machte sich auch Viktor mit ähnlichen Zielen auf den Weg. Er benutzte aber schon den Bus. Im Hause Orbán herrschte der für calvinistische, protestantische Familien übliche Arbeitskult. Das Leben des jungen Viktor bestand von Anfang an aus harter Arbeit und Lernen. Zum Träumen gab es keine Zeit, auch nicht zu einer hamelnschen Grübelei über den Sinn des Lebens oder den schmerzlichen Charakter des Daseins. Von Anfang an war er rational, systematisch und äußerst entschlossen. Stur, unglaublich eigensinnig und trotzig.

Orbán sagt, dass in seiner Familie immer auch die körperliche Kraft zählte. Mit ihr konnte sich der Junge vom Dorfrand, mangels besserer Argumente, Respekt unter den anderen Jungs verschaffen. Er betont, dass ihm im Dorf die körperliche Kraft die Unabhängigkeit sicherte. Er hatte einen Bruder und einen strengen Vater. In dieser Männerwelt waren die Spielregeln hart. Stärke und Macht waren auch in der Grundschule von Bedeutung, sowohl im Kreise der Schüler als auch der Lehrer. Der Rektor der Schule griff gegen die Unordentlichkeit der Schüler gerne hart durch. Orbán erkämpfte sich seinen Platz mit Fußball und mit den Fäusten. Zusammenstößen ging er nicht aus dem Weg. Während der Vater bei seiner körperlichen Ertüchtigung eine große Rolle spielte, war es die Mutter bei seiner geistigen Entwicklung. Sie war Pädagogin. „Dass Viktor heutzutage so sensibel für die gesellschaftlichen Probleme ist, verdankt er seiner Mutter", glaubt ein früherer Kollege von ihm.

Bald zeigten sich bei Viktor sein rebellischer Geist und sein Freiheitsstreben und kennzeichneten seine weitere Entwicklung. Wenn er spürte, dass etwas seine Unabhängigkeit gefährdete, rebellierte er sofort. Er konnte es nicht ausstehen, wenn jemand über ihn herrschen wollte, wenn man ihm Spielregeln aufzwingen wollte, die er nicht kannte. Das zeigte sich schon in seiner Schulzeit, später in der Armee, in seiner Studienzeit und als er die politische Laufbahn einschlug. Er liebte es und liebt es noch immer, die Spielregeln zu bestimmen. Und wenn er sieht, dass etwas anders ist, als es seiner Meinung nach sein sollte, fährt er die Stacheln aus und die Meinung der anderen interessiert ihn kein bisschen. Von Kindheit an war er starrsinnig.

Über Politik wurde in seiner Familie nicht gesprochen. „Seltsam, dass es in der Geschichte meiner Familie nichts gab, keinen Grundstein dafür, dass ich ein Antikommunist wurde. Mein Vater war Parteimitglied", bekennt Orbán. „Die Familie war der Meinung, dass man die Nase besser nicht in die Politik steckt. Das war eine typische Reaktion nach 1956. Mir sagten sie: Lerne, arbeite, kümmere dich um deine Angelegenheiten. Zerbrich dir nicht den Kopf über gesellschaftliche Fragen und die Welt um dich herum", erinnert er sich.

Viktor erbte viele Charakterzüge von seinem Großvater, der ein harter und entschlossener Mensch war. Es kam vor, dass er zu Fuß nach Budapest ging, weil er kein Geld für die Fahrkarte hatte. Nach dem Krieg hatte er für eine österreichische Familie gearbeitet, und als Lohn für seine Dienste, einen Sack Salz nach Hause gebracht. Das Salz verkaufte er und vom Erlös kaufte er ein Stück Land, auf das er ein Haus baute, in dem später auch sein Enkel Viktor eine Zeit lang wohnte. Der Großvater sei sehr antikommunistisch eingestellt gewesen, erinnert man sich.

Seine Eltern rebellierten nicht gegen das System. Sein Vater war Parteimitglied an seinem Arbeitsplatz. Wie die Mehrheit der Ungarn passten sie sich im Kádár-System an. Orbán brachte die antikommunistische Einstellung nicht von zu Hause mit, sie entwickelte sich in ihm eher durch seine Beobachtungen und eigene Erfahrungen. Wenn er die Wurzeln des rebellischen Geistes in sich sucht, dann fällt ihm sein Vater ein. Über Politik sprach er zwar nicht mit ihm, aber lehrte ihn, in seinen Urteilen unabhängig zu bleiben. „Meine Mutter, die Pädagogin war, lehrte mich immer: »Handle nach deinem Denken! Wenn du spürst, dass etwas schlecht ist, dann tu es nicht! Wenn du aber spürst, dass etwas getan werden muss, weil es richtig ist, dann tu es! Nimm dich seiner an!«" sagt er.

Viktor (auf dem Bild vorne) wohnte mit seiner Familie am Rande des Dorfes Felcsút, was niedriges gesellschaftliches Ansehen bedeutete. Bei ihnen war damals ein Trabant Luxus. Ihr Lebensniveau stieg, als sie nach Székesfehérvár zogen. Viktor (auf dem Bild vorne) wohnte mit seiner Familie am Rande des Dorfes Felcsút, was niedriges gesellschaftliches Ansehen bedeutete. Bei ihnen war damals ein Trabant Luxus. Ihr Lebensniveau stieg, als sie nach Székesfehérvár zogen.

Nach Abschluss der Grundschule kam Orbán auf eine weiterführende Schule in Székesfehérvár. Das Teleki Blanka Gymnasium hatte einen guten Ruf. Viktor konnte sich in den englischsprachigen Zweig einschreiben. Er hatte viel Aufwand betrieben, um das zu erreichen und legte erfolgreich die sehr schwere Aufnahmeprüfung ab. Der Junge aus einer armen Familie, aus einem kleinen Dorf kannte keine Hindernisse, wenn es darum ging, auf ein solches Gymnasium und in eine solche Klasse zu kommen. Seine Mutter hatte ihn davon überzeugt, dass Sprachkenntnisse wichtig, weil sie ihm größere Chancen eröffne. Und Viktor lernte fleißig.

Viktors körperliche Entwicklung beeinflusste der Vater. Er war Arbeiter, später wurde er Agraringenieur und Aktivist der Parteibasisorganisation. Die Mutter kümmerte sich eher um seine intellektuelle Entwicklung und entwickelte seine Sensibilität. „Dass Viktor heutzutage so sensibel für die gesellschaftlichen Probleme ist, verdankt er seiner Mutter, die sich mit behinderten Kindern beschäftigte, und ihren Sohn dazu erzog, die Schwächeren zu unterstützen", meint einer seiner alten Freunde.

Der Gebäudekomplex, der den Namen der Gräfin Blanka Teleki trägt, ist Ende des 19. Jahrhunderts errichtet worden. Starke Fenster, solide Türen. In der Aula steht das Denkmal der Namenspatronin. Die Schule befindet sich in gutem Zustand, verfügt über eine eigene Turnhalle und einen großen Sportplatz. In Viktors Klasse gingen sechs Jungen und – anfangs – 31 Mädchen. Den größten Teil seiner Freizeit widmete Orbán dem Fußball. Er träumte von einer Fußballkarriere und spielte, sobald sich die Möglichkeit dazu bot. Er vertraute darauf, dass er Karriere machen würde, wenn er hart arbeitete. Das heißt Fußball spiele, soviel er nur könne.

Viktor musste auch an dieser Schule kämpfen. Er hatte einen anderen Hintergrund als die Mehrheit der Schüler. Er sprach anders, kleidete sich anders, hatte andere Probleme. Er stammte nicht aus Székesfehérvár, wie der Großteil der anderen, sondern kam vom Dorf, was man anfangs sehen und hören konnte. Er lebte im Internat, wo er sich ausgesprochen unwohl fühlte. Nach dem offenen Dorfhaus, inmitten weiter Flächen, wo er sich frei fühlen konnte, war er nun in einen geschlossenen, engen Raum eingezwängt, wo ihm bisher unbekannte Regeln Fesseln anlegten. Er wollte ihnen nicht Folge leisten, oft geriet er in Konflikte. Nach einer Prügelei verwies man ihn des Internats.

Zum Glück fand sein Vater genau zu dieser Zeit Arbeit in Székesfehérvár und erhielt auch eine 50 m² große Dienstwohnung. Viktor konnte also wieder bei den Eltern wohnen. In der Wohnung floss heißes Wasser aus dem Hahn. Dem Jungen, der in einem ärmlichen Haus auf dem Dorf geboren und aufgewachsen war, versetzte das wohl einen echten Kulturschock.

Einige seiner Bekannten sagen, es habe unglaublich viel Arbeit erfordert, das Niveau seiner Schulkameraden zu erreichen. Es gelang ihm, und er übertraf schnell viele andere seines Jahrgangs. Sein ehemaliger Banknachbar, Róbert Herrmann – heutzutage bekannter ungarischer Historiker – erinnert sich, dass Viktor sich nicht hervortat. „Das ist ein Mythos, den er selbst pflegt, weil er gut in seine Biografie passt. Er war den andern überhaupt nicht unterlegen. Mit vierzehn, fünfzehn hatte er mehr gelesen als der Durchschnitt, mehr auch als ich, mehrbändige Werke, die ich damals nicht einmal kannte", behauptet er. Orbán bereitete das Lernen niemals Schwierigkeiten. Er lernte fleißig und bekam gute Noten. Beim Betragen gab es jedoch immer Probleme. Wie die Mehrzahl der Jungen ging er zu Rockkonzerten und liebte damals schon Westernfilme. Mit der Zeit ließ er sich einen Schnurrbart und die Haare wachsen.

Orbán erwähnt gern, dass er am Anfang der Gymnasialzeit auf einem niedrigeren kulturellen Niveau stand als seine Gefährten und sich sehr anstrengen musste, um sich den anderen anzugleichen. „Das ist ein Mythos, den er selbst pflegt, weil er gut in seine Biografie passt. Er war den andern überhaupt nicht unterlegen", erzählt sein ehemaliger Klassenkamerad, Róbert Herrmann. Viele seiner Bekannten glauben, dass er damals schon reifer war als andere Mitglieder seiner Generation.

„Er war reifer als die Gleichaltrigen. In der Untertertia wurde in einer Stunde beim Klassenlehrer abgestimmt. Es ging darum, wer ein bestimmtes Problem im Zusammenhang mit Mädchen am besten lösen konnte. Viktor gewann mit Abstand, in einer Klasse, in der Mädchen in der Mehrheit waren. Sie betrachteten ihn als Erwachsenen. Sie meinten, er könne die Lage adäquat analysieren und helfen, das Problem zu lösen", erinnert sich Herrmann. Andere Berichte bestätigen das auch. Viktor übernahm bald die Führung. Als anlässlich des Pädagogentages Schüler und Lehrer die Rollen tauschten, wurde Orbán stellvertretender Schuldirektor. Er war ungeheuer aktiv, nicht nur auf dem Gebiet des Fußballs. Wenn etwas passierte, musste er dabei sein. Oft initiierte er selbst verschiedene Aktionen. Schon damals schloss er schnell Kontakte, reagierte blitzschnell und war fähig, Situationen vorauszusehen. „Auch Gott hat ihn zum Politiker bestimmt", sagt Herrmann. Orbán wollte immer dort sein, wo die Entscheidungen fallen. Er wollte beeinflussen, was geschieht. Anfangs dachte er überhaupt nicht an die Politik und verstand sie auch nicht. Er trat in die Pionierbewegung ein und wurde dann Mitglied des Kommunistischen Jugendverbandes (KISZ), den er – wie er versichert – ausschließlich als eine Jugendorganisation und nicht als politische Organisation betrachtete.

Am Gymnasium gründete er mit Freunden einen Bildungskreis. Bei den Treffen beschäftigten sie sich nur mit Dingen, die in der Schule nicht zur Sprache kamen. „Damals verstand ich, dass es doch von Interesse ist, was in der Gesellschaft geschieht. Ich wurde mir klar darüber, dass es in der Geschichte viel Nebel gibt, die Wahrheit ganz anders ist, als sie sein müsste und das die Dinge schlecht stehen."

Mag sein, dass die Stadt selbst dabei eine Rolle spielte, die Gebäude, die große geschichtliche Vergangenheit, aber auch die ziemlich bedrückende Welt dieser Zeit. Székesfehérvár ist eine der ältesten ungarischen Ansiedlungen und königliche Residenz. In der dortigen Basilika wurden 43 Könige gekrönt, fünfzehn von ihnen sind auch dort beerdigt. Die Stadt ist auch Bischofsresidenz, voller imposanter Kirchen. Die barocke Altstadt hat die Bombardierungen überstanden. Der junge Viktor wurde früh mit den Schönheiten der Geschichte konfrontiert, den ungarischen Traditionen und Legenden, mit dem Vermächtnis der Könige und der Rolle des Katholizismus. Zu der Zeit aber, als er dort aufs Gymnasium ging, gab es dort keine Könige und das religiöse Leben befand sich in der Defensive. Man bemühte sich, den Ungarn ihre Traditionen auszutreiben. Dafür wurde Székesfehérvár um etwas anderes „bereichert". Eine Basis der Sowjetarmee wurde dort errichtet. All das zusammengenommen, hatte seine Wirkung auf Viktor. Er erbaute sich an der Tradition des Hauses Árpád und an der wunderbaren Geschichte seines Heimatlandes.

All dies war Teil einer Vergangenheit, die der Kádárismus zum Vergessen verurteilt hatte. Statt wie einst Bischöfen und Höflingen sah man nun Sowjetsoldaten in den Straßen, am Stadtrand hässliche Kasernen.

Er wandelte sich nicht von einem Tag auf den anderen zum Gegner des Kommunismus, aber diese Umgebung und diese Umstände formten sein Selbstbewusstsein. „Das Gymnasium war der erste kleine Schritt in meinem Leben zum Antikommunismus", sagt Orbán. Die kommunistische Schule, ganz gleich, auf welch hohem Niveau sie bildete, vermittelte ihm nicht die wahren historischen Kenntnisse. Viktor begann mit einigen Schulkameraden (unter anderem Lajos Simicska, der später den finanziellen Hintergrund des Fidesz schuf), sich dieses Wissen zu Hause zu beschaffen. „Meine Mama hatte gesagt, tu, was du für richtig hältst. Also gründeten zehn Freunde und ich einen Bildungskreis und sammelten Zeitungsartikel und soziologische Blätter, in denen wir interessante Texte fanden. Das waren keine oppositionellen Blätter, aber sie veröffentlichten viele gute Artikel.

Die Zensur war nicht sehr streng. Interessante Publikationen, die nicht direkt politischen Charakter hatten, konnten erscheinen, dennoch berührten sie wichtige gesellschaftliche Fragen. Wir waren sechzehn Jahre alt, trafen uns ohne Lehrer und tauschten Zeitungen aus." Orbáns Gefährten waren politisch viel bewusster als er, was er auch heute nicht bestreitet. Nur drei von ihnen wurden in einer familiären Atmosphäre erzogen, die gegen János Kádár eingestellt war. Unter ihren Vorfahren waren Menschen, die der Kirche verbunden waren, oder aus den Kreisen der klassischen, alten ungarischen Intelligenz stammten. Viktor hegte damals keine Illusionen über das System. Er war sich auch über seine guten Seiten im Klaren. Sein Vater hatte in der Stadt Arbeit bekommen, eine Wohnung, einen höheren gesellschaftlichen Rang und die Familie konnte immer besser leben. Der Bildungskreis traf sich insgesamt zwei Jahre. Orbán fiel es schwer immer teilzunehmen, weil er viel Fußball spielte und in der übrigen Freizeit lieber den Mädchen nachlief. Dies war eine sehr wichtige Periode in seinem Leben. Der Kreis erforschte alles, was man ihnen nicht beibrachte, sie vertieften sich in die Vergangenheit und suchten in ihr. Das Wichtigste war aber, dass sie es freiwillig taten. Das war nicht alltäglich in den 70-er Jahren in der Ära Kádár.

Sie analysierten Texte, die in offiziellen und marginalen Blättern erschienen waren. Mit dem Samisdat hatten sie nichts zu tun. Die Texte bildeten für sie den Anreiz zur intellektuellen Auseinandersetzung. Manchmal kamen sie zu erstaunlichen Schlüssen. Tamás Varga, einer der Teilnehmer an diesen Treffen (in den 90-er Jahren wurde er Berater des Fidesz, dann geriet er mit dem Gesetz in Konflikt und wurde inhaftiert), behauptete bei der Analyse eines Artikels über Mikrochips, dass mit dem Aufkommen der neuen Technologien das herrschende System in Ungarn zusammenbrechen würde, weil der zurückgebliebene

Staat mit der entwickelten Welt nicht Schritt halten könne, in der die Rechenmaschinen eine immer größere Rolle spielen. „Damals verstand ich, dass es doch von Interesse ist, was in der Gesellschaft geschieht. Ich wurde mir klar darüber, dass es in der Geschichte viel Nebel gibt, die Wahrheit ganz anders ist, als sie sein müsste und dass die Dinge schlecht stehen", sagt Orbán.

3. KAPITEL

Der 13. Dezember 1981 mit Maschinen- pistole und scharfer Munition

| Wie sich in der Armee Orbáns Antikommunismus
entwickelte

Die nächste und wichtigste Etappe bei der Herausbildung von Orbáns antikommunistischer Weltanschauung war seine Armeezeit. Mit achtzehn, vor dem Studium, musste er elfeinhalb Monate einrücken. Das war im August 1981. Er wusste schon von den Ereignissen in Polen, kannte die Solidarność und verfolgte ihre Aktivitäten mit großem Interesse. Er sprach viel mit seinen Freunden über politische Fragen. Sie sammelten Informationen über Polen und drückten den dortigen Freiheitbestrebungen die Daumen. Sie hörten Radio Freies Europa und brachten auch von zu Hause Nachrichten mit. Sie sympathisierten stark mit dem Aufstand der Polen.

Orbán kam zu einer Spezialeinheit in Zalaegerszeg. Von dort hatte man 1968 die ungarischen Soldaten zur Niederschlagung des „Prager Frühlings" geschickt. Im Falle eines Krieges oder bei der Notwendigkeit eines militärischen Eingreifens hätten die Soldaten aus Zalaegerszeg in der ersten Kampflinie gestanden. 1981 war immer öfter davon die Rede, dass die Truppen des Warschauer Pakts in Polen einmarschieren könnten.

Orbán kam in eine Einheit mit Gábor Fodor, seinem späteren Freund und Zimmergenossen, mit dem er den Fidesz gründete, dann politische Schlachten schlug, die zu Fodors Ausscheiden aus dem Fidesz und zu einem politischen Krieg führten. Gábor wurde Artillerist, Viktor kam zur Infanterie. Gábor Fodor erinnert sich daran, dass das Militär ihre Persönlichkeit zerstören und sie zu Gehorsam und zum Dienst in der kommunistischen Armee zwingen wollte. Man übte starken Druck auf sie aus, aber sie widersetzten sich.

Seit den 70-er Jahren war aggressive kommunistische Propaganda im Alltag der Ungarn nicht mehr sonderlich stark präsent. Die Leute fügten sich still in das Kádár-System ein und es ergoss sich nicht mehr über alles ein Schwall von Parolen, doktrinäre Erziehungsarbeit oder ideologische Agitation. Anders aber in der Armee, wo primitive Gehirnwäsche auf der Tagesordnung stand. Der Wehrdienst stellte Orbán und seine Freunde schwer auf die Probe. Die kommunistische Armee löste mit ihren strengen und absurden Regeln bei den jungen Studenten Abwehrmechanismen aus. Rückblickend sagen sie, dass sie es nicht ertrugen, von Menschen Befehle zu bekommen, die weder die theoretische noch die moralische Basis dazu hatten.

Viktor war oft in Schlägereien verwickelt. Die älteren Soldaten gingen brutal mit den Rekruten um. „Ich habe das nur überlebt, weil ich stark war und Risiken auf mich nahm", erzählt Orbán mit unverhohlenem Stolz in der Stimme. Nicht nur einmal geriet er mit den älteren Soldaten aneinander. „Nur so konnte ich den Respekt der Übrigen erkämpfen", erinnert er sich, über beide Ohren grinsend.

Einmal schlug er einen Offizier ins Gesicht. Dafür bekam er Gefängnis. Oft wurden über ihn Strafen verhängt. Aber das war nach seinem Dafürhalten noch keine politische Rebellion. Hier konnte er – ähnlich wie in der Grund- und Mittelschule – die Spielregeln nicht ertragen. Er hielt sie für unannehmbar. Da es in der Armee mehr Vorschriften und besonders absurdere Regeln gab als irgendwo sonst, wuchs der rebellische Geist in ihm.

Er war es, der über den Zaun kletterte, wenn Wein geholt werden sollte. An Schlägereien beteiligte er sich, wenn die Situation es erforderte. Er wusste, dass die anderen ihn nur so respektieren würden. Einmal entfernte er sich von der Einheit, um sich ein Fußballspiel anzusehen. Fast wäre er aufgeflogen, als auf einem Feldweg ein Wagen der Feldjäger neben ihm anhielt. Er rannte los über die Wiese, noch bevor die Insassen des Wagens bemerkt hatten, dass sie es zufällig mit einem Fahnenflüchtigen zu tun hatten. Während der Fußballweltmeisterschaft in Spanien hätte er sich gerade während des Spiels Spanien – England bei der Einheit melden müssen. Das tat er aber nicht. Er versteckte sich. Die erste Halbzeit sah er bei den Artilleristen, die zweite bei der Etappe. Sie fanden ihn nicht sofort, aber später zahlte er den Preis dafür. Beim Spiel Brasilien – Italien saß er in Arrest. Doch vorher gab es auch schon ernsthafte „Erlebnisse" politischer Art.

Der kommunistische Staatssicherheitsdienst versuchte Orbán zu rekrutieren. „Sie setzten mich unter Druck. Es war schwer dem auszuweichen", erzählt er. Dreimal musste er sich bei dem politischen Offizier melden. Nicht nur ihm, sondern auch anderen jungen Männern machten sie ein Angebot. Sie fragten ihn aus, was er über Polen, Afghanistan und über die Welt denke. Das waren keine direkt politischen Gespräche, aber sie drehten sich um politische Themen. Der Offizier war nicht aggressiv. Sie unterhielten sich prächtig. „Es war wie ein Gespräch zwischen einem älteren Lehrer und seinem jungen Zögling", erinnert sich Orbán. „Schließlich fragten sie mich, ob ich nicht der Gesellschaft dienen möchte. Im Gegenzug bekäme ich bestimmte Vorzüge an der Universität. Sie boten mir verschiedene Formen der Unterstützung an." Orbán gibt zu, dass er sich sehr unter Druck gesetzt fühlte. Das Angebot lehnte er ab. „Ich sagte, dass ich dazu einfach ungeeignet bin, weil ich meinen Mund nicht halten kann. Ich erklärte, dass es hier gar nicht um Politik geht, und sagte, dass ich ein solches Doppelleben nicht führen könnte. Stur erklärte ich, dass ich aus psychologischen Gründen dazu nicht fähig wäre."

Und es gelang ihm, sich herauszuwinden. Sie ließen ihn in Ruhe. „Glücklicherweise hatten sie nichts in der Hand, um mich zu erpressen. Ich war mir im Klaren darüber, dass ich dann keine Chance gehabt hätte. Aber sie fanden nichts", erinnert er sich. Die ungarische Armee erfreute sich zu jener Zeit keines besonderen gesellschaftlichen Ansehens. Man schaute auf sie herab und machte Scherze. In erster Linie weil sie erbärmlich organisiert war und, ein derart elendes Bild bot, dass es zum Verzweifeln war.

In der Volksarmee schlug Viktor sich mit älteren Soldaten, haute ab, um sich ein Fußballweltmeisterschaftsspiel anzusehen, aber er las auch die französischen Existenzialisten. Er hatte Zeit zum Nachdenken. In ihm wuchs ein rebellischer Geist. Er begann zu verstehen, worin die Absurdität des Systems lag, das ihn umgab.

Man hielt sie nicht für eine Institution mit historischer Tradition, die für Staat und Nation wichtig gewesen wäre, noch weniger als dies in Polen der Fall war. Man betrachtete sie nicht als den Ort, wo junge Männer sich physisch ertüchtigen können oder irgendeine nützliche Bildung erlangen. „Wir hassten das Ganze", sagt Orbán rundweg. „In Zalaegerszeg wurde mir klar, dass der Staat schlecht organisiert ist und dass wir das verändern müssen."

Im Dezember 1981 trat der Ernstfall ein. Die Stimmung war sehr gespannt. Die Offiziere liefen gereizt auf und ab. Alle wussten, sollte etwas Unerwartetes im Warschauer Pakt geschehen, würde ihre Einheit in den Kampf ziehen. Es gab Anzeichen, dass sich die Lage in die denkbar schlechteste Richtung entwickelte. Außerdem dachte die Mehrheit der Soldaten, erinnert sich Gábor Fodor, dass man ihnen kommunistische Propaganda eingebläut hatte. Im Allgemeinen wurden einfache, ungebildete junge Männer zur Armee eingezogen. Jungen wie Viktor und Gábor, die Abitur hatten und auf die Universität wollten, standen intellektuell über den übrigen. Sie fanden kaum Gesprächspartner. „Viele Offiziere und gewöhnliche Soldaten waren davon überzeugt, dass die Polen faul sind, nicht arbeiten wollen und darum streiken. Damit richten sie die Wirtschaft zugrunde. Also müssen wir uns den Sowjets anschließen, um Ordnung zu schaffen, damit die Polen wieder anfangen zu arbeiten und ihre Wirtschaft auf die Beine zu stellen", erinnert sich Fodor. Sie waren ständig angespannt. Eines Tages sagte ein Offizier zu Fodor: „Wir sind in Alarmbereitschaft und müssen in ein spezielles Bereitschaftsrevier umziehen, mit voller Bewaffnung und vollgetankten Autos." Gábor hörte das mit Bestürzung.

Am 11. Dezember, zwei Tage vor der Verkündigung des polnischen Kriegszustands, führte man einen Teil der Einheit in ein spezielles Vorbereitungslager. Sie bekamen scharfe Munition, schliefen in Zelten und in der Nacht gab es Alarm. Aus einem solchen Lager kann der Weg nur in den Kampf führen. In der Nacht vom 12. auf den 13. herrschte Frost. Viktor verbrachte diese Nacht, auf einen Befehl wartend, mit der eiskalten Maschinenpistole in der Hand. Sie bekamen nur Konserven zu essen. Die Spannung war gewaltig, sie spürten, dass etwas geschehen wird, aber sie wussten nicht, was. „Das kann man nicht vergessen. Das Ganze war schrecklich", erinnert sich Orbán.

Fodor fragte die Offiziere, worauf sie warteten. „Wir warten, dass wir nach Polen müssen", lautete die Antwort. Fodor: „Für mich war das eine Tragödie. Ich dachte, das überlebe ich nicht. Wir grübelten, was zu tun sei. Ich dachte, wenn sie uns gegen Polen einsetzen, desertiere ich. Ich hatte Angst."

Orbán: „Ich stand vor einem gewaltigen moralischen Dilemma. Was sollte ich tun, wenn der Marschbefehl kam? Wir liebten Polen. In Polen eindringen und auf polnische Menschen schießen, wäre eine schreckliche Sache gewesen. Wir wussten, dass wir auf der falschen Seite stehen. Was kann man tun, wenn man in einer Armee Dienst tut, die auf der falschen Seite steht? Auf diese Frage hatte ich keine Antwort. Ich sah keinen Ausweg."

Schließlich stand fest, dass sie nicht ins Feld ziehen würden. „Wir schlossen daraus, dass es in Polen keinen bewaffneten Aufstand gegeben hatte und man uns deshalb nicht dorthin brachte. Wir hatten den Verdacht, dass die polnischen und sowjetischen Kommunisten die Angelegenheit untereinander gelöst hatten und keine Hilfe von außen benötigte", erinnert sich Orbán. Es gab Offiziere, welche die Spannung nicht aushielten und loshculten.

„Ich dachte, in Polen sei jetzt alles aus", gesteht Orbán jetzt ein. „Gut ein halbes Jahr später, als ich schon aus der Armee entlassen war, erstaunte mich die Nachricht, dass sich der Widerstand an der Weichsel weiter hält. Da verstand ich, dass das eine Sache von Dauer sein wird und es nicht gelungen war, die Solidarność eingültig zu besiegen. Ich verstand, dass die Opposition jetzt nicht mehr klein zu kriegen ist. Das war die beste Nachricht, die man sich denken konnte."

Sie zogen nicht gegen Kattowitz, Danzig oder Warschau. Und wenn sie dennoch hätten fliehen müssen? „Ich weiß nicht, was wir getan hätten, wenn der Marschbefehl gekommen wäre", gibt Orbán zu. „Man kann nicht schlau genug sein. Man muss abwarten, was passiert, und erst dann entscheiden wie weiter. Damals habe ich die französischen Existenzialisten gelesen. Man verspürte eine Verlockung, darüber nachzudenken, was man tun würde, wenn man in eine absurde, extreme Situation gerät. Mir ging auf, dass man so nicht denken kann. Man kann nicht darüber brüten, was man morgen tut. Warte geduldig ab, und die Übung und die Erfahrung werden dir zeigen, wie du dich verhalten sollst." Wie der achtzehnjährige Orbán bei einer Einheit, in der die Mehrheit der einfachen Soldaten ebenso wie die Mehrheit der Offiziere nicht las, an die Werke der französischen Existenzialisten kam? „Durch die Soldatenbibliothek", antwortet Orbán sehr fröhlich. „Hatten Sie Zeit zu lesen?", bohre ich weiter. „Mir bereitete dort damals nur Kopfzerbrechen, was ich mit mir anfangen sollte. Es gab dort nichts zu tun!" Absurdität des Gulaschkommunismus. Die Ungarn konnten seit 1956 dieses System am eigenen Leib spüren. Es war eine leichtere Variante des Kommunismus, in die man (wie in das klassische Gulasch) einen Esslöffel Sozialismus mit einer Messerspitze Kapitalismus vermischt hatte. Mit diesem billigen Gulasch, dem relativen Wohlstand, „kauften" die Kommunisten die ungarische Gesellschaft.

Das fast einjährige Soldatenleben hinterließ bei Orbán und seinen Gefährten tiefe Spuren. „Wer sich mit 18, 19 nach der Freiheit sehnt und sich plötzlich in der am schlechtesten funktionierenden Armee des Warschauer Paktes wiederfindet, kann nach einem Jahr, wenn er einigermaßen intelligent ist, doch nur als Feind des Systems herauskommen", sagt László Kövér, Orbáns Freund und einer seiner nächsten Mitarbeiter.

Fodor und Orbán wurden nach Beendigung des Wehrdienstes entschiedene Antikommunisten. Alle Zeichen deuteten darauf hin, dass dort in Zalaegerszeg, der Grundstein zum der Radikalismus einer neuen Gruppierung gelegt wurde, die bis heute Mitteleuropas größte und in ihren Aktivitäten weiterhin die konsequent radikalste Partei ist.

4. KAPITEL

Studentenwohnheim mit revolutionärem Geist

> Über die nicht-alltägliche Freundschaft von Viktor Orbán
> und Gábor Fodor, das Katz-und-Maus-Spiel mit der Macht
> und darüber, wie ein polnischer Professor die ungarischen
> Studenten überredete, eine Partei zu gründen.

Am 10. November 1982 starb Leonid Breschnew. Als am nächsten
Morgen einer der Professoren der Budapester Eötvös Loránd-
Universität vor seiner Vorlesung eine Schweigeminute zum
Gedenken an ihn aufrief, blieben drei Erstsemester Jura sitzen.
Der Dozent schrie, das sei ein Skandal. Da standen die drei Stu-
denten auf und gingen hinaus. Die Nachricht machte ihre Runde
an der ganzen Universität. Unter den Dreien waren Viktor Orbán
und Lajos Simicska, die späteren Gründer des Fidesz, heutzutage
Persönlichkeiten des öffentlichen Lebens in Ungarn und Entschei-
dungsträger in der Geschäftswelt.

Viktor hatte zwei Monate vorher angefangen zu studieren. Vom
ersten Augenblick an war klar, dass er radikaler Antikommunist
ist. Er wählte Jura. Wie er selbst sagt, war das eine negative Wahl.
Er ging davon aus, dass er bei den Philologen, die sich damals des
allerhöchsten Prestiges erfreuten, keinen Platz bekommen würde.
In Budapest wohnte er zunächst im Juristenwohnheim, dann
gelangte er in ein anderes, das damals als der Elite vorbehalten galt,
und später von ihnen nach dem Rechtswissenschaftler und Politiker
István Bibó benannt wurde. Es hatte einen besonderen Charakter
und zwar irgendwie zwischen einem Wohnheim und einer unabhängigen höheren Bildungsinstitution.

Solche Studentenheime spielten in Ungarn eine besondere Rolle. Sie waren Orte, wo man nicht nur wohnte, sondern wo auch ein Teil der Veranstaltungen abgehalten wurde. Zu jener Zeit verfügten sie über sehr weitgehende Autonomie. Die Fachkollegien wurden von Direktoren geleitet, die das höhere Bildungsinstitut ernannte, ihnen war jedoch eine unabhängige Selbstverwaltung beigeordnet, die zusammen mit dem Direktor entschied, was im Wohnheim geschehen sollte. Lehrer und Schüler wohnten dort zusammen. Sie verfügten über gleiche Rechte, stellten gemeinsam die internen Regeln auf, entschieden darüber, wie das Leben im Studentenheim verlaufen sollte, was gestattet ist und was nicht und welche Betätigungen sie organisieren wollen. Diese innere Selbstverwaltung war gemessen an den damaligen Umständen recht weitgehend. Die Dozenten und die Studenten verfügten über große Freiheit beim Organisieren der Aktivitäten und des Lebens im Studentenheim. Die Wahlen zur Selbstverwaltung des Wohnheims waren vollkommen demokratisch, die Bewohner rivalisierten miteinander, führten einen Wahlkampf um Stimmen und Unterstützung.

Die erste Institution dieser Art wurde in Ungarn schon vor dem 1. Weltkrieg von dem Physiker Loránd Eötvös gegründet. Sie hatte die Aufgabe, durch das Heranziehen begabter junger Leute aus der Provinz eine ungarische Elite auszubilden. 1950 wurde diese Institution geschlossen. Im Sozialismus bestand kein Bedarf an einer Elite, diese Funktion fiel der Arbeiterklasse zu. Aber sieben Jahre später wurde die Wiedereröffnung des Wohnheims ermöglicht. Die Universität wählte aus und eine kleine Gruppe von Studenten bekam hier einen Platz. Die besten Professoren wurden als Dozenten berufen. Von den Studenten wurde sehr großes Wissen erwartet. Auf Italienisch, Deutsch und Französisch mussten sie wissenschaftliche Abhandlungen lesen können. Wenn ein Student die Sprache, in der eine Pflichtlektüre abgefasst war, nicht lesen konnte, gewährte man ihm zwar einen Aufschub, aber lesen musste er sie in jedem Fall. Das Eötvös-Kolleg ist die angesehenste Institution dieser Art in Budapest. In den 80-er Jahren wollten die Jurastudenten ein eigenes Fachbereichsstudentenheim nach diesem Vorbild zu schaffen. Dies gelang im Frühjahr 1983, als sie ein Gebäude in der stillen und stimmungsvollen Ménesi út bekamen. Sie benannten das Institut nach István Bibó, der 1956 in der Regierung von Imre Nagy einen Posten als Staatsminister bekleidet hatte (die offizielle Erlaubnis zur Benennung wurde erst zwei Jahre später erteilt). Bibó war während der Revolution ernannt worden. Einen Tag darauf wurde die Regierung gestürzt. Als die sowjetischen Truppen das Parlament angriffen und schon im Gebäude waren, zog Bibó sich in ein kleines Büro zurück und schrieb dort einen Aufruf an die Ungarn und die ganze Welt. Alle flohen, er aber wartete auf das Erscheinen der russischen Soldaten, die ihn zum Verlassen des Parlaments zwangen. Im Frühling des folgenden Jahres setzte ihn die Exekutive Kádárs fest und schließlich wurde er zu lebenslänglich verurteilt. Bibó war in erster Linie als unabhängiger Denker bekannt geworden. Seine Gedankengänge über den Staat, die ungarische Gesellschaft und Mitteleuropa waren sehr wichtig für Orbán, besonders in der ersten Phase seiner Tätigkeit.

Die Ungarn sind seit dem Beginn des 20. Jahrhunderts geteilt in „urbane" (städtische, kosmopolitische und liberale), beziehungsweise „völkisch-nationale" (national gesinnte) Staatsbürger, die sich stark mit den Dörfern, kleinen Siedlungen und den Traditionen verbunden fühlen. Diese Teilung geht sehr tief und bestimmt die ungarische Elite bis zum heutigen Tage. Die beiden Lager hassen sich aus tiefstem Herzen und dies löst größere Feindschaft aus als die innere Teilung bei den Polen. Bibó versuchte, eine Synthese der Geisteswelt beider Gruppen zu schaffen. Er suchte Möglichkeiten, die Nation zu einen. In der ersten Phase seines Bestehens war der Fidesz bemüht, sich an diesen Gedanken zu halten.

Der gegenwärtige Parlamentspräsident László Kövér, Orbáns einige Jahre älterer Freund, der gleichfalls aus der Provinz stammt, sagt darüber Folgendes: „In Budapest gab es eine sehr kleine Elite, die sich aus den Reihen der städtischen Intelligenz rekrutierte, viele von ihnen waren jüdischer Abstammung. Sie nannten sich demokratische Opposition und riefen später den Bund Freier Demokraten (Szabad Demokraták Szövetsége – SzDSz), eine liberale Formation, ins Leben. Und es gab eine andere, aus Menschen aus der Provinz bestehende Gruppe, mit zahlreichen Schriftstellern in ihren Reihen, die versuchte, sich über die Linie der nationalen Werte mit der Macht zu arrangieren. Sie gründeten später das konservative Ungarische Demokratische Forum (Magyar Demokrata Fórum – MDF). Und es gab noch eine dritte Gruppe von Reformkommunisten. Wir hatten aus allen drei Gruppen Lehrer und Erzieher. Formal verbanden wir uns mit keiner der Gruppierungen, pflegten aber ein gutes Verhältnis zu allen. Wir versuchten, von ihnen zu lernen. Den Geist der polnischen Solidarność suchten wir. Den Geist einer Opposition, die alle vereinten. Für uns waren die Gedanken von Bibó sehr wichtig."

Das Bibó-Kolleg galt von Anfang an als Ort von Rang, wo das intellektuelle, gesellschaftliche und sportliche Leben sprudelte. Beim Sport spielte der Fußball eine führende Rolle. Viktor Orbán kam zusammen mit Lajos Simicska, seinem guten, alten Schulkameraden aus dem Gymnasium, dorthin.

Nicht wenige der damaligen Bewohner des Studentenheims wurden mit der Zeit Mitglieder einflussreicher Kreise in Ungarn: Parlamentarier, Parlamentsvorsitzende. Ministerpräsidenten, Minister, Leiter von Thinktanks, Verfassungsrichter, Bürgermeister und Geschäftsleute. Im Mai 2012 wurde János Áder zum Staatsoberhaupt gewählt.

Die Studenten luden Menschen zu sich ein, aus Kreisen, die weit von der herrschenden Macht entfernt standen, unter anderem die Teilnehmer an der Revolution von 1956, aber sie sprachen auch mit Menschen, die den Kommunismus nicht stürzen, sondern reformieren wollten. 1984/85 war der damalige Oppositionsführer János Kis häufiger Gast im Wohnheim, der aus der Reihe der Dozenten ausgeschlossen worden war. Später wurde er Mitbegründer des SzDSz und dessen erster Vorsitzender. Die jungen Männer trafen auch György Soros, den ungarnstämmigen Milliardär, der sie später begeistert unterstützte. Soros gründete 1984 unter seinem Namen eine Stiftung, die eins der wichtigsten Zentren des liberalen Denkens in Mitteleuropa wurde und über nicht geringen Einfluss verfügte. Wie ein Student erzählt, schenkte Soros ihnen damals ein sehr gefährliches, subversives, als systemfeindlich geltendes Gerät: ein Kopiergerät. Es wurde in einem besonderen Raum mit einem abschließbaren Gitter aufgestellt. Sie bekamen auch Telefonapparate, Stipendien und die Möglichkeit zu Studienreisen nach England und in die Vereinigten Staaten. Soros gefielen diese jungen Revolutionäre, bei denen natürlich auch konservative, völkische Schriftsteller auftauchten. Die Bewohner des Wohnheims veranstalteten nicht nur Seminare zu politischen Themen, sondern beschäftigten sich auch mit Fragen der Armut oder Ökologie, was fast schon die Grenze der Subversion streifte.

* * *

Im Bibó-Kolleg entfaltete sich die Freundschaft zwischen Gábor Fodor und Viktor Orbán. Zuerst waren sie Freunde, dann riefen sie den Fidesz ins Leben, wurden die bedeutendsten Gestalten dieser Organisation, ein paar Jahre später standen sie an der Spitze konkurrierender Plattformen. Mit der Zeit wurden sie Gegner, ja, politische Feinde. Aber damals waren sie noch zusammen.

Ein einfaches, frisch renoviertes Zimmer in der Ménesi út 12 mit zuerst zwei, dann drei Betten. Weiße Wände, Regale und ziemlich viele Bücher. Die Bewohner des Zimmers – Gábor Fodor und Viktor Orbán – sprachen viel über Musik, Bücher, Filme, Politik, Fußball und natürlich über Mädchen. Beide wurden von den Mädchen umschwärmt. Gut aussehende, sympathische, charismatische Studenten waren sie. Noch dazu Rebellen. Sie freundeten sich an, waren aber unterschiedlich, auch in physischer Hinsicht. Gábor war hochgewachsen, dünn und blond. Viktor klein, stämmig und braunhaarig. Was sie verband, war der Antikommunismus und das Ziel, das Staatssystem zu verändern.

Gábor war mit Büchern aufgewachsen, in einer katholischen, gebildeten, recht antikommunistisch eingestellten, aber offenen Familie. Viktor kam aus einem bescheidenen Haus am Rand eines kleinen Dorfes, wo über Religion kein Wort verloren, die Politik als etwas Fremdes betrachtet wurde und der Kult der physischen Kraft herrschte. Gábor liebte das europäische Kino, das sensibel komplizierte Themen aufgriff, Viktor die Western, wo der Gute gegen den Bösen kämpft und die Figuren klar und eindeutig sind. Zusammen gingen sie nicht ins Kino, weil es schwer gewesen wäre, ein Werk zu finden, das ihnen beiden gefallen hätte. Gábor liebte die Malerei, Viktor den Fußball. Gábor war der Meister des Kompromissschließens und der Konfliktlösung, Viktor suchte die Wurzeln der Probleme und schreckte vor Konflikten nicht zurück. Er drängte vorwärts und wollte der Beste sein. Der Beste beim Mädchenbekanntschaftsmachen, beim Lernen und beim Organisieren des Lebens im Wohnheim. Beide waren Gesellschaftsmenschen mit gutem Humor, charmant und unermüdlich. Ausgezeichnete Studenten, die sich aber dem Partyfeiern und häufigen Weinproben nicht verschlossen.

Sie schwärmten einer für den anderen. Mochten einander über die Maßen und lernten voneinander. Viktor kundschaftete aus, was sein Freund las und machte sich an genau die gleichen Bücher. Er bemühte sich sehr, intellektuell mit ihm gleichzuziehen. Koestler, Kafka, Eszterházy und Michnik waren das Grundpaket der mitteleuropäischen, oppositionellen Intelligenz in den 80-er Jahren. In diese Welt führte Gábor ihn ein.

Die Jungen gingen gemeinsam aus, um Hardrock zu hören. In Budapest war damals die Alternativrockbewegung stark. Viele Untergrundbands konnten keine Schallplatten machen. Viktor kannte diese Szene nicht. Von Gábor bekam er die Kassetten. Viktor gefiel die Sache immer besser und er bat Gábor, ihn mit auf Konzerte zu nehmen.

Gábor imponierte Viktors Fleiß, sein Gespür für Stimmungen und seine Fähigkeit Menschen zu überzeugen. Viktors Fähigkeit Probleme zu lösen, seine Entschlossenheit und seine Dynamik. Sein ständiges Lechzen nach Veränderung, nach einer Neuschaffung der Welt. Seine Unerbittlichkeit.

Gábor beschäftigte sich auch mit dem Vertrieb illegaler Publikationen. Viktor hatte sich noch nicht der Opposition verschrieben. Er war damit beschäftigt, das Wohnheimleben zu organisieren.

* * *

Viktor wurde der Vorsitzende der Studentenselbstverwaltung. Zusammen mit der Studentenheimleitung entschied er über den Tagesablauf, die Auswahl der Themen und Lerninhalte. Auf alles wollte er Einfluss nehmen. Ständig kam es zu stundenlangen Diskussionen über verschiedene Fragen: Fußball, Aufstellen des Stundenplans, wie man seine Zensuren verbessert, aber auch darüber, wie man die herrschende Ordnung umstürzen und Ungarn verändern müsse. Viktor geriet in Konflikte mit den Dozenten und mit der Heimleitung. Eine solche Diskussion hatte die fakultativen Arbeiten der Studenten zum Thema. Orbán wollte, dass die Studenten eigenständig Studien erstellen und die relevanten Dokumente aufarbeiten. Im Verlauf solcher Auseinandersetzungen trat Orbán aggressiv gegen seine Kontrahenten auf. Gábor und Professor László Kéri – ein Politologe, der die Arbeit des Wohnheims überwachte und auch Viktor unterstützte – waren gegen diesen Stil und solche Lösungen. Kéri verbrachte damals viele Stunden in Diskussionen mit Orbán und seinen Gefährten. Der Reformkommunist Kéri erinnert sich folgendermaßen: „Sie wollten sofort allen ihre Vorstellungen aufzwingen. Sie hatten eine Menge dummer Ideen. Sie wollten alles regulieren, was man nur konnte. Vom ersten Augenblick an sah man, dass Viktor die Übrigen dominierte und fähig war, ihnen seinen Willen aufzuzwingen und dass er über große Überzeugungskraft verfügt. Aber ich konnte ihn nicht ausstehen."

Die Diskussion wurde so erbittert, dass Kéri plötzlich herausplatzte: „Ihr unterdrückt andere! Gerade ihr seid es, die nicht an die Freiheit glauben! Ihr wollt, dass andere etwas tun, wozu sie keine Lust haben! Ihr verhaltet euch genau wie die Bolschewiken!" Schreiend verließ er den Saal, kam aber zurück und brüllte weiter: „Aber ich sage dir was, Viktor. Wie ich euch sehe, seid ihr schlimmer als Béla Kuns[2] Leninjungen[3]. Und weißt du was? Wenn du an die Macht kommst – ja, ich sehe es schon vor mir, dass Gott das Land nicht davor bewahren wird, dass du einmal hier regierst –, dann lässt du Stumpf und mich als Erste aufhängen, weil wir

---

[2]   Béla Kun, Journalist, kommunistischer Politiker, de facto der Führer der Ungarischen Räterepublik, formell Volksbeauftragter für Außenpolitik und die Armee. Nach der Niederschlagung der Räterepublik floh er nach Wien und 1920 nach Moskau, wo er eine Tätigkeit bei den Kommunistischen Internationalen ausübte. Stalin ließ ihn 1937 wegen seiner Beziehungen zu Trotzki inhaftieren und 1938 hinrichten.

[3]   Die Leninjungen waren ein bewaffnetes Terrorkommando der Jungkommunisten während der Räterepublik von 1919. Sie führten die Befehle des Volksbeauftragten Tibor Szamuely aus. Nach der Niederschlagung der Räterepublik wurden vierzehn von ihnen zum Tode verurteilt und hingerichtet.

wissen, wer ihr einmal wart." Dann machte er auf dem Absatz kehrt und ließ sie stehen.

Kéri verließ das Heim, Orbán aber blieb. Einige Jahre später machte Kéri ein ausführliches Interview mit Orbán. Im Anschluss daran wurde er doch wieder sein entschiedener Gegner. Ein Gegner, der mit Sympathie und auch Respekt von ihm spricht. Dieses Verhältnis ist wechselseitig so. Orbán erwähnt bis zu heutige Tage Kéri als einen seiner ersten und wichtigsten Lehrer. Gut zehn Jahre später wurde István Stumpf – der zur Zeit des erwähnten Streits Wohnheimdirektor war – Kanzleichef des Ministerpräsidenten Orbán.

Heute gibt Orbán zu, dass er nach der Armeezeit wirklich aggressiv war. Damit war er nicht allein. Dieser Zustand – der ständige Kampf, die Emotionen und Frustrationen – drückten sich auch im Namen der Wohnheimfußballmannschaft aus: Regressivität Zalaegerszeg. Ein halbes Jahr später, als sie etwas ruhiger geworden waren, änderten sie den Namen in Unitas.

Als er seine Lehrer so verärgerte, war Orbán 20, 21 Jahre alt. Professor Kéri schwört hoch und heilig, dass er mit der Aussage damals, Orbán würde Ministerpräsident, nicht beabsichtigte, ihn zu loben oder ihm eine Freude zu machen. Er aber war der Erste, der Orbáns weitere Karriere prophezeite. Das Verhältnis des Reformkommunisten Kéri zu Orbán war speziell und ist es auch geblieben.

Das Kolleg war für die damaligen Verhältnisse kein alltäglicher Ort. Abends gab es Diskussionen, die bis in die Nacht dauerten. Die Studenten stimmten über bestimmte Dinge ab, diskutierten, argumentierten, stritten sich und überzeugten einander. Das Bibó-Kolleg befand sich fast ständig im Konflikt mit der Universität. Es war eine unabhängige Insel im kádáristischen Budapest.

Natürlich wurde, wie in jedem anderen Kolleg, auch hier gefeiert, schwer getrunken und viel Fußball gespielt. Sie waren immer noch sehr jung, aber immer selbstsicherer und probierten aus, was Demokratie ist. Sukzessive spürten sie, dass sie an etwas Nicht-Alltäglichem teilhatten. Es fiel ihnen immer schwerer, das System zu akzeptieren, in dem sie lebten. Gegen es aufzutreten, dachten sie, sei die beste Methode, die Unabhängigkeit ihrer kleinen Insel zu bewahren. Solche Inseln entstanden in Budapest an verschiedenen Orten. Und solange sie als geschlossene Gesellschaften funktionierten, tolerierten die Machthaber sie. Nur dass die unabhängigen Bewegungen immer weitere Kreise zogen.

Für Viktor Orbán bedeutete die Vorlesungsreihe von Tamás Fellegi über den Aufstand von 1956 die denkwürdigste Lehrveranstaltung. (Fellegi wurde erst Minister in der zweiten Regierung Orbán, dann leitete er bis Sommer 2012 die Verhandlungen mit dem Internationalen Währungsfonds und der Europäischen Kommission.) Was Viktor damals erfuhr, hatte eine Schockwirkung auf ihn. Infolge dieser Vorlesungen wandte er sich noch mehr gegen die Staatsmacht. Orbán, wie er später mehrfach unterstrich, war erschüttert, von dem, was er hörte. Dann folgte die Beschäftigung mit der polnischen Solidarność und den Ereignissen des Jahres 1968 in der Tschechoslowakei. Zu seinem Studienabschluss schrieb Orbán eine Arbeit über den Kampf der polnischen Gesellschaft gegen das Einparteiensystem.

Nachdem Viktor mit Gábor Fodor zusammengezogen war, wurde er ruhiger, was nicht heißt, dass er an Kämpfertum und Entschlossenheit verloren hätte. 1984 gewann er die Wahl zum Vorsitzenden bei den Studentenselbstverwaltungswahlen des Kollegs. Den Posten des Direktors hatte István Stumpf inne, aber Orbán, obwohl er nur ein Student war, bekam eine gleichrangige Rolle. Im Fachkolleg herrschte fast unumschränkte Freiheit. „Zeitweise befreites Gebiet", so beschrieben es Orbán und Kövér. Orbán verbrachte immer mehr Zeit dort und weniger an der Universität. Die Studenten analysierten immer wieder die politische Lage und erstellten Szenarien für die Zukunft. Sie dachten über Strategie und Taktik des Handelns nach. Immer genauer wussten sie, was sie vom Leben wollten. Auch die Ereignisse in anderen Ländern verfolgten sie und nahmen mit verschiedenen unabhängigen Gesellschaften Kontakt auf. Sie hielten Rhetorikkurse ab, arbeiteten daran, sich die Methoden zum Überzeugen anzueignen, suchten Unterstützer und schlossen Bündnisse und Kompromisse. Die Institution wurde zu einem wirklichen Übungsplatz für eine Parteigründung.

***

1985 fanden die Wahlen zum kommunistischen Parlament statt. Und da konnten, ja, mussten nach dem frisch in Kraft getretenen Gesetz – als quasidemokratische Geste – in jedem Wahlbezirk zum ersten Mal mindestens zwei Kandidaten für das Parlamentsmandat antreten. Nach der neuen Verordnung konnte man spontan in den Nominierungsversammlungen Kandidaten vorschlagen, die nicht auf der Liste der Patriotischen Volksfront standen. Die jungen Juristen beschlossen, einen eigenen Kandidaten aufzustellen. Dies verbreiteten sie im Kreise ihrer Bekannten und hielten nicht damit zurück, dass sie kämpfen würden. Eine Menge von ihnen erschien auf den Nominierungsversammlungen, wo sich herausstellte, dass der Saal von einem Polizeikordon und Staatssicherheitsleuten in Zivil umgeben war. Der Versammlungsort war voller Leute des Kommunistischen Jugendverbandes (KISZ). Während der Diskussion und der Abstimmung erkannten die Studenten, dass das Ganze ein abgekartetes Spiel war. Die unabhängigen Kandidaten hatten keine Chance durchzukommen. „Eine gewaltige Verarschung war das", erzählt Orbán später. Für ihn und seine Gefährten war es eine Enttäuschung. Viktor schrieb einen Bericht über die Versammlung. „Ich bin Jurastudent im 3. Semester. Als Staatsbürger, der ein juristisches Diplom erlangen wird, ist es meine allererste Aufgabe, dort, wo ich bin, dort, wo ich kann, alles zu tun, um das Recht und die Gesetzlichkeit zu schützen." Er glaubte, ein Rechtsbruch sei geschehen. „So gibt es für meinesgleichen nur eine Möglichkeit. Entweder nimmt man das Obige und sich selbst ernst, oder man gibt die Juristerei auf und versucht, einen anderen Abschluss zu machen. Am 25. April 1985 war dieses Schreiben von meiner Seite und vonseiten des Fachkollegs seine Veröffentlichung das Einzige, was wir tun konnten. (Leider!)"

Der Freundeskreis der Studenten aus dem Kolleg radikalisierte sich rapide. László Kövér erzählt, wie sehr sich ihnen die Schlussszene des Films „Der Mann aus Eisen" von Andrzej Wajda eingeprägt hatte. Der Journalist stand auf der Seite der Arbeiter, war in der Fabrik und freute sich, dass geschah, was geschah. Zur gleichen Zeit rollte der Wagen des Parteivertreters aus dem Hof und der sagte ruhig: „Wir kommen wieder". „Diese Szene machte uns klar, dass man mit ihnen nicht verhandeln kann", sagt Kövér. Später wiederholten sie an vielen Orten, auf zahlreichen Veranstaltungen, auf Partys und beim Weintrinken: „Mit denen kann man nicht verhandeln."

Dieser Radikalismus unterschied den Fidesz von der polnischen Opposition. Daher geschah es auch, dass die ungarischen Rebellen, als das System schon angeschlagen war, sofort mit radikalen Forderungen auftraten. Sie forderten vollkommen freie Wahlen und den Abzug der sowjetischen Truppen aus Ungarn. Die Überzeugung, dass man „mit ihnen nicht verhandeln kann", hegte Orbán bis zum Ende. Keine Illusionen bezüglich der anderen Seite, also derer, die im alten System ihre Wurzeln haben. Darum ist sein ganzer Kampf ein Ringen gegen die Überreste des Kommunismus.

* * *

Im Frühjahr 1985 baten László Kövér und seine Studienkollegen in einem offiziellen Brief an den Direktor der Landwirtschaftlichen Hochschule in Szarvas, die Örtlichkeiten des Instituts für das IV. Landesstudententreffen zur Verfügung zu stellen. Der Direktor entnahm dem Brief, dass dieses Treffen schon zum vierten Mal abgehalten wird. „Vom ersten, zweiten und dritten hatte er zwar nichts gehört, aber es musste offenbar legal sein, wenn sie jetzt ein viertes abhalten möchten", erzählt László Kövér. Und der Direktor stimmte zu. Er wusste nicht, dass es weder ein erstes, zweites oder drittes Treffen gegeben hatte. In dem Institut wurde dann fünf Tage lang darüber diskutiert, wie die Gesellschaft verändert werden kann, deren Bestandteil auch die Schule war. In Szarvas erschienen nämlich unabhängig voneinander junge Leute, die in verschiedenen Organisationen tätig waren, um sich darüber auszutauschen, was in Ungarn vorgehe und was zu tun sei. Es gelang ihnen nicht nur Unterkunft, sondern über die Firmenkontakte der Wirtschaftsstudenten auch besondere Dotationen zu beschaffen. Anlässlich des „Studentenlagers" gaben sie auch eine Zeitung heraus, in der verschiedene Firmen Stellenanzeigen für die zukünftigen Absolventen aufgaben. Das Presseprodukt und die Anzeigen dienten nur als Deckmantel für die materielle Unterstützung. Niemand hatte eine Ahnung, für was in der Welt er eigentlich Geld gibt, und auch nicht, wem er die Örtlichkeit anbietet. Zu jenen Zeiten konnten nur die kommunistische Jugendorganisation und die offizielle Studentenselbstverwaltung solche Treffen organisieren. Nur sie hatten Zugriff auf Geldquellen und nur sie konnten den Studenten Unterkunft beschaffen. Viele Aktivisten erinnern sich an das Lager in Szarvas als eine Station von Schlüsselbedeutung beim Erwachen ihres Selbstbewusstseins. Hier ging ihnen auf, dass man selbstständig handeln kann und muss. Ohne Szarvas keinen Fidesz, behaupten sie.

* * *

Zu dieser Zeit begann Orbán schon, seine Arbeit über die Solidarność zu schreiben. Mit folgendem Titel: Gesellschaftliche Selbstorganisierung und Bewegung im politischen System (das polnische Beispiel). Darin beschreibt Orbán, was die Solidarność war. Bis zu welchem Grad sie eine politische Bewegung war, zu welchem Grad sie den Charakter der Selbstverwaltung hatte und bis zu welchem Grad sie gewerkschaftlich war. Die Selbstverwaltung seziert er und denkt darüber nach, ob eine Organisation, die 10 Millionen Menschen umfasst, noch als Gewerkschaft oder schon eher als Partei zu qualifizieren ist. Er analysiert, welche Wirkung die Solidarność auf die Entwicklung der Lage in den anderen sozialistischen Ländern haben kann. Orbán zitiert in dieser Arbeit Jadwiga Staniszkis[4], Jürgen Habermas und Mieczysław

---

[4]   Jadwiga Staniszkis (1942), polnische Soziologin, Professorin der Warschauer Wissenschaftlichen Universität und anderer polnischer, bzw. westlicher Universitäten, Politologin, Publizistin. 1980 Sachverständige des Danziger Betriebsübergreifenden Streikkomitees, Mitglied der Delegation, die mit der Regierung verhandelte, dann Beraterin der Leitung der Solidarność. Nach Ausrufung des Kriegsrechts übernahm sie eine aktive Rolle in den Untergrundaktionen der verbotenen Gewerkschaft und publizierte im Samisdat. Über ihre Erfahrungen in der Solidarność, über „die sich selbstbegrenzende Revolution" schrieb sie ein Buch, das lange Zeit nur auf Englisch erhältlich war.

Rakowski[5] und bezieht sich auf Interviews mit Jacek Kuroń[6] und Adam Michnik[7].

Sein Prüfer schrieb, dass die Arbeit außerordentlich gut sei, der Verfasser stütze sich auf einen weiten Kreis von Quellen und eine so gut verfasste Diplomarbeit sei eine Seltenheit. Ein Auszug aus der Beurteilung des Fachbereichsleiters Dr. Mihály Samu: „Der Hintergrund an Fachliteratur und das theoretische Begriffssystem übersteigen bei Weitem das üblicher Arbeiten. Die Untersuchung der gesellschaftlichen Bewegungen und der Probleme der sozialistischen Zivilgesellschaften sind auch in der ungarischen Fachliteratur neuartig und individuell."

Im Mai 1987 hielt ein junger, bärtiger Student den Polonisten und Dozenten István Kovács auf. Freundlich aber bestimmt bat er ihn, so nett zu sein, den Artikel des polnischen Historikers Maciej

---

5   Mieczysław Rakowski (1926–2008), Historiker, Journalist, kommunistischer Politiker, bis 1989 Parlamentsabgeordneter, der letzte Generalsekretär der Polnischen Vereinigten Arbeiterpartei (PVAP). Von 1958 bis 1982 Chefredakteur der gesellschaftspolitischen Wochenzeitschrift der PVAP, der Polityka. 1988 bis 89 der letzte kommunistische Ministerpräsident, der letzte Führer der PVAP (1989–1990).

6   Jacek Kuroń (1934–2004), Historiker, Pädagoge, herausragende Figur der demokratischen Opposition während der polnischen Volksrepublik. Einer der Führer des kommunistischen Jugendverbandes, der sogenannten „Roten Pfadfinder" (1954–61), später saß er für oppositionelle Betätigung fünfmal im Gefängnis. Gründungsmitglied und Leiter des Komitees zur Verteidigung der Arbeiter (1976–81). Berater der Solidarność (1980–81), im Dezember 1981 wurde er interniert. Teilnehmer bei den Verhandlungen am Runden Tisch (1989). Minister für Arbeit und Soziales in der sogenannten Solidarność-Regierung (1989–93), Parlamentsabgeordneter (1989–2001).

7   Adam Michnik (1946), Historiker, Essayist, politischer Journalist, herausragende Persönlichkeit der demokratischen Opposition im kommunistischen System. Gründer und Herausgeber der einflussreichen linksliberalen Tageszeitung Gazeta Wyborcza (seit 1989). Wurde 1968 wegen der Organisation der Studentenbewegung von der Universität verwiesen, inhaftiert und verurteilt. Seit 1976 Mitglied des Komitees zur Verteidigung der Arbeiter, Herausgeber illegaler Blätter. Berater der Solidarność (1980–81), Im Dezember 1981 interniert, seit 1982 zweimal wegen Umsturzversuchs verurteilt, 1986 kam er schließlich frei. Teilnahme am Runden Tisch (1989).

Koźmiński[8] über den Hitler-Stalin-Pakt ins Ungarische zu übersetzen. Es war nämlich gerade Redaktionsschluss bei der Zeitschrift Századvég und sie hätten gerne im letzten Augenblick noch diesen Text, der damals als rebellisch galt, in ihr untergebracht. Die Bitte war reichlich unverschämt, angesichts des großen Umfangs des Textes und der knappen Bearbeitungszeit, denn der Lehrer hatte insgesamt einen Tag von seinem Studenten bekommen. Der bärtige Student hieß Viktor Orbán.

Századvég war eine Zeitschrift mit einer offiziellen Genehmigung, aber sie veröffentlichte auch solche Inhalte, die nirgendwo sonst in der kommunistischen Presse veröffentlicht worden wären. Die Studenten hatten herausbekommen, wie man einen unbequemen Text im Druck unterbringt. Sie gaben das Gesuch um eine Druckerlaubnis mit einem akzeptablen, unspektakulären Inhaltsverzeichnis ab. In die Druckerei gingen dann andere Texte. Der Beamte, der den Druck genehmigt hatte, erzählte Kovács später, wie ihn die Studenten an der Nase herumgeführt hatten. Er hatte den Betrug entdeckt, als er sah, dass die Zeitschrift mit einem anderen Inhalt erschienen war, als dem, den er gut geheißen hatte.

In Kádárs Ungarn gab es keine Zensurbehörde. Wenn etwas „Unrechtes" im Druck erschien, wurde direkt der Chefredakteur zur Verantwortung gezogen. Und wenn eine Publikation einen Skandal auslöste, war der Leiter des Blatts gezwungen, vor den Zuständigen in der Parteizentrale Rechenschaft darüber abzulegen, wie es zur Veröffentlichung des ominösen Materials kommen konnte. Die Konsequenzen musste der jeweilige Chefredakteur tragen (oft wurde versucht, den Schwarzen Peter weiterzuschieben). Dieses System ohne institutionelle Zensur war schlimmer

---

8   Maciej Koźmiński, Professor der Geschichte, polnischer Botschafter in Ungarn (1990–96).

als das in Ländern mit einer präventiven, offiziellen Zensur, denn die Selbstzensur der Journalisten und Redakteure war oftmals strenger, denn es existierten keine eindeutigen Verbote und Richtlinien, was erlaubt ist und was nicht. Der Dozent Kovács pflegte ein gutes Verhältnis mit dem bekannten polnischen Hungarologen und Historiker Professor Wacław Felczak[9]. Felczak war ein ausgezeichneter Historiker, der im 2. Weltkrieg als Beauftragter der polnischen Exilregierung militärische Botendienste auf der Linie Warschau-Budapest-London eingerichtet hatte. 1945 wurde er in seine Heimat zurückbeordert, um beim Ausbau eines konspirativen, antikommunistischen Netzes zu helfen. Drei Jahre später wurde er verraten und verhaftet. Er erhielt eine lebenslängliche Freiheitsstrafe. 1956 wurde er auf Bewährung entlassen. Als Historiker beschäftigte er sich mit Ungarn. So oft er konnte, reiste er nach Ungarn und hielt vor Studenten Vorlesungen. In den 70-er Jahren hielt er in der Wohnung eines Seminaristen, dem späteren Professor István Kovács außerordentliche Seminare über Fragen der mitteleuropäischen Geschichte ab. Er sprach viel über seine Vision, den Kommunismus zu stürzen. Professor Felczak zweifelte nicht daran, dass der Sturz eintreten würde. Er beklagte das Zögern seiner ungarischen

---

[9] Wacław Felczak, Professor der Geschichte (1916–1993). Felczak schrieb mehrere Bücher über die ungarische Geschichte bzw. die jahrtausendealte Geschichte der polnisch-ungarischen Kontakte Zum Thema seiner Doktorarbeit wählte er den ungarisch-kroatischen Ausgleich 1868. Zu seinem 70. Geburtstag gaben seine ungarischen Getreuen und Schüler ein Gedenkbuch zu seinen Ehren heraus, in dem ihn unter anderem Árpád Göncz, György Szabad, Sándor Csoóri und Lajos Für seine Persönlichkeit und sein Lebenswerk würdigen. Später wurde er Ehrenmitglied des Fidesz. Den Professorentitel erlange er erst im freien Polen, im Jahre 1993. Er starb am einen symbolträchtigen Tag, am 23. Oktober, dem Tag, an dem 1956 die Revolution ausbrach und auch der Freiheitskrieg begann. Sein Andenken bewahrt eine 2006 geweihte Tafel im Budapester Eötvös-Kolleg.

Freunde, die nicht geneigt waren, eine entschlossenere politische Richtung einzuschlagen.

1987 wurde Felczak zu einer Gastprofessur an das Eötvös-Kolleg berufen (wo er vor dem Krieg selbst ein Stipendium gehabt hatte). Viktor Orbán bat ihn, zu einem Treffen von Studenten des Bibó-Kollegs zu kommen, die bald ihr Jurastudium anschließen würden, und ihnen von der Solidarność sprechen. Der Professor willigte ein und hielt eine Vorlesung über seine Erfahrungen in der polnischen Opposition.

Im Saal erwarteten ihn zwanzig Zuhörer. Am Ende des Treffens fragte Orbán den Professor um Rat, was zu tun sei. „Gründet eine Partei! Wahrscheinlich sperrt man euch dafür ein. Aber allen Anzeichen nach werdet ihr nicht lange sitzen müssen", lautete Felczaks Antwort. Die Studenten, von der Geschichte der Solidarność verzaubert, nahmen die Worte des Professors an. Kurz darauf riefen sie die erste offizielle, oppositionelle Organisation ins Leben, die bald zu einer politischen Partei wurde und heutzutage als größte politische Bewegung Mitteleuropas bekannt ist.

5. KAPITEL

„Ich spürte, dass die letzten Tage des Systems gekommen waren."

Darüber, wie der Fidesz entstand, wie seine Aktivisten die Kommunisten verspotteten, und wie Viktor Orbán am Biertisch die wichtigste Rede seines Lebens schrieb

Eines Nachmittags im Frühjahr 1988 klopfte ein Polizist an die Tür der Wohnung, in der Viktor Orbán zur Untermiete wohnte und teilte ihm mit, dass er ihn verhören werde. „Klasse, und worüber?", fragte Orbán. Der Mann erwiderte: „Etwas im Zusammenhang mit der Bildung eines Jugendverbandes." Orbán: „Das muss sich um einen Irrtum handeln, die Organisation ist schon gegründet. Das ist Tatsache. Sie existiert und steht auf dem Boden der Verfassung."[10] Er ließ den Mann wissen, dass er keine einzige Frage beantworten werde. Der Polizist wollte aber um jeden Preis ein Protokoll aufnehmen. Orbán weigerte sich, es zu unterschreiben. Der verstörte Beamte wusste nicht, was er tun sollte. Die Sache endete damit, dass sie zwei Zeugen von der Straße holten. Vor ihnen verlas der Polizist die offizielle Verwarnung. Das war eine Vorschrift des Gesetzes, dessen Feinheiten Orbán geschickt ausnutzte.

Dies illustriert einerseits die Selbstsicherheit der jungen Aktivisten und zeigt andererseits den Zustand, in dem sich damals der Parteiapparat befand. Der Vorfall ereignete sich ein paar Tage nach der Gründung des Fidesz.

---

[10]   Nach einem Buch von József Debreczeni, Osiris Kiadó, Budapest 2002

„Am Ende der Ära Kádár lebten wir nicht in Angst. Es gab keinen sonderlichen Terror. Es war eine weiche Diktatur. Aber wir hassten dieses System", erinnert sich an diese Zeiten Zsolt Bayer, Viktor Orbáns Freund und Jahre lang enger Mitarbeiter, heutzutage konservativer Publizist. „Die Generationen vor uns, vor alle die unserer Väter, hatte auch schon dieses Schicksal ereilt. Meine Generation wollte lernen, ein Diplom erlangen und sich in den Westen abzusetzen. Wir wollten nicht eingezogen werden. Viele von uns gingen damals in den Westen. Später kehrten sie zurück. Wir blieben hier. Wir dachten, dass man etwas unternehmen muss. Wir glaubten an den Liberalismus, wir sahen keinen anderen Ausweg. Der Liberalismus bedeutete für uns Amerika, die Freiheit, die Unabhängigkeit. Unser Lieblingsfilm war Easy Rider. Wir lasen Salinger, Kerouac und Updike. Wir liebten die Freiheit. Jedes Wochenende gingen wir auf Konzerte. Der Schnellzug auf der Strecke Budapest – Krakau war für uns der Zug der Freiheit. Wir wussten, dass das Leben in Polen schwieriger ist als bei uns, aber Krakau galt als besondererer Ort. Dort hörten wir Jazz und die Gruppe SBB. Nach Warschau reisten wir zu der Jazz Jamboree. Gern wäre ich nach Amerika gefahren. Das war mein großer Traum. Aber da entstand der Fidesz. Das war für mich eine völlig neue Sache. Revolution. Explosion. Kövér und Orbán, die wussten, was sie wollen. Ich aber war noch nicht so weit. Wir wollten nur die Rebellion."

Kövér, Orbán oder Gábor Fodor wussten wirklich, was sie wollten.

László Kövér: „Nach dem 13. Dezember 1981 wussten die jungen, ungarischen Studenten, dass man das System nicht mehr reformieren kann, wie Kádár das nach 1956 getan hatte. Bei der Gründung des Fidesz wagten wir aber nicht, zu sagen, dass die sowjetischen Truppen noch zu unseren Lebzeiten das Land verlassen sollen. Wir bereiteten uns auf einen viel längeren Kampf vor. Jeder sollte in seine Heimatstadt zurückgehen und ein solches Kolleg auf die Beine stellen. Solche Kreise gründen, wie wir einen gebildet hatten. Wir hofften, dass auf diese Weise langsam Inseln der Freiheit entstehen würden."

„Damals war ich schon davon überzeugt, dass das System kurz vor dem Zusammenbruch steht. Ich wusste zwar nicht, wie schnell er eintritt, aber ich spürte, dass ich ihn noch erlebe", sagt Orbán über die Zeit, in der sie den Fidesz gründeten.

Viktor Orbán: „Ich war damals überzeugt, dass der Zusammenbruch des Systems bevorsteht. Ich wusste nicht, wie schnell er eintreten wird, aber ich spürte, dass ich ihn noch erleben werde."

Am 30. März 1988 beriefen Orbán, Kövér, Fodor und andere für den späten Abend eine Versammlung im Bibó-Kolleg ein. Die Eingeladenen warnten sie im Voraus: „Überlegt es euch gut. Wir übernehmen keine Garantie. Alles Mögliche kann geschehen. Kann sein, dass wir auch unsere Arbeitsplätze verlieren."

Es kamen insgesamt 60 Leute. Die Versammlung verlief stürmisch. Sie diskutierten, was zu tun sei: Sollte eine formelle Organisation gegründet werden oder sollten sie anders aktiv sein? Die

Überzeugung, eine Organisation zu gründen, setzte sich durch. Die Hauptprogrammthesen hatten sie schon vorher erarbeitet. An der Versammlung nahmen auch Aktivisten des kommunistischen Jugendverbands teil. Ihrer Meinung nach war der Vorschlag von Kövér, Orbán und Fodor nicht gesetzeskonform. Man beachtete sie kaum. Einige Leute, die keiner der im Saal Anwesenden kannte, schwiegen, machten sich aber fleißig Notizen.

Der damalige Direktor des Kollegs, der Reformkommunist István Stumpf, besuchte auch diese Sitzung. Wütend schrie er herum, dass sie alle unverantwortlich seien, dass sie im Begriff wären, eine Dummheit zu machen. Acht Jahre später organisierte er den intellektuellen Background der zukünftigen Regierung Orbán und wurde dann Chef des Amtes des Ministerpräsidenten. (Heute ist er Verfassungsrichter – Anm. des Verlages)

Der Fidesz war anfänglich eine Jugendorganisation. Auf der Aufnahme aus dem Jahr 1988: Viktor Orbán (stehend), István Hegedűs (in der Mitte, sitzend, mit langen Haaren). Letzterer war Fidesz-Mitglied von 1988 bis 1994, 1989 einer der Gründer der Fidesz Press.

Stumpf konnte die jungen Leute nicht überzeugen. Den KISZ-Mitgliedern im Saal schenkte niemand Beachtung. Gegen Mitternacht fiel die Entscheidung, dass sie – als Erste in Ungarn – eine neue, selbstständige und unabhängige politische Organisation ins Leben rufen. Sie hängten eine Liste aus, in die sich jeder eintragen konnte. Das taten 37 der 60 Anwesenden. Die neugegründete Organisation tauften sie „Bund junger Demokraten" (Fiatal Demokraták Szövetsége), abgekürzt Fidesz.

Die Mitgliedschaft war ans Lebensalter gebunden (man musste zwischen 14 und 35 sein), außerdem durfte der Beitrittswillige nicht Mitglied einer anderen Jugendorganisation sein. In der Praxis bedeutete das, nicht Mitglied des Kommunistischen Jugendverbands (KISZ) sein. Das Programm sprach vom Aufbau eines neuen Ungarn, von der Marktwirtschaft, dem Privatbesitz, der Selbstverwaltung, der Mehrparteiendemokratie, der gesellschaftlichen Gleichrangigkeit, der Solidarität, der souveränen nationalen Politik, der Wahrung der Interessen der Auslandsungarn, der europäischen Einheit und der Solidarität mit den Völkern Mitteleuropas. Die wichtigste Entscheidung war die, dass man offen und im Rahmen der Gesetze operieren wollte. Zehn Mitglieder der neuen Organisation waren Juristen oder Jurastudenten. Sie beabsichtigten, auf dem Boden der Verfassung zu handeln. Sechs Sprecher wurden ernannt. Die Gründungssitzung war nicht geheim. Daher wussten die Dozenten, die KISZ-Mitglieder und auch die Geheimagenten Bescheid.

***

Das bedeutete einen echten Durchbruch im politischen Leben Ungarns. Schon früher hatten sich kleine Oppositionskreise gebildet, die hier und da Samisdatblätter herausgaben, aber niemand hatte eine Organisation gegründet. Die konservativen Oppositionellen waren seit einem halben Jahr unter dem Namen „Ungarisches Demokratisches Forum" (Magyar Demokrata Fórum – MDF) aktiv. Der Zusammenschluss war aber damals noch eine informelle Bewegung und keine formelle Organisation. Die Fidesz-Leute brachten einen Durchbruch zustande. Offen traten sie gegen das System an. Vollkommene Offenheit hielten sie für die beste Aktionsform.

Zwei Tage später luden sie die Presse zu einer Pressekonferenz in ein Budapester Kaffeehaus ein. Alle ungarischen Medien waren eingeladen, die Nachrichtenagenturen, die westlichen Korrespondenten und die wichtigsten Botschafter. Alle verhielten sich wie in einem normalen, demokratischen Staat. Niemand behinderte sie. Die Macht war vollkommen überrascht von ihnen. Orbán verkündete mehreren Dutzend Journalisten, dass sich in Ungarn nach rund dreißig Jahren zum ersten Mal eine unabhängige, legale politische Organisation gebildet habe, die vollkommen im Rahmen der Gesetze agiere.

Die Staatsmacht hüllte sich in Schweigen. Die Agenten, die an der Gründungssitzung und der Pressekonferenz teilnahmen, schrieben detaillierte Berichte. Diese blieben unter den Dokumenten der Staatssicherheit erhalten. Nachfolgend ist der Bericht des Innenministeriums über die Pressekonferenz zu lesen:

Bericht des Innenministeriums über die Pressekonferenz des Fidesz und seine Gründungsmitglieder (06.04.1988)

6./ An der „Pressekonferenz" der Jugendorganisation „Bund Junger Demokraten" (FIDESZ) nahmen am 1. d. lfd. Monats insgesamt 60 – 70 Personen teil, unter ihnen die Mehrzahl der Gründungsmitglieder, die Mitarbeiter 5 ungarischer Zeitungen und „ÁB Hírmondó" (AB Bote) sowie der Vertreter der Samisdat-

Publikation „Füzetek" (Blätter) teil. Auf der Veranstaltung erschienen auch GÁBOR DEMSZKY, MIKLÓS HARASZTI und FERENC MISZLIVETZ.

Die Mitglieder des provisorischen geschäftsführenden Komitees verkündeten als kollektive Sprecher, dass über die Gründung und die Pressekonferenz „sämtliche ungarischen Organe der Massenkommunikation" verständigt wurden und das gleiche Bulletin an die „bedeutendsten" westlichen Nachrichtenagenturen und Zeitungen, sowie an die Budapester Botschafter der sozialistischen und kapitalistischen Länder gegangen sei. Sie betonten, dass sie den BBC und Radio Freies Europa gebeten haben, die Nachricht kommentarlos zu senden, „weil sie vermeiden wollen, dass die offiziellen ungarischen Organe, den Bund als reaktionär oder oppositionell abqualifizieren".

Sie verkündeten, dass die Mitgliedschaft für KISZ-Mitglieder ausgeschlossen sei.

Hinsichtlich der Mitgliedschaft rechnen sie in erster Linie mit den Mittelschülern und universitären Schicht, halten es aber für wünschenswert, dass auch junge Arbeiter mitwirken.

Die Sprecher verkündeten, der „FIDESZ" sei weder eine oppositionelle noch eine intellektuelle Organisation. Ihr Ziel sei es ein „neues Ungarn" zu schaffen. Ihre organisatorische Abgrenzung begründet sich – nach ihrer Verlautbarung – darin, dass sie mit der Politik der MSZMP und „ihrer Jugendorganisation" nicht übereinstimmen, die „nur langfristig die Probleme, vor denen die Gesellschaft steht, für lösbar halten ... sie möchten versuchen, radikale Veränderungen voranzutreiben". Die Gründung der Organisation halten sie für legal und „verfassungsrechtlich unangreifbar". Die Teilnehmer der Veranstaltung riefen sie zur Unterstützung des „FIDESZ", zur Unterzeichnung der Unterstützererklärungen und zur entsprechenden weiten Propagierung auf.

Vermerk:

Unter den Gründungsmitgliedern des „FIDESZ" befinden sich 27 Studenten der Universität und Hochschulen, ferner der Volkswirtschaftler Péter Kaderják, der Mathematiker und Programmierer ATTILA BEGÁNY, der Maschinenbauingenieur ISTVÁN KOVÁCS, GÁBOR FODOR, PÉTER MOLNÁR, JÓZSEF SZÁJER, die Juristen VIKTOR ORBÁN und LÁSZLÓ KÖVÉR, der Volkswirtschaftler ZSOLT NÉMETH und die Lehrerin MÁRIA BEKK;

die Mitglieder des provisorisch ermächtigten geschäftsführenden Komitees: Viktor Orbán, László Kövér sowie MIKLÓS ANDRÁSSY, IVÁN CSABA und ANDRÁS RÁCZ, Studenten der Universität bzw. Fachhochschule.

Verfügung:

Aufklärungsbericht angefertigt:
Universitätsleitung verständigt:
Die Beobachtung wird fortgesetzt."[11]

Über die Gründung des Fidesz informierten seine Gründer die kommunistischen Führer, jedem Einzelnen schickten sie einen Brief. Erst eine Woche später bekamen sie Besuch von der Polizei. Die fünf Mitglieder des provisorischen Komitees bekamen eine sogenannte polizeiliche Verwarnung wegen „Aktivitäten, die auf Gründung einer illegalen Organisation zielen". Sie wurden zum Verhör vorgeladen, jeder auf ein anderes Polizeirevier. Erst zu dem Zeitpunkt erschienen in der ungarischen Presse Informationen über die neue Partei, die aber vor Lügen strotzten. Es zeigte sich die Überraschung der Staatsmacht und wie unvorbereitet sie war. „Das Spiel ist gewonnen. Wenn sie mich vorladen und nicht in Handschellen hinbringen, kann das nichts Schlimmes sein",

---

[11] Wortgetreue Wiedergabe auf Grundlage des Buches von Ádám Modor: Aus Feindschaft Opposition. Fidesz (1988 – 1994), Kairosz Kiadó, Budapest 2008.

sagte damals Miklós Andrási, eins der Gründungsmitglieder des Fidesz.

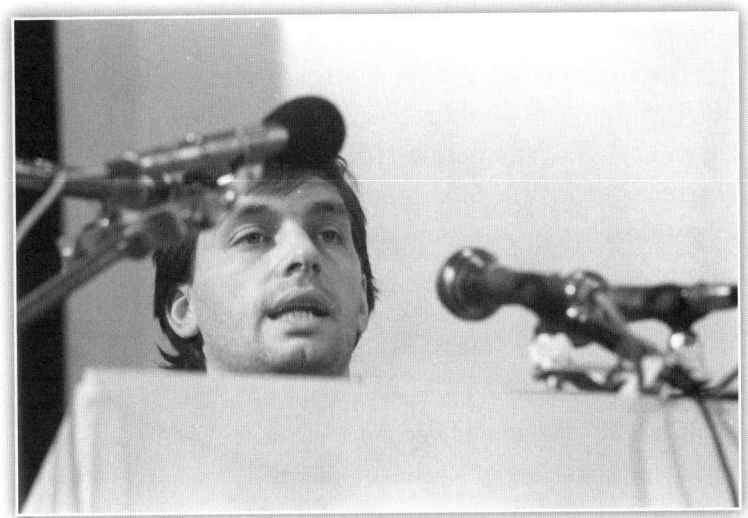

Orbán sprach von Plänen und Vorstellungen. Das bürgerliche Ungarn war sein großer Traum. Das Wort „Bürger" wurde die Parole der politischen Aktivitäten, Bürger will jeder sein, denn Bürger bedeutet, dass man ein wenig Besitz sein. Eigen nennt, respektiert wird, verhältnismäßig gut lebt, nicht wie ein Gegenstand behandelt wird und mitbestimmen kann. Diese Sehnsucht wollte er in den Ungarn erwecken. Und die Ungarn begannen, davon zu träumen.

Zwei Wochen nach der Gründungssitzung wurden sie von der Staatsanwaltschaft vorgeladen. Orbán rief den Staatsanwalt an und sagte mit ernster Stimme, dass er den Inhalt der Vorladung nicht verstehe. Aus juristischer Sicht könne er ihn nicht interpretieren. „Die Vorladung ist nicht rechtmäßig. Aber weil sie von der Staatsanwaltschaft stammt, wissen wir nicht, wie wir uns verhalten sollen." Der Staatsanwalt druckste herum. Es sei ja keine amtliche Vorladung. Eher ein Ersuchen, sie müssten aber kommen. „Warum denn?", fragte Orbán. „Ich möchte Ihnen ein paar gute Ratschläge geben", antwortete der Staatsanwalt. Darauf erwiderte

Orbán: „Demnach geht es um ein Privatgespräch. In dem Fall schlage ich im Treffen in einer Bierstube vor. Ich gehe nicht zum Plaudern zur Staatsanwaltschaft. Wir wollen da überhaupt nicht hingehen."

Die jungen Revolutionäre ließen sich vom System nicht aus der Ruhe bringen. Sie führten sich auf, als lebten sie in einem freien Land. Sie verspotteten die Beamten und nahmen die übrigens gefährliche Situation nicht ernst. Die Mehrheit der Oppositionellen in Polen und der Tschechoslowakei befand sich zu der Zeit in der Illegalität.

Schließlich einigten sie sich, doch zur Staatsanwaltschaft zu gehen. Aber nur, um eine weitere Vorstellung zu geben. Sie kamen ins Gebäude, gingen die Treppen hoch, blieben vor der fraglichen Tür stehen und begannen ein lautes Gespräch. Als der Staatsanwalt das hörte, schaute er zur Tür heraus und bat sie in das Zimmer. „Einen Moment bitte, wir kommen gleich", sagte einer der jungen Männer und schob den Herrn Staatsanwalt mit der Tür zurück ins Zimmer.

Schließlich traten sie ein. Neben dem Staatsanwalt war dort auch ein Polizist, der sie nach ihren Personalausweisen fragte. „In unseren Kreisen ist es unüblich, vor einem freundschaftlichen Gespräch den Personalausweis des anderen zu verlangen. Aber wenn Sie uns Ihren zeigen, schauen wir ihn uns gerne an", sagte Orbán und bat den Staatsanwalt, ihm die Vorschriften zu zeigen, aufgrund welcher man sie einbestellt hatte. Der Staatsanwalt war konsterniert. „Nichts konnte er vorweisen, das bewiesen hätte, dass unser Tun ungesetzlich ist", erzählt László Kövér. Die Stimmung wurde immer angespannter, die Männer der Macht wurden aggressiver und begannen, den Fidesz-Leuten zu drohen, die aber ließen sich nicht davon erschüttern. Plötzlich schaute Orbán den Staatsanwalt an und erklärte: „Leider haben wir jetzt keine Zeit mehr, wir müssen zum Fußball spielen."

Der Staatsanwalt war erbost, Orbán und seine Gefährten vergnügt. Der Staatsanwalt brüllte, das System habe ihnen ermöglicht zu studieren und jetzt verspotteten sie seinen juristischen Sachverstand. Die Fidesz-Leute gingen weg und schlugen die Tür hinter sich zu. Freudig sprangen sie die Treppe hinunter und fühlten sich als Sieger.[12]

***

Es gab eine Vielzahl ähnlicher Fälle. Die jungen Fidesz-Leute nahmen ihre Aktivitäten damals sehr ernst. Formal bereiteten sie sich sorgfältig vor, taten alles, um keine sich Rechtsverletzungen zuschulden kommen zu lassen und sich in jeder Situation sachlich richtig zu verhalten. Da sie auch noch Fantasie hatten, machten sie sich, wo es nur ging, über alles lustig.

Der Fidesz nahm seine Tätigkeit auf. Sie organisierten Sitzungen, zu denen immer mehr Leute kamen. Einen Monat nach der Grundungssitzung, bei der 37 Personen eingetreten waren, zählte der Fidesz schon 1000 Mitglieder. Ihre Aktivitäten waren absolut ungewöhnlich. Ihre Offenheit und die anderen schockierende Aktionen zeigten in kürzester Zeit Wirkung. Sie hatten den Augenblick erwischt, als der unaufhaltsame Niedergang des Kommunismus einsetzte und es daher keinen gab, der auf das Auftauchen einer dynamischen, jungen Oppositionsbewegung hätte reagieren können. Bald schrieb auch schon die systemtreue Presse über sie.

---

[12] Die Szene beschreibt László Kövér in dem „Großen Fidesz-Buch" von Zsolt Bayer, Magyar Egyetemi Kiadó, Budapest 2006

Einen Monat nach der Gründungssitzung, bei der 37 Personen eintraten, zählte der Fidesz schon 1000 Mitglieder. Der Fidesz hatte den Augenblick erwischt, als der unaufhaltsame Niedergang des Kommunismus einsetzte und es daher keinen gab, der auf das Auftauchen einer dynamischen, jungen Oppositionsbewegung hätte reagieren können (auf dem Bild links mit Brille: Lajos Simicska).

Gábor Fodor verglich in einem Interview, das er im Oktober der Zeitschrift Közgazdász (Volkswirt) gab, den Fidesz mit der anderen wichtigen Oppositionsgruppe, dem MDF, folgendermaßen: „Das MDF ist eher ein Sammelbecken der älteren Leute, die mehr erlebt haben und aus ihrer Erfahrung die Lehre gezogen haben, eine Politik zu verfolgen, die nicht auf Konfrontation ausgeht. Nicht dass der Fidesz das beabsichtigte, aber vielleicht tragen wir nicht die Reflexe der Zurückhaltung in uns wie die ältere Generation. Der größte Vorteil des Fidesz – sagen wir mal – ist, dass er sehr offen, ohne Umschweife formuliert hat, welche seine Probleme mit dem Leben in diesem Land sind. Das machte vielleicht seine stärkste Anziehungskraft aus."

Im September 1988 brachte die Zeitschrift Heti Világgazdaság (Weltwirtschaftswoche) ein Interview mit Zsolt Németh, einem der

Gründungsmitglieder, der sich wie folgt über die Aktivitäten des Fidesz äußerte: „Wenn wir Abfall einsammeln, lenken wir damit das Augenmerk auf Umweltschutzprobleme; wenn von Minderheiten die Rede ist, bringen wir den Auslandsungarn Päckchen über die Grenze; wenn es um Flüchtlinge geht, helfen wir, sie unterzubringen und ihnen Arbeitsplätze zu beschaffen. (Von den 1,5 bis 2 Millionen Ungarn in Rumänien ist die Rede, die vom Ceauşescu-Regime verfolgt, observiert und zum Verlassen ihrer Heimat gezwungen wurden – *Anm. des Autors*) Der nächste Schritt nach dieser zivilen, mit anderen Worten staatsbürgerlichen Politisierungstechnik ist es, Druck auf die parlamentarischen Entscheidungen auszuüben. Wir haben uns die Adressen sämtlicher Abgeordneten verschafft, wir schreiben ihnen Briefe, in denen wir unsere Meinung zu einer bestimmten politischen Frage darlegen."

Im politischen Leben Ungarns bedeutete die Gründung des Fidesz einen wahren Durchbruch. Vorher hatten sich auch schon oppositionelle Kreise gebildet, doch noch niemand hatte eine Organisation auf die Beine gestellt. Die Fidesz-Leute dachten, vollkommene Offenheit sei die beste Form des Handelns. Die Aufnahme entstand auf dem II. Kongress der Partei im Oktober 1989.

Die Stimmung in Budapest änderte sich schnell, noch bevor die Staatsmacht irgendeine Anordnung getroffen hätte, die Fidesz zu bremsen. Die oppositionellen Gruppen kamen sichtlich in Bewegung. Am 15. März 1989, dem Jahrestag der Ungarischen Revolution und des Freiheitskampfes von 1848/49, rief die Opposition dazu auf, statt an der staatlichen, offiziellen Gedenkfeier an einer alternativen Feier teilzunehmen. Die unabhängige Großversammlung wuchs zu einer gewaltigen Demonstration an. Orbán hielt damals zum ersten Mal eine Rede vor einer Menschenmenge. Die Staatsmacht behandelte den Fidesz sukzessive wie eine legale Organisation. Im Frühjahr 1989 wurden sie vom Vertreter des Reformflügels der MSZMP, dem Staatsminister Imre Pozsgay, zu einem Treffen eingeladen. Die Sprecher des Fidesz antworteten, es komme nur eine Teilnahme an einem offiziellen Treffen, das heißt im Parlament, mit einem offiziellen Kommuniqué im Anschluss, infrage. Sie achteten sehr darauf, als legale Organisation angesehen zu werden. Pozsgay akzeptierte die Bedingungen. Er war zu jener Zeit der offenste Parteifunktionär der Staatsmacht und hatte sich auch schon früher mit Orbán im Bibó-Kolleg getroffen.

Kaum einen Monat später wurde Orbán zu einer Abendsendung des staatlichen Fernsehens eingeladen. Gábor Fodor trat im Radio auf und verkündete dort klipp und klar, freie Parlamentswahlen seien das Ziel des Fidesz.

* * *

Von da an ging alles blitzschnell. Es kam weder zu Streiks noch zu größeren Demonstrationen. Die Kommunisten zogen sich freiwillig zurück und beschäftigten sich nur damit, ihre Existenz den neuen Bedingungen anzupassen. Im Februar 1989 war die Kommunistische Partei zum ersten Mal bereit, „über die Grund-

prinzipien der Machtausübung" zu verhandeln. Am 15. März
1989 initiierte das Unabhängige Juristenforum die Einberufung
eines oppositionellen Runden Tisches. Eine Woche später fand die
Gründungssitzung an der juristischen Fakultät der Budapester
Universität (ELTE) statt. Die Vertreter der verschiedenen Gruppierungen, die sich in den vergangenen Monaten gegründet hatten
oder aufgetaucht waren, einigten sich auf eine neue Strategie
und boten den Kommunisten Verhandlungen an.

Unter ihnen waren vier Parteien, die zum größten Teil im
politischen Leben Ungarns eine bedeutende Rolle spielten oder
noch heute spielen. Das „Ungarische Demokratische Forum"
(MDF, eine Mitte-rechts-Partei, die der gemäßigten Oppositionsbewegung der Ära Kádár entsprang); die „Unabhängige Partei der
Kleinlandwirte" (Független Kisgazdapárt – FKgP, die Anfang 1989
reaktivierte historische Bauernpartei, gegründet 1930); der „Bund
der Freien Demokraten" (Szabad Demokraták Szövetsége – SzDSz
»esds«, eine liberale Partei, die aus der radikalsten Oppositionsbewegung der Kádár-Zeit, den sogenannten demokratischen
Oppositionellen hervorging) und schließlich der Fidesz, der „Bund
Junger Demokraten".

Die Opposition wollte in den Verhandlungen die Frage des
verfassungsmäßigen Übergangs berühren, die Modifizierung
des Strafrechts und des Strafvollzugs, die Neuregelung des
Wahlrechts und die Annahme eines Vorbereitungsgesetzes für
das Mehrparteiensystem. Der Grad der Organisiertheit des oppositionellen Runden Tisches überraschte die kommunistischen
Parteiführer. Sie verfolgten das Ziel, mit den Organisationen
einzeln zu verhandeln und die Einheit der Opposition zu brechen.
Das aber gelang ihnen nicht.

Am 13. Juni 1989 begannen die Nationalen Gespräche am
Runden Tisch. Sie dauerten drei Monate. Der Runde Tisch wurde
das Machtzentrum, das die wichtigsten systemverändernden

Kräfte bündelte. Bei der ersten Beratung wurden sechs Un-
terkomitees gegründet, mit dem Auftrag, unter anderem die
Verfassungsänderungen zu erarbeiten, sowie das Reglement für
die politischen Parteien und die freien Wahlen vorzubereiten.
Der Runde Tisch hatte drei Seiten: die Kommunistischen Partei
(MSZMP), der Oppositionelle Runde Tisch und die sogenannte
Dritte Seite, die aus sieben Organisationen bestand.

Nachdem János Kádár 1988 abgesetzt worden war, formierten
sich innerhalb der Ungarischen Sozialistischen Arbeiterpartei
drei, vier „innere Parteien". Das zeigte sich deutlich bei den
Verhandlungen am Runden Tisch. Beim Kampf innerhalb der
MSZMP setzte sich damals der Reformflügel unter Imre Pozsgay
durch.

Am 16. Juni 1989 wurde eine Feier veranstaltet, die später
das Symbol für den Sturz des Kommunismus in Ungarn wurde.
Öffentlich und mit allen Würden wurde der ehemalige ungarische
Ministerpräsident Imre Nagy beigesetzt, der sich im Herbst 1956
der Sowjetunion widersetzt hatte, einen unabhängigen Staat
aufbauen wollte und sich auf die Seite der Nation stellte. Ein
Gericht im Dienst der kádáristischen Macht verurteilte Imre Nagy
und seine Gefährten zum Tode. Die Urteile wurden am 16. Juni
1958 vollstreckt.

31 Jahre später lernte ganz Ungarn, ja nicht nur Ungarn,
Viktor Orbán kennen. Der junge Fidesz-Mann hielt auf der Beisetzung eine politische Rede, die auch vom Staatsfernsehen übertragen wurde. In vielen Familien brach damals Begeisterung aus
und man sah in Orbán die politischen Führungspersönlichkeit der
Zukunft. Gleichzeitig bekamen es viele mit der Angst zu tun.

33 Jahre nach dem Ausbruch der Revolution von 1956 und ih-
rer blutigen Niederschlagung, beziehungsweise 31 Jahre nach der
Hinrichtung von Imre Nagy, willigten die Kommunisten ein, die
Umbettung als ein offizielles, auch vom Fernsehen übertragenes

Ereignis zu vollziehen. Auf dem Heldenplatz erwiesen die Ungarn vor sechs Särgen ihren von den Kommunisten ermordeten Landsleuten die Ehre. Die Särge enthielten die sterblichen Überreste von Imre Nagy und Verteidigungsministers Pál Maléter. Nach der Hinrichtung hatte man sie in anonymen Gräbern begraben, die meisten mit dem Gesicht nach unten, in Dachpappe gewickelt, zwei aufeinander in einem Grab. Der sechste – leere – Sarg symbolisierte die übrigen Opfer der Revolution.

Über das Prozedere der Trauerfeier wurde lange verhandelt. Man musste mit einer Vielzahl von Delegationen rechnen. Die Kommunisten taten alles, um die Umbettung als eine Geste ihres guten Willens und ihres Reformwillens erscheinen zu lassen.

Die Regierungsseite wollte ein gemeinsames Kommuniqué über die Aufnahme der Gespräche am Runden Tisch. Orbán wollte dem nicht zustimmen. Seiner Meinung nach zielte die Idee des gemeinsamen Kommuniqués auf die Vernichtung der Opposition und sollte als Beweis für die Glaubwürdigkeit der Staatsmacht dienen, noch bevor es zu einer Vereinbarung gekommen war. Er schlug vor, es erst nach der Umbettung herauszugeben. „Warum sollen wir, nur weil die Kommunistische Partei Verhandlungen aufgenommen hat, uns beeilen und nicht selbst den Gang der Ereignisse bestimmen? (...) Warum soll uns der Teufel im Nacken sitzen, wenn er sie nicht antreibt? (...) Besonders, wenn man bedenkt, dass nach dem 16. Juni die ganzen Machtverhältnisse im ungarischen politischen Leben anders aussehen werden und sich zu unseren Gunsten verändern. Warum die Eile?" Er spürte, dass es in diesem Spiel um einen hohen Einsatz ging. Er spürte, dass entscheidende Momente bevorstanden und auch, dass den Kommunisten schwere Zeiten bevorstanden, nach der Beisetzung von Imre Nagy, einem solch symbolträchtigen Ereignis von großer Tragweite.

Die Opposition hatte gefordert, dass die Staatsmacht an der Beerdigungsfeierlichkeit nicht teilnehmen solle, da sie den

Rechtsnachfolger der Partei repräsentierte, welche die Schuld an dem Blutbad von 1956 trage. Doch die Kommunisten wollten unbedingt Kränze niederlegen und sogar eine Mahnwache an den Särgen aufstellen. Orbán und seine Gefährten lehnten dies (erfolglos) ab. Man einigte sich darauf, dass die Vertreter der politischen Parteien bei der Umbettung keine Reden halten würden.

Die heftigen Auseinandersetzungen über das Prozedere der Umbettung führte das Komitee für Historische Rehabilitation, das im Frühjahr 1988 von ehemaligen 56-er Häftlingen gegründet worden war. Diese Körperschaft legte die Redner bei der Feierlichkeit auf dem Heldenplatz endgültig fest.

Nur ehemalige Kampfgenossen von Gefallenen und Exekutierten sollten sprechen. Alle Redner hatten selbst an der Revolution teilgenommen, dann im Gefängnis gesessen oder aus Furcht vor Vergeltung das Land verlassen. Es gab auch eine Übereinkunft darüber, dass jemand in Namen der Jugend reden müsse, denn bei dem Aufstand hatten viele junge Menschen ihr Leben verloren. Und hier erfolgte Orbáns geschickter Schachzug. Die Kommunisten waren dabei arglos, denn sie dachten, wer sollte die Jugend besser vertreten, als einer der ihnen bekannten Leute aus der älteren Generation. Wer aber konnte im Namen der Jugend sprechen? Entweder der KISZ, der Kommunistische Jugendverband, oder der Fidesz. Tatsächlich kam aber nur jemand vom Fidesz infrage, denn er konnte sich auf die 56-er Tradition berufen, war keine Partei, sondern eine Jugendorganisation. Der Redner sollte nicht im Namen des Fidesz, sondern der gesamten ungarischen Jugend sprechen. Die Verhandlungsteilnehmer erinnern sich daran, dass die Entscheidung, der „Jugend"-Sprecher solle dem Fidesz angehören, in einem totalen Chaos und – nach der Meinung zahlreicher Teilnehmer – etwas zufällig zustande gekommen sei.

* * *

Im Fidesz dachte man darüber nach, wer von ihnen die Rede halten könnte. Niemand hatte Erfahrung mit öffentlichen Reden. Allein Orbán hatte einmal – am 15. März 1989 – schon einmal vor einer großen Menge gesprochen und das war ganz gut gegangen. In einem Interview gestand er später, dass er mehr tot als lebendig gewesen sei und ihm die Knie geschlottert hätten. Die Wahl fiel schließlich auf Orbán.

Dann diskutierten die Fidesz-Leute, worüber Orbán sprechen solle. Man war sich im Klaren, dass es um einen wichtigen Auftritt ging. Obwohl damals noch keiner ahnte, welche Wirkung er haben würde. Mehrere Dutzend Menschen beteiligten sich an der Ausarbeitung des Redeinhalts, seiner Formulierung, inbegriffen des Satzes über die Ausweisung der Sowjets. Sie sprachen darüber, warum eine junge, antikommunistische Organisation an der Beerdigung des Kommunisten Imre Nagy teilnimmt, denn Nagy war letztendlich Kommunist gewesen. Sie berieten darüber, wie sie den Spott darüber vermeiden könnten, dass die Umbettung Teil einer mit den Kommunisten geschlossenen Vereinbarung war. Orbán wiederholte, dass man sich klar von dem zum Untergang verurteilten System abgrenzen müsse, aber so formuliert, dass man niemanden verletze – schließlich ginge es um eine Trauerrede auf einer Beerdigung. Man müsse deutlich herausstellen, dass man der MSZMP und der Regierung überhaupt keine Dankbarkeit für die Genehmigung der Zeremonie schulde. „Wir wollten, dass die Öffentlichkeit spürt, dass alles, was wir tun, die Ablehnung dessen ist, was die Staatsmacht von uns fordert", erinnerte sich Orbán. Als man sich nach langen Diskussionen über den Inhalt der Rede einig war, musste sie noch geschrieben werden. Am 14. Juni 1989 trafen Orbán und László Kövér sich in der Bierstube Trió. „Dort arbeiteten wir den ganzen Nachmittag bei einem Bier an der Rede, versuchten den Text zusammenzusetzen. So entstand eine siebenseitige Version."

Alles war drin, was sie vorher beschlossen hatten und der Welt sagen wollten. Als sich einer der Organisatoren der Zeremonie nach der Rede erkundigte, redete Orbán drum herum und verriet nur, dass sie sieben Seiten lang sei. Man teilte ihm mit, eine so lange Rede sei ausgeschlossen und er müsse sie auf zwei Seiten kürzen, denn jeder Redner habe nur fünf Minuten. So viel Arbeit und dann bekommt man nur fünf Minuten?! Orbán war vollkommen verzweifelt. Er rief Kövér an, sagte ihm, dass der Text gekürzt werden müsse. Der warf ihm nur hin: „Mach, was du willst, ich gebe dir nicht noch einmal Nachhilfe!"

Verunsichert fuhr Orbán nach Hause. Er schrieb nicht gern, und wenn er schon einen Text von sieben Seiten ausgeschwitzt hatte, wollte er nicht einmal daran denken, dass er auf mindestens ein Drittel gekürzt werden musste. Doch um drei Uhr morgens war er mit dem Schreiben fertig. Er hatte viel gelitten, weil er das Ganze hatte neu schreiben müssen. Aber es war vollbracht.

Am gleichen Morgen fuhr er mit dem Zug nach Budapest, ging zu János Gyurgyák, dem Chefredakteur des Blattes Századvég, das nach Irreführung der Leitung der Universität damals den Artikel von Maciej Koźmiński veröffentlicht hatte. Der Chefredakteur überarbeitete Orbáns Text stilistisch und schlug kleine Änderungen vor. Am nächsten Tag hielt Viktor Orbán seine Rede, die ganz Ungarn aufrüttelte und den Menschen lange Zeit im Gedächtnis blieb.

6. KAPITEL

Das Ende des Kommunismus

| Über die wichtigste Rede im Leben eines ungarischen
Politikers und darüber, wie wichtig es ist, radikal zu sein

Einen Tag vor der Umbettung von Imre Nagy und seinen Gefährten marschierte eine Gruppe polnischer Studenten – die
Aktivisten des Unabhängigen Studentenbundes (unter ihnen auch
der Autor dieses Buches) – zusammen mit den Fidesz-Mitgliedern
vor die sowjetische Botschaft in Budapest und gemeinsam skandierten sie: „Russki go home!" Sie gaben auch eine gemeinsame
Verlautbarung heraus, dass die sowjetischen Truppen aus Ungarn
und Polen abziehen müssten. Diese Forderung gelangte erst am
nächsten Tag an die Weltöffentlichkeit, als Viktor Orbán sie laut
aussprach.

Am 16. Juni 1989 versammelten sich Massen von Menschen
auf dem Budapester Heldenplatz und schwenkten Fahnen mit
einem Loch in der Mitte. So sahen während der 56-er Revolution
die Nationalflaggen aus, aus denen man das kommunistische
Wappen geschnitten hatte. Er war vereinbart, dass auf der Um-
bettungszeremonie für Imre Nagy und seine Gefährten weder
politische Transparente noch Parteifahnen oder -symbole zu
sehen sein sollten. Im Wald der rot-weiß-grünen Flaggen sah
man über den Köpfen der Menschen nur zwei Transparente mit
politischem Charakter. Das eine trug die Aufschrift „Solidarność",
auf dem anderen stand „Unabhängiger Studentenbund", beides
auf Polnisch.

Zwei polnische Delegationen trugen sie, deren Mitglieder
nicht Ungarisch konnten und daher von der Bitte der Organi-

satoren keine Ahnung hatten, aber auch die Gastgeber hatten ihnen nichts gesagt … Es herrschte eine würdevolle Stimmung, denn es war eine Trauerzeremonie, aber gleichzeitig erfüllt von gespannter Freude und Erwartung. Freie Umgarn zu mehreren Zehntausenden – die Polizei reagierte nicht, alles verlief friedlich. Überall Flaggen und Blumen. Zu den Särgen auf Katafalken traten der Reihe nach die einzelnen Delegationen und legten ihre Kränze nieder. All das übertrug das staatliche Fernsehen elf Stunden lang, live und ohne Unterbrechung. Die Nation erwachte aus der Benommenheit des Kádárismus. Sie neigte das Haupt vor ihren Helden von 1956, gedachte derer, welche die Kommunisten zum Vergessen verurteilt hatten. Es stellte sich heraus, dass von Vergessen nicht die Rede sein konnte. Die finale Erschütterung versetzte den gerade erst wieder auf die Beine kommenden Ungarn die Rede des damals 26-jährigen Viktor Orbán. Wir zitieren sie in voller Länge:

Mitbürger!

Nach der russischen Besetzung und der Einführung der kommunistischen Diktatur vor vierzig Jahren bot sich der ungarischen Nation einmal die Gelegenheit, nur einmal hatte sie die nötige Kraft und den Mut, zu versuchen, die Ziele zu erreichen, die sie sich 1848 gesetzt hatte, die nationale Unabhängigkeit und die politische Freiheit. Unsere Ziele haben sich bis heute nicht verändert, wir geben auch heute bei 48 nicht nach und können auch bei 56 nicht nachgeben.

Die Jungen, die heute in Ungarn für die Schaffung der europäischen, bürgerlichen Demokratie kämpfen, neigen aus zwei Gründen ihre Häupter vor den Särgen des Kommunisten Imre Nagy und seiner Gefährten.

Wie ehren mit ihnen die Staatsmänner, die sich ganz dem Willen der ungarischen Gesellschaft verschrieben hatten, die, um dies tun zu können, fähig waren mit ihren heiligen kommunistischen Tabus zu brechen, das heißt mit dem bedingungslosen Dienst am russischen

*Reich und der Diktatur der Partei. Sie waren für uns Staatsmänner,
die selbst im Schatten des Galgens nicht mit den Mördern, welche die
Gesellschaft dezimierten, in einer Reihe stehen wollten, die um den Preis
ihres Lebens die Nation nicht verraten haben, die sie akzeptiert hatte
und ihr Vertrauen in sie setzte. Aus ihrem Schicksal haben wir gelernt,
dass Demokratie und Kommunismus unvereinbar sind. Wir wissen wohl,
dass die Mehrheit unserer Opfer der Revolution und der Vergeltung
junge Leute wie wir, junge Leute in unserem Alter waren. Aber nicht nur
deshalb betrachten wir den sechsten Sarg als den unsrigen.*

*Bis zum heutigen Tag war 1956 die letzte Chance unserer Nation,
auf dem Weg westlichen Entwicklung wirtschaftlichen Wohlstand zu
erreichen.*

*Die Konkursmasse, die heute auf unseren Schultern lastet, ist die
direkte Folge unserer blutig niedergeschlagenen Revolution und dass
man uns zurückgezwängt hat in die asiatische Sackgasse, aus der wir
jetzt wieder einen Ausweg zu finden versuchen.*

*In Wahrheit brachte uns – die heutige Jugend – die MSZMP 1956
um unsere Zukunft. Daher liegt in dem sechsten Sarg nicht nur ein
ermordeter junge Mann, sondern unsere kommenden zwanzig oder wer
weiß wie viele Jahre.*

Meine Freunde!

*Wir Jungen verstehen vieles nicht, was vielleicht für die ältere
Generation normal ist. Wir stehen verständnislos vor der Tatsache, dass
diejenigen, die vor Kurzem noch die Revolution und deren Ministerpräsidenten im Chor erniedrigt haben, heute plötzlich entdecken, dass
sie die Reformpolitik von Imre Nagy fortführen wollen. Auch verstehen
wir nicht, dass sich die Partei- und Staatsführer, die verfügt hatten, dass
wir aus Schulbüchern lernen, welche die Revolution verfälschen, heute
bemühen, möglichst schnell diese Särge – wie einen glücksbringenden
Talisman – zu berühren.*

*Wir meinen, dass wir niemanden Dank schulden, dass wir nach
dreißig Jahren unsere Toten bestatten können. Niemand verdient Dank*

dafür, dass heute unsere politischen Organisationen aktiv sein können. Es ist nicht das Verdienst der ungarischen politischen Führung, dass sie denen gegenüber, die freie Wahlen fordern, mit Methoden ähnlich eines Li Peng, Pol Pot oder Jaruzelski oder gerade eines Rákosi auftritt, obwohl sie auch mit Waffengewalt reagieren könnte.

Mitbürger!

Heute, dreiunddreißig Jahre nach der ungarischen Revolution und einunddreißig Jahre nach der Hinrichtung des letzten verantwortlichen Ministerpräsidenten, haben wir die Chance, auf friedlichem Wege alles zu erreichen, was die 56-er Revolutionäre im blutigen Kampf, wenn auch nur für einige Tage, für die Nation erreicht haben.

Wenn wir unseren eigenen Kräften vertrauen, sind wir in der Lage, der kommunistischen Diktatur ein Ende zu bereiten. Wenn wir entschlossen genug sind, können wir die herrschende Partei dazu zwingen, sich freien Wahlen zu stellen. Wenn wir die Ideen von 56 nicht aus dem Auge verlieren, werden wir eine Regierung wählen, die sofort Verhandlungen über den unverzüglichen Beginn des Abzugs der russischen Truppen aufnimmt. Wenn wir mutig genug sind, all das zu wollen, dann, aber nur dann, können wir den Willen zu unserer Revolution erfüllen.

Niemand kann glauben, dass der Parteienstaat sich von selbst ändern wird. Erinnert euch: Am 6. Oktober 1956, am Tag der Beerdigung von László Rajk, verkündete die Tageszeitung der Partei, Szabad Nép (Freies Volk) auf der Titelseite in großen Buchstaben: Nie wieder! Nur drei Wochen vergingen und die kommunistische Partei ließ ihre Geheimdienstschergen auf friedliche, unbewaffnete Demonstranten schießen. Keine zwei Jahre vergingen nach dem „Nie wieder!" und die MSZMP ließ in Prozessen, ähnlich dem von Rajk, Hunderte von Unschuldigen zum Tode verurteilen, darunter ihre eigenen Genossen. Wir können uns deshalb nicht mit den unverbindlichen Versprechungen der kommunistischen Politiker zufriedengeben. Wir müssen erreichen, dass die herrschende Partei, auch wenn sie es will, keine Gewalt gegen uns anwenden kann. Es gibt keine andere Methode, weitere Särge und ver-

spätete Beisetzungen wie die heutige zu vermeiden. Imre Nagy, Géza Losonczy, Pál Maléter, József Szilágyi und Hunderte von Namenlosen haben ihr Leben für die ungarische Unabhängigkeit und Freiheit geopfert. Die ungarischen Jugendlichen, für die diese Ideen auch bis heute unverletzlich sind, neigen ihre Häupter vor ihrem Andenken.

Ruht in Frieden!

„Wenn wir unseren eigenen Kräften vertrauen, sind wir in der Lage der kommunistischen Diktatur ein Ende zu bereiten. Wenn wir entschlossen genug sind, können wir die herrschende Partei dazu zwingen, sich freien Wahlen zu stellen. Wenn wir die Ideen von 56 nicht aus dem Auge verlieren, werden wir eine Regierung wählen, die sofort Verhandlungen über den unverzüglichen Beginn des Abzugs der russischen Truppen aufnimmt. Wenn wir mutig genug sind, all das zu wollen, dann, aber nur dann, können wir den Willen zu unserer Revolution erfüllen", sagte Viktor Orbán in der berühmtesten Rede seines Lebens.

Orbán verließ die Tribüne. Die Menge brach in Hochrufe aus. Ähnliches hatte lange, lange Jahre niemand gesagt. Und fast alle Ungarn konnten es in der Direktübertragung hören. Auf dem Platz und in vielen Häusern wurde nur darüber gesprochen. Ein kaum bekannter junger Mann, Viktor Orbán, forderte den Abzug der sowjetischen Truppen, damals, als in Ungarn und anderen Ländern noch die kommunistische Partei an der Macht war. In dem gut aussehenden jungen Mann meinten damals viele, das zukünftige Oberhaupt zu entdecken. Nach der Rede stieg Orbán in den Bus, dann fuhr er mit dem Zug. Er beeilte sich, in das Wochenendhaus der Familie in Agárd zu kommen, wo seine Frau Anikó mit dem winzigen, zwei Monate alten Töchterchen auf ihn wartete. Am Abend kam die Schwiegermutter zu ihnen, um die Eltern bei der kleinen Ráhel abzulösen, die jungen Eltern begaben sich eilig zu einer privaten Zusammenkunft, wo sich ungarische und polnische Oppositionelle trafen. An diesem Tag wurde er auf fast jedem offiziellen Forum kritisiert. Von Adam Michnik hatte er jedoch anderes erwartet. Orbán hatte schon früh alle Arbeiten Michniks gelesen, hatte wichtige Lehren aus seinen Texten gezogen und war davon überzeugt, dass, auch wenn ihn in Mitteleuropa jeder für seine Forderung nach dem Abzug der Sowjets verurteilte, bestimmt ein Mensch – eben Adam Michnik – ihn ganz sicher dafür loben würde. Das Gegenteil geschah! Jene, die auf dem Heldenplatz gewesen waren, erinnern sich, dass Michnik grob fluchte, als er die Rede hörte, weil Orbán seiner Meinung nach über das Ziel hinausgeschossen war. Am Abend trafen sie sich bei der oppositionellen Zusammenkunft. Ein Rollmopsbrötchen kauend, kritisierte ihn Michnik scharf wegen seiner Rede. Orbán – daran erinnert er sich noch heute – schockierte die Reaktion seines Vorbilds.

Michniks Gruppe traf sich am nächsten Tag noch einmal mit Viktor Orbán und seinen nächsten Mitarbeitern im eleganten Kaffeehaus des Anfang des 20. Jahrhunderts erbauten Hotels Astoria. Michnik überzeugte Orbán lang und breit, dass er zu radikal sei und ein zu großes Risiko eingehe.

Orbán wurde dank der Rede auf der Neubestattung von Imre Nagy und seinen Gefährten, die auf zwei Notizblätter gepasst hatte, in aller Welt bekannt. Blätter der verschiedensten Sprachen zitierten seine Worte. In den Fernsehberichten tauchte er überall auf. Auf dem Heldenplatz hatten damals sechs Leute geredet. Aber die Korrespondenten berichteten fast ausschließlich über ihn, von den anderen nahmen sie kaum Notiz. Einfache, reine, allgemein verständliche Sätze hatte er benutzt, eindeutig hatte er sich ausgedrückt und es war ihm gelungen, das Herz der Ungarn zu berühren. Er hatte die wesentlichen Fragen aufgriffen. Orbáns politisches Talent zeigte sich voll und ganz an jenem Tag.

* * *

Im Juni 1989 war ich auf Einladung des Fidesz als Vertreter des polnischen Unabhängigen Studentenbundes auf dem Heldenplatz. Dreiundzwanzig Jahre später grübelten Ministerpräsident Viktor Orbán und ich auf der Terrasse eines Budapester Restaurants über die Ursache des bedeutenden Unterschieds zwischen den älteren, viel vorsichtigeren polnischen Oppositionellen und der radikalen Haltung des Fidesz. „Vor meiner Rede gab es großen Streit innerhalb des Fidesz, welche Strategie am besten zu verfolgen sei", sagte Orbán. „In einem stimmten wir überein: Die Versuche für die Freiheit in Mitteleuropa einzutreten – in Berlin 1953, in Budapest 1956 und 80 bis 81 in Polen mit der Solidarność an der Spitze – legten alle die Konsequenz nahe, je weiter du dich vor traust, desto weniger Schritte musst du dann zurück machen. Wir beschlossen, ganz gleich wie das Ergebnis ausfällt, dass wir radikal sein müssen, und eben so sehr, wie es nur geht", erklärte er.

Die Gespräche am Runden Tisch in Polen hatten die Intellektuellen der älteren Generation geführt, die jüngeren, radikaleren Aktivisten des Unabhängigen Studentenbundes wurden in den Hintergrund gedrängt. Die entscheidenden Akteure der Verhandlungen enthielten sich des Radikalismus. In Ungarn war jedoch die

Stimme der Jüngeren lauter, was ihre Dominanz in den nächsten
zwei Jahrzehnten ungarischer Politik zum Resultat hatte. Orbán
sagte: „In der Politik muss man handeln. Du darfst nicht zu viel
grübeln, abwägen und besorgt sein, wie das Endergebnis ausfällt.
Wenn du spürst, dass du etwas tun musst, tu es! Die Intellektuellen
sind zu klug, sehen zu viele Hindernisse. In der Politik sind zwei
Wesenszüge schlimm: der eine, wenn du nicht schlau genug bist,
der andere, wenn du zu schlau bist. Im Fidesz waren zu viele junge
Intellektuelle. Oft war es schwierig, zu einer Einigung zu kommen.
Ich stellte eine Theorie auf. Je radikaler du handelst, desto besser
ist das Ergebnis, das du erzielen kannst. Ich selbst war nicht davon
überzeugt, dass das System am Ende ist. Ich hatte damals keine
Ahnung, wann das wirklich eintritt, in zwei oder drei Jahren, aber
dass irgendwann Schluss ist, da war ich sicher. Ja schon 82 war ich
sicher, dass es in absehbarer Zeit zu Ende geht.

Die Mehrheit der Parlamentskandidaten des Fidesz bei den ersten freien Wahlen
1990 war sehr jung und die meisten kannte niemand. Nach dem Grundprinzip der
Partei war das Höchstalter für eine Mitgliedschaft 35 Jahre. Die Wähler hatten zwar
schon vom Fidesz gehört, aber die Namen seiner Politiker, außer Orbán und Fodor,
sagten niemandem etwas. Trotzdem hatte die Partei Erfolg.

Dass der Kommunismus schließlich zusammengebrochen ist, haben wir der Solidarność zu verdanken. Es kam 1981 Jaruzelskis Kriegszustand, aber die Solidarność konnte man nicht zum Verschwinden bringen, eben, weil sie radikal waren. Sie blieb als illegale Organisation bestehen, eine Bewegung mit Kampfgeist, die auch über eine Untergrundpresse verfügte. Den Kommunisten gelang es nicht hundertprozentig, den Widerstand zu zerschlagen. Weil sich damals etwas verändert hatte. 56 griffen die Russen militärisch in Ungarn ein. Ein paar Wochen später war alles zu Ende. Die Bewegung der Solidarność war aber nie zu Ende. Da kamen wir darauf, dass es nicht geholfen hat, den Kriegszustand auszurufen, das totalitäre Regime war von Grund auf erschüttert worden. Es blieb nur die Frage, wann in den sozialistischen Ländern – in Polen, in der Tschechoslowakei, in Ungarn, in Rumänien und der DDR – gleichzeitig die Unzufriedenheit, der Widerstand ausbricht. Damals kamen mir die baltischen Staaten noch nicht in den Sinn – das war ein besonderes Geschenk Gottes, mit dem ich nicht gerechnet hatte. Ich sage mal, ich wusste nicht, wie lange das noch dauert, aber damals im Juni fühlte ich in meinem Fleisch und Blut, das die alte Welt zu Ende ist."

7. KAPITEL

Ein Parteiführer wird geboren

Wie Viktor Orbán während der Verhandlungen mit den Kommunisten den älteren Oppositionellen das Wesen der Politik beibrachte und wie er mit seinem alten Lada im Land herum jagte, Schnaps trank und die Leute auf großen Versammlungen begeisterte

Im Fidesz waren nicht alle so radikal wie Viktor Orbán oder László Kövér. István Hegedűs mit seinem langen, dichten Lockenhaar, einer der Führer der Gemeinschaft, war der Meinung, dass der Antikommunismus des Fidesz zu scharf sei. Man müsse nicht alle „Roten" über einen Kamm scheren, meinte er, die Anhänger der Reformpolitik müsse man von den Vertretern der harten Linie trennen. Er fürchtete auch, dass nach den Jahren des Kádárismus, in denen der Opportunismus allgemein verbreitet war, die Menschen vor einem derart radikalen Antikommunismus zurückschrecken würden. Hegedűs, der im Juni 1989 die polnische Delegation empfangen hatte, zog nicht vor die sowjetische Botschaft, wo seine Fidesz-Gefährten und die polnischen Studenten gemeinsam skandierten: „Russki go home!" Hegedűs war absolut nicht der Einzige, der so dachte. Gábor Fodor, der in einer Intellektuellenfamilie aufgewachsen war, war gleichfalls der Meinung, dass man einen gemäßigteren Ton anschlagen müsse. Orbán preschte jedoch unaufhaltsam vor.

Der Fidesz wurde bei den Verhandlungen mit der Regierungspartei vertreten von Viktor Orbán, László Kövér und Gábor Fodor. Die Kommunisten erhoben anfangs Einspruch gegen die Teilnahme des Fidesz als zu radikale Organisation. Die am

Runden Tisch versammelten oppositionellen Kräfte traten damals
noch gemeinsam auf und erzwangen, dass der Fidesz an den
Verhandlungen mit der Staatsmacht teilnahm.

Über die Kommunisten muss man sich nicht wundern.
Orbán warf bei den oppositionellen Besprechungen und bei den
Verhandlungen mit den Kommunisten oft quälende Fragen auf.
Er schreckte nicht davor zurück, die Gegenpartei in die Enge zu
treiben, wenn er keine passende Antwort bekam. Der jüngste
Teilnehmer an den Verhandlungen war streitsüchtig, locker
und direkt. Wild und ungeschliffen, wie die älteren Verhand-
lungspartner sagten. Bei ihm zählte nicht, mit wem er sprach.
In Diskussionen ging es ihm um das Wesentliche und er war
konsequent, unabhängig davon, ob er seinen Diskussionspartner
schätzte oder verachtete. Der Altersunterschied spielte keine Rolle.
Orbán unterschied sich stark von den anderen, besonders von
dem ruhigen, ausgeglichenen József Antall, der nach den Wahlen
der erste Ministerpräsident wurde. Obwohl gerade Antall Orbán
hoch schatzte.

Orbán legte sein Augenmerk von Anfang der Verhandlungen an
auf das Wesentliche. Er und seine Freunde hatten eine genaue Vorstellung, was sie erreichen wollten. Und schon damals kannten sie
die Mechanismen der Politik und der ständigen Verhandlungen.

Sehr bezeichnend, was Orbán über diese Verhandlungen
fünf Jahre später in einem Interview mit László Kéri sagte:
„Dort am Tisch saßen Menschen, die nicht über professionelle
Verhandlungstechniken verfügten, sondern gebrechliche ungarische Staatsbürger, die auf diesem oder jenen Weg in die Politik
verwickelt worden waren. Diese Gespräche waren ein Zustand
zwischen einer praktischen Geschäftsabwicklung und einem
abendlichen, intellektuellen Zechen in einer Weinstube."

Damals wurde noch darüber verhandelt, wer mit wem
verhandelt und wer der Vertreter der Staatsmacht sein solle.

Orbán hatte keinen Zweifel daran, dass ausschließlich die kommunistische Partei infrage kam. Nicht die Regierung, nicht die Frauenorganisationen oder andere gesellschaftliche Gruppen sollten ihnen, der Opposition, gegenübersitzen. Er wiederholte, dass die ganze Macht in den Händen der MSZMP liege und es deshalb nur Sinn habe, sich mit ihren Vertretern an einen Tisch zu setzen. Anderenfalls führe man Scheinverhandlungen. Fiktionen wollten die Fidesz-Leute nicht zustimmen. Schließlich wurde trotzdem ein Kompromiss geschlossen, und am Runden „Dreier-Tisch" saß die kommunistische Partei, die Opposition und als Dritte Vertreter der „gesellschaftlichen Organisationen", die mit den Kommunisten verbunden waren.

Orbán analysierte von Anfang an intensiv die Taktik der Kommunisten. Er wusste, dass sie bei freien Wahlen keine Chance hätten. Das wussten sie auch. Daher lief ihr Spiel darauf hinaus, noch vor den Wahlen den Posten des Staatspräsidenten zu bekommen und darüber wollten sie schon vorab eine Einigung. Orbán spürte im Voraus, dass die Kommunisten, mit ihrem riesigen Vermögen im Rücken, mit dem administrativen Apparat, mit der Macht über die Polizei und die Armee, und dann zusätzlich noch mit dem Amt des Staatspräsidenten, praktisch die Geschehnisse unter Kontrolle halten würden, auch wenn formal die Opposition regierte, die – nach der allgemeinen Meinung – sicher die Parlamentswahlen gewinnen würde. Mangels eines materiellen Hintergrunds wäre die Opposition aber trotz des Wahlsieges schwach und sähe, sich mit außergewöhnlichen wirtschaftlichen Schwierigkeiten konfrontiert, für welche die vorhergehende Regierung keine Verantwortung übernähme, Orbán war sich im Klaren, wenn sich die Ereignisse dergestalt entwickelten, dass ihre Gegner weiterhin das Ruder der Regierung im Lande in der Hand halten würden.

Am 4. September 1989 koordinierte Orbán bei einer Plenarsitzung zum ersten Mal den Standpunkt der Opposition. Er nahm seine Aufgabe ernst und bereitete sich sorgfältig vor. Er bat Antall, sich neben ihn zu setzen, weil er, sozusagen, auf seine Hilfe angewiesen sei, außerdem flößte ihm Antalls Gegenwart Mut ein. Er hatte also noch ein Fünkchen Ehrfurcht … In den nächsten paar Jahren gerieten die Politiker oft hart aneinander, obwohl Antall den viel jüngeren Politikerkollegen immer sehr hoch schätzte und in ihm das herausragende politische Talent sah.

„Ich war nicht von Anfang an ein Anführer. Ich gehörte immer zu dem Kreis, in dem die Entscheidungen fielen. Ich wollte Mitglied dieses Kreises sein, aber es war mir nicht wichtig, der Anführer zu sein. Der Beste: ja! Der beste Schüler, der beste Fußballer, der beste Sportler: ja! Aber Führer: nein. Damals urteilte ich so, dass man Entscheidungen gemeinsam treffen muss."

Orbán maß der Kommunikation mit der Gesellschaft großes Gewicht bei. In dieser Hinsicht unterschied er sich von allen Verhandlungsteilnehmern. Bei der Vorbereitung und während der Dauer des nationalen Runden Tisches bestimmte er die Grundprinzipien auf diesem Terrain, lenkte das Augenmerk der älteren Teilnehmer darauf, wie sie mit ihrer Umgebung kommunizieren sollten. Er versuchte, sie davon zu überzeugen, dass der Text nicht zu stilisiert sein darf, dass man nicht in weitschweifigen, zusammengesetzten Sätzen sprechen darf. Er ermunterte sie, kurze, leicht eingängige Texte zu schreiben.

Orbán gewinnt immer mehr Einfluss in seiner Partei. Er bekommt den ersten Platz auf der Landesliste. Während des Wahlkampfs tritt er jeden Tag bei Versammlungen auf. Er hält Reden, kämpft und äußert sich (auf dem Bild: feierliche Kundgebung am 15. März 1990, von links: Gábor Fodor, Viktor Orbán und Tamás Deutsch).

Er ließ verlauten, man möge sich einer einfachen, eindeutigen Sprache bedienen. Man äußere sich, ohne die Dinge zu verkomplizieren. Die Kernsätze seien zu wiederholen, damit die Leute begriffen, wovon die Rede sei. Darüber war er sich schon am Anfang seiner politischen Karriere im Klaren.

Die ganze damalige Opposition gehorchte ihm; schon damals erkannten sie sein Talent an. Orbán war erst 26 Jahre alt, führte sich aber als Führungspersönlichkeit auf. Viele meinen, das sei er schon früher, fast zu Beginn seiner Universitätsstudien gewesen. Er selbst sieht das heute anders: „Ich war nicht von Anfang an ein

Anführer. Ich gehörte immer zu dem Kreis, in dem die Entscheidungen fielen. Ich wollte Mitglied dieses Kreises sein, aber es war mir nicht wichtig, der Anführer zu sein. Der Beste: ja! Der beste Schüler, der beste Fußballer, der beste Sportler: ja! Aber Führer: nein. Damals urteilte ich so, dass man Entscheidungen gemeinsam treffen muss."

Während der Verhandlungen am oppositionellen Runden Tisch, beziehungsweise am nationalen Runden Tisch bewährten sich die, bei den Absprachen an der Universität und in den Diskussionen im Bibó-Kolleg gemachten, Erfahrungen. Orbán wuchs immer deutlicher über die anderen hinaus. „Wenn diese Veränderung im bewaffneten Kampf hätte ausgefochten werden müssen, wäre ich nicht der beste Kandidat gewesen", behauptet er heute. „Wenn es nur ein intellektueller Prozess gewesen wäre, hätte ich mich nicht an die Spitze stellen dürfen. Aber eine solche Veränderung zu organisieren, wie wir sie durchliefen, wo es nur darum ging, radikal zu sein, aber auch rational zu denken, wenn man vorwärts stürmen und ein guter Taktiker sein musste, da war ich geeignet, und damals war das nötig. Diese Kombination passte zu meinem Charakter. So gelang es mir, uns Achtung zu erkämpfen. Ich wies genau darauf hin, dass dies und jenes geschehen wird, wenn wir diese vier Punkte erfüllen. Wir kamen vorwärts, und man sah, dass es tatsächlich eingetreten war. Andere spürten das genauso. Es erfolgte zur Hälfte nach meinem Charakter, die andere Hälfte war Arbeit", analysiert er die damalige Lage heute.

* * *

Die wichtigste Errungenschaft des nationalen Runden Tisches war die Ausschreibung freier Wahlen sowie die Vereinbarung über die Verfassungsänderungen. Viele Veränderungen wurden akzeptiert. Eigentlich blieb von dem alten Text nur ein Satz übrig: „Die Hauptstadt Ungarns ist Budapest". Sie kamen beispielsweise überein, dass zu einer Gesetzesänderung eine Zweidrittelmehrheit nötig sei. Die Opposition wollte, dass es nicht zu leicht werde, Änderungen einzuführen, falls vielleicht doch die Kommunisten die Mehrheit bei den Wahlen erreichen sollten. Diese Verfassung war von ihnen als Provisorium gedacht. Schließlich vergingen doch zwanzig Jahre.

Die Verhandlungen endeten am 18. September 1989. Die Liberalen, das heißt der SzDSz und der Fidesz, verweigerten jedoch ihre Unterschrift unter der Schlussvereinbarung. Es war nämlich zu einem Streit gekommen, wie der Staatspräsident gewählt werden solle. Die Kommunisten wollten, dass zuerst der Staatspräsident gewählt werden solle, und zwar in direkter Wahl. Sie rechneten damit, dass, wenn sie Imre Pozsgay, den Reformer nominierten, er sicher gewinnen würde und so ihr politischer Einfluss erhalten bliebe. Die Liberalen und der Fidesz vertraten den Standpunkt, dass die Wahl des Staatspräsidenten auf einen späteren Zeitpunkt verschoben werden müsse. Zuerst sollten die freien Parlamentswahlen stattfinden und dann sollten die neuen Parlamentsabgeordneten über die Besetzung des Amtes des Staatspräsidenten entscheiden. Orbán war der Überzeugung, dass man in diesem Punkt nicht nachgeben könne, da die Kommunisten von Tag zu Tag pausenlos schwächer wurden.

Damals zeigte sich eindeutig der Unterschied zwischen den radikalen, jungen Aktivisten und den erfahreneren, älteren, konservativen Oppositionellen. Die Unterschiede entsprangen nicht abweichenden Ansichten oder ideologischen Wurzeln, sondern den abweichenden Erfahrungen, wie übrigens auch in Polen. Die jungen ungarischen Oppositionellen hatten die blutigen Kämpfe von 1956 und die anschließenden Verfolgungen nicht erlebt. Sie hatten nicht den Einmarsch in die Tschechoslowakei 1968 in

Erinnerung bewahrt. Sie hatten nicht im Gefängnis gesessen, sie waren frei von Angst.

Die Mitglieder des MDF waren vorsichtiger. Diese älteren Menschen, die sich noch daran erinnerten, wozu die kommunistische Staatssicherheit oder die Polizei fähig gewesen war, erregte viel mehr, dass in Rumänien Ceauşescus Macht ungebrochen war und dass das System sich in der Tschechoslowakei und in der DDR immer noch hielt. Sicher kamen vielen von ihnen die sowjetischen Panzer in den Sinn, die 1956 durch die Straßen von Budapest gedonnert waren. Auch aus dem Grund waren sie gemäßigter.

Die Mitglieder des MDF waren geneigt, der vorgezogenen, direkten Wahl des Staatspräsidenten zuzustimmen, denn sie spürten nämlich, dass man einen Kompromiss schließen musste. Diesmal waren die Liberalen am radikalsten. Im Zusammenhang mit dieser Frage kündigten sie eine Unterschriftensammlung für eine Volksabstimmung an. Der etwas überraschte Fidesz unterstützte sie. Der MDF rief zum Boykott der Volksabstimmung auf.

In der Kampagne für die Volksabstimmung dominierten die Liberalen. Der Fidesz erhielt die Rolle des jüngeren Bruders. Damals wurde die Partei als Jugendabteilung der SzDSz abgestempelt, das sei sie und sonst gar nichts. Die beiden Gruppierungen arbeiteten damals noch eng zusammen. Es sah so aus, als stünden sie sich in ihrer Denkweise nahe. Die Volksabstimmung gab der SzDSz großen Aufschwung bei ihrer Bekanntheit und Popularität. Die Volksabstimmung ging um das Wahlverfahren für den Staatspräsidenten, die Liquidierung der Arbeitermiliz, die Offenlegung des Vermögens der kommunistischen Partei und die Liquidierung der Parteiorganisationen am Arbeitsplatz. SzDSz und Fidesz konnten ihren Willen in minimalem Maße durchsetzen. Sie verkündeten, dass zuerst die freien Parlamentswahlen auf der Tagesordnung stünden.

* * *

Viktor Orbán behauptet, er sei etwas zufällig Parteichef gewor-
den. Anfangs hatte der Fidesz nur ein Landeskomitee und sechs
Sprecher. Orbán war einer von ihnen, und wie er heute behauptet,
habe er anfangs nicht daran gedacht, die Führung zu übernehmen.
Schwer zu sagen, ob das wirklich so war. Schwer zu glauben, dass
der Mensch irgendwann nicht geführt haben will.
Im Spätsommer 1989 bot ihm die Soros-Stiftung ein Stipendium in Oxford an. Damals stellte der Westen den im sowjetischen
Block lebenden Oppositionellen viele Auslandsstipendien zur
Verfügung. „Ich dachte daran, neue Kenntnisse zu sammeln
und komme zu den Wahlen zurück", erinnert er sich. Im Dezember rief ihn ein Fidesz-Gefährte an: „Viktor, du musst zurückkom-
men." „Sie sagten, wenn du nicht heimkommst, wird der Fidesz
mit den Liberalen bei den Wahlen antreten, und wir werden
ein Teil der SzDSz", erzählt er. „Du siehst das anders, du musst
nach Hause kommen, sonst saugen sie uns auf", warnten seine
Gefährten. „Ich sah ein, dass sie uns tatsächlich verschlingen",
sagt Orbán heute.

Und er verließ Oxford. Im Januar 1990 war er wieder in
Budapest. Als Gast nahm er an der Sitzung des Parteivorstands
teil, dessen Mitglied er damals formal nicht war. Er überzeugte
die Übrigen, dass der Fidesz selbstständig bei den Wahlen antreten müsse und nicht in einer Koalition mit anderen. „Damals
dachte ich darüber nach, ob ich nicht in den Kampf um die Macht
einsteigen sollte. Ich machte mich stark dafür, dass wir selbstständig antreten und uns als unabhängige Gruppierung zeigen",
erzählt er. Er wollte, dass der Fidesz den gleichen Abstand zu den
Liberalen und den Konservativen einhält und seine Vorstellung
siegte. Da verstand er, dass er die Parteiführung übernehmen
musste. „Ich erkannte, dass ich der Führer der Partei werden
kann", bekennt er. Und da er von Anfang an praktisch veranlagt
war (wie seine Anhänger sagen), oder erbarmungslos (wie seine

Gegner behaupten), tat er alles, was ein Politiker tun kann, um
die Macht zu erlangen.

Orbán verstand es, die Menschen anzusprechen, auch jene, denen er nicht sympa-
thisch war. Damals sah ich, dass er alles mit den Leuten machen konnte. Er denkt
logisch, ist außerordentlich intelligent und ein toller Diskussionspartner", erinnert
sich ein ehemaliger Parteigenosse an den Wahlkampf 1990.

Der Fidesz veranstaltete eine ganze Reihe von Pressekonferenzen,
auf denen sie den Unterschied zwischen der Fidesz und den
Liberalen von der SzDSz, beziehungsweise des konservativen
MDF erklärten. Bald mussten sie sich um die Vorbereitungen
für den Wahlkampf kümmern. An der Kampagne beteiligte sich
Orbán mit unglaublicher Aktivität. Er fuhr selbst einen ausran-
gierten, alten Lada und er raste immer. Eines Tages verbot ihm
die Parteileitung selbst zu fahren, weil sie Angst um ihn hatten,
aber er scherte sich nicht darum. András Vágvölgyi, der damals
für die Kommunikation im Fidesz verantwortlich war, später
aber der Chefredakteur des Wochenblattes Magyar Narancs
(Ungarische Orange) wurde, reiste zu jener Zeit regelmäßig

zusammen mit ihm. Orbán fuhr mit einem wahnsinnigen Tempo. Diese Gewohnheit hat er noch heute. Zwanzig Jahre später, nun schon Ministerpräsident, hängt er auch gern seine Leibwächter ab, schickt seine Mitarbeiter weg und fährt alleine, mit seiner Frau oder Bekannten ins Blaue. Unverändert fährt er selbst. In einem wahnsinnigen Tempo.

Bei den ersten Wahlkämpfen 1990 kam es vor, dass Viktor Orbán an einem Tag das ganze Land von Süden nach Norden durchquerte. Am Morgen hielt er eine Versammlung in einer Siedlung im südlichen Landesteil ab. Hielt eine Rede und begeisterte die Massen. Dann sprang er ins Auto und fuhr zu einer weiteren Kundgebung hundert Kilometer weiter. Unterwegs eine kurze Verschnaufpause in einer Kneipe am Wegesrand, ein Gläschen starken Zwetschgenschnaps. Ein paar Sitzungen, ein paar Zwetschgenschnäpse und 400 Kilometer am Steuer. Bei den Versammlungen waren die Menschen von ihm begeistert.

Der Soziologe Tibor Béres nahm an Orbáns Wahlkampffahrten teil: „Wir galten damals als eine revolutionäre Gruppierung. Viele trauten sich nicht, den Fidesz anzuhören. Einmal besuchten Viktor und ich ein kleines Dorf, das für seinen kommunistischen Geist berühmt war. Wir waren gespannt, was passieren würde. Recht viele Leute kamen, aber um uns anzugreifen. Die Menge brüllte. Sie waren gegen Orbán eingestellt. Viktor begann, direkt zu ein paar der Anführer zu sprechen. Nach einer halben Stunde stand der ganze Saal neben ihm. Damals sah ich, dass er alles mit den Leuten machen konnte. Er denkt logisch, ist außerordentlich intelligent und ein toller Diskussionspartner", erzählt er. Zwei Jahre später trennte sich Béres von Orbán. Wie auch Vágvölgyi. Sie gehörten zu denen, die den späteren Rechtsruck der Partei nicht akzeptierten.

Der Schlager des ersten Parlamentswahlkampfs wurde ein Fidesz-Plakat, auf dessen oberen Teil Leonid Breschnew und Erich

Honecker zu sehen sind, die einen Zungenkuss austauschen, auf dem unteren Teil küsst sich ein junges Paar. Die Aufschrift des Plakats lautete: „Sie haben die Wahl!"

Es bereitete dem Fidesz ernsthafte Probleme, dass er nicht genügend Leute hatte. Weder zum Aufstellen der Wahllisten, noch als freiwillige Plakatkleber, von den unentbehrlichen Aktivisten für die Kampagne in der Provinz ganz zu schweigen. Die Mehrheit der Parlamentskandidaten des Fidesz bei den ersten freien Wahlen 1990 waren sehr jung und die meisten kannte niemand. Nach dem Grundprinzip der Partei war das Höchstalter für eine Mitgliedschaft 35 Jahre. Die Wähler hatten zwar schon vom Fidesz gehört, aber die Namen seiner Politiker, außer Orbán und Fodor, sagten niemandem etwas. Trotzdem hatte die Partei Erfolg.

Als die Fidesz-Abgeordneten ins Parlament einzogen, verspotteten sie alles, was ihnen nicht gefiel. Sie waren sehr selbstsicher. Gute Kinderstube gehörte nicht zu ihren Stärken, woran sich auch ihre aufrichtigen Sympathisanten erinnern. Sie waren schnell und entschlossen, und kümmerten sich nicht darum, den Damen den Vortritt zu lassen. Sie fühlten sich wie die Könige. Genau so war auch Viktor Orbán.

Bei den Wahlen am 25. März 1990 erreichte der Fidesz 8,95 %, was 22 Sitze im Parlament bedeutete. Die Kommunisten, die sich ein halbes Jahr vor den Wahlen in Sozialisten umtauften, erreichten 33 Mandate. Die Wahl gewann das konservative MDF mit 27,73 %. Da das ungarische Wahlsystem die Partei mit den meisten Stimmen belohnt, standen ihm 42,5 % der Mandate zu. József Antall bildete mit den Unabhängigen Kleinen Landwirten und den Christdemokraten (KDNP – Christdemokratische Volkspartei) eine Koalition. Der Fidesz, SzDSz und die Ungarische Sozialistische Partei (MSzP) – die Nachfolgerin der kommunistischen Partei – war in die Opposition gezwungen. Der SzDSz wurde die zweitgrößte Partei im Parlament. Die Parlamentsfraktion des Fidesz entstand und es musste deren Leitung gewählt werden.

Der Fidesz hatte bislang mit einer kooperativen Leitung gearbeitet, hatte weder einen formellen, noch einen informellen Führer gehabt, obgleich Orbáns Position blitzschnell erstarkt war. Man stimmte ab. Es kandidierten Orbán, Fodor und Áder, aber nur die ersten beiden kamen infrage. Eindeutig ging Orbán als Sieger aus der Wahl hervor.

8. KAPITEL

Orangefarbener Zirkus im Parlament

> Darüber, wie ernst die jungen Revolutionäre die Politik
> nahmen und sie gleichzeitig verspotteten

Die Vertreter des Fidesz, die vor Kurzem noch Studenten gewesen waren, gingen in Jeans und Sportkleidung ins Parlament. Auf die Bänke im Sitzungssaal legten sie zum Spaß Orangen, die zu ihrem Symbol wurden. Wenn sie vom Rednerpult des Parlaments sprachen, waren sie mit ihren Worten nicht wählerisch. „Die Regierung lügt!", brüllten sie und den tiefgläubigen Christdemokraten warfen sie hin: „Niederknien zum Gebet!" Und als der Parlamentspräsident sie verwarnte, ihr Verhalten sei ungebührlich, sprangen sie auf und salutierten: „Jawohl, Herr Professor!" Oder: „Bitte, Herr Lehrer, darf ich jetzt mal was sagen?" Der Präsident des Hauses, György Szabad, war ein bekannter Geschichtsprofessor und Hochschullehrer, doch die Fidesz-Leute, die alles verspotteten, verschonten auch ihn nicht. Wahr ist jedoch, dass Orbán von Professor Szabad ziemlich schnell fasziniert war.

Damals verspotteten sie alles, was ihnen nicht gefiel. Sie waren sehr selbstsicher. Gute Kinderstube gehörte nicht zu ihren Stärken, woran sich auch ihre aufrichtigen Sympathisanten erinnern. Sie waren schnell und entschlossen, und scherten sich nicht darum den Damen den Vortritt zu lassen. Sie fühlten sich wie Könige. Genau so war auch Orbán.

Sie waren anders und wollten auch anders sein. Sie suchten ihre eigene Sprache. 1989 starteten sie eine Wochenzeitung, die sie Ungarische Orange nannten. Die Idee zu dem Titel entstammte dem Film „Der Zeuge" von Péter Bacsó, der zu einem Kultfilm geworden war. Eine schwarze Satire. Die Geschichte spielt im Ungarn der 50-er Jahre, vor 1956, unter der Herrschaft von Mátyás Rákosi, tief in stalinistischen Zeiten. Damals kam man auf die Idee, Orangen und Baumwolle in Ungarn heimisch zu machen. Das ungarische Klima entsprach zwar nicht der Natur derartiger Gewächse, doch der Geist des Sozialismus hatte schon ganz andere Kämpfe bestanden. Die Wissenschaftler setzen alles daran, dass die Orange trotz allem auf ungarischen Boden wächst, um damit den Imperialisten einen Schlag zu versetzen.

Es klappt nicht besonders gut, aber schließlich reift recht und schlecht doch eine einzige Orange heran. Zur „Erntefeier" wird der äußerst wichtige Genosse Bástya eingeladen. In einem unbeobachteten Augenblick stibitzt aber der Sohn des Haupthelden die ominöse Orange von dem geschmückten Tisch und isst sie auf. Zu diesem Zeitpunkt hat die Festkapelle schon zu spielen begonnen und Genosse Bástya bereitet sich auf den Ernteakt vor … Der Held nimmt all seinen Mut zusammen und geht zum Chef der Staatssicherheit: „Genosse Virág, mein Sohn hat die Orange aufgegessen. Was sollen wir machen?" Der Geheimdienstler nimmt gelassen eine Zitrone aus der Innentasche und drückt sie ihm mit ungerührtem Gesicht in die Hand. Die soll er dem äußerst wichtigen Genossen reichen. Der Held schaut überrascht und der folgende Dialog entspinnt sich zwischen ihnen: „Das ist eine Zitrone." – „Eine Orange." – „Zitrone." – „Ich will keinen Streit anfangen." Der Höhepunkt der Feier ist gekommen. Genosse Bástya nimmt die Frucht entgegen, schneidet sie auf und kostet sie. „Was ist das denn", fragt er. Und da erklingt die schüchterne Antwort: „Eine Orange. Die neue ungarische Orange. Ein bisschen gelber, ein bisschen sauer, aber … unsere!"

Nun, das ist der Ursprung der Bezeichnung „Ungarische Orange", die trefflich die Absurditäten des Kommunismus widerspiegelt. Die Zeitschrift mit diesem Namen benutzte von

Anfang an eine eigene Sprache. Scharf, satirisch und nicht gerade wählerisch in ihren Ausdrücken. Genauso wie es damals der Fidesz und seine Politiker taten, als sie sich äußerst ernst, andererseits aber auch mit unerbittlichem Humor der Welt der Politik näherten.

László Kövér (rechts, heute Parlamentspräsident), neben Zsolt Németh (heute Staatssekretär des Außenministeriums), glaubte Orbán nicht, dass alles so schnell gehen würde: „Am 13. Dezember 1981 wusste die junge, ungarische Intelligenz, dass sich das System nicht mehr reformieren lässt, wie Kádár das nach 1956 getan hatte. Bei der Gründung des Fidesz trauten wir uns aber nicht, zu sagen, dass die sowjetischen Truppen noch zu unseren Lebzeiten das Land verlassen sollen. Wir bereiteten uns auf einen viel längeren Kampf vor." 1990, als dieses Foto entstand, trat Kövér schon als Kandidat des Fidesz bei den Wahlen an.

Am Anfang ihrer Parlamentsmandate lud Otto von Lambsdorff, der Vorsitzende der FDP, die Führer des Fidesz ein. Er empfing sie in seinem Schloss zum Frühstück. Seine Gäste ließ er in einem riesigen, wundervollen Speisesaal Platz nehmen. Auf dem großen Tisch waren wundervolles Geschirr, elegante Teller und silbernes

Besteck. An der Kopfseite des Tischs wartete sein Sessel, der aussah wie ein Thron, auf den Hausherrn. Direkt daneben war der Platz von Orbán und seinem Dolmetscher. Die übrigen Fidesz-Leute saßen um sie herum. Es herrschte eine gehobene Stimmung. Nach fünf Minuten Wartezeit trat Graf Lambsdorff ein. Er rauchte Pfeife und sprach langsam und sehr leise. Der Dolmetscher beugte sich zu Orbáns Ohr und flüsterte ihm zu: „Viktor, ich muss dir sagen, ich verstehe kein Wort von seinem Gemurmel." Orbán sah dem Hausherrn in die Augen und sagte: „Sehr erfreut. Und ich möchte fragen, Herr Lambsdorff, wie der Ablauf unseres Treffens aussieht. Worüber werden wir heute sprechen?" Und Viktor zuckte mit keiner Wimper.

* * *

Als das Parlament seine Arbeit aufnahm, sog die Politik Orbán vollkommen auf. Nicht so seinen Freund Gábor Fodor, der weiterhin Zeit fand, seinen Hobbys zu frönen. Viktor befasste sich den ganzen Tag ausschließlich mit der Politik. Das Einzige, was ihn davon ablenkte, war der Fußball. Er spielte weiterhin viel.

Damals waren weder Orbán noch die anderen Fidesz-Leute Anhänger der Kirche und auch die konservative Werteordnung stand ihnen nicht nahe. Von Anfang an nahmen sie einen harten oppositionellen Standpunkt gegen die konservative Regierung Antall ein. Die Regierung Antall war ziemlich vorsichtig. Sie machte keine Revolution.

In Ungarn verlief die Wende sehr glatt. Es gab keine ernsten Spannungen, keine Streiks, keine Demonstrationen, wie in Polen und keine Kämpfe wie in Rumänien. Die Kommunisten gaben eigentlich freiwillig ihre Macht ab. Die Eliten einigten sich untereinander, sie wollten nicht aufeinander losschlagen. Es gab nicht einmal eine samtene Revolution. Darüber, die Kommunisten zur Verantwortung zu ziehen, wurde nicht einmal diskutiert. Es fanden keinerlei Untersuchungen statt. Es gab keine Erschütterung, keinen Reinigungsprozess und keine Abrechnung. Die Regierung Antall, die erste nicht-kommunistische Regierung, führte zahlreiche Änderungen ein, tauschte auch Personen aus, aber aus der zeitlichen Entfernung sieht man gut, dass alles, was sie unternahm, nur oberflächlich war. Niemand musste sich vor Gericht für seine im Kommunismus begangenen Sünden verantworten. Die Verantwortlichen für die Staatssicherheitsdienste des Kádárregimes konnten in Frieden ihr Leben fristen und fristen es bis heute. Jene, die unschuldige Menschen zum Tode verurteilt hatten oder nach 1956 die blutige Unterdrückungsmaschine am Laufen hielten, wie zum Beispiel der ehemalige Innenminister Béla Biszku, leben fast unbehelligt. Die Richter, die im Kádárismus Recht sprachen, blieben unbehelligt weiter im Amt. Orbán und andere Fidesz-Leute warfen Antall oft seine Untätigkeit in dieser Frage vor.

Als der Ministerpräsident in der ersten Sitzungsperiode des frei gewählten Parlaments das Regierungsprogramm vorstellte, reagierte der 27-jährige Fraktionsvorsitzende des Fidesz prompt wie folgt: „Nun, im Namen der Parlamentsfraktion des Fidesz muss ich feststellen: Weder das unterbreitete Dokument noch die Anhörung der Minister vor dem Komitee gibt eine Garantie dafür, dass die jetzt gebildete Regierung in der Lage ist, die brennenden Probleme des Landes zu lösen. Wenn Sie einen Blick auf den erwähnten Entwurf werfen, wird Ihnen auch klar, dass der ernannte Ministerpräsident selbst spürte, dass die Vorlage nicht das Niveau des Regierungsprogramms erreicht hat, daher wählte er die Benennung 'Grundprinzipien'." Damit wollte Orbán zum Ausdruck bringen, dass „es kein Regierungsprogramm gibt, und wenn doch, dann ist das, was jetzt vor uns liegt, nicht das". Die Kriegserklärung war schon in der Begrüßung erklungen.

Der provisorische Staatspräsident Árpád Göncz empfängt im Mai 1990 die Vorsitzenden der im ersten frei gewählten Parlament vertretenen Parteien: von links József Torgyán (FKgP), Tibor Füzessy (KDNP), József Antall (MDF), György Szabad (Parlamentspräsident), Viktor Orbán (Fidesz), Péter Tölgyessy (SZDSZ). Gyula Horn, der Vorsitzende der MSzP, fehlt auf dem Bild.

Im Frühjahr 1990 war die erste ernste Krise ausgebrochen. Am 25. Oktober hatte die Regierung erklärt, dass sie ab dem nächsten Tag die Treibstoffpreise um 65 Prozent erhöht. Im ganzen Land kam es zu einer Protestwelle. Am drastischsten verhielten sich die Taxifahrer, die die Straßen in Budapest und anderen Städten des Landes blockierten. Ungarn war praktisch gelähmt. Man kam kaum irgendwohin. Orbán, der zu einer 56-er Gedenkfeier in ein Provinzdorf eingeladen war, machte sich mit dem Helikopter auf den Weg und fuhr dann mit dem Motorrad weiter. Er hielt seine Rede und nahm dann Motorrad und Helikopter für die Rückreise wieder in Anspruch.

Die Regierung wollte die Blockade mit Hilfe des Militärs beenden, aber der Präsident der Republik, Árpád Göncz war dagegen. Die Opposition ging zum Angriff über. Am schärfsten die Liberalen vom SzDSz. Es schien, als entwickle sich die Lage ideal für den Fidesz. Orbán verkündete bei einem öffentlichen Auftritt, dass die Regierung zwar unrecht gehandelt habe, als sie, die Menschen vor den unlängst abgehaltenen Kommunalwahlen nicht von der Preiserhöhung informiert habe, aber unabhängig davon seien die Gesetze einzuhalten. Die Blockade sei illegal und es sei sehr gefährlich, eine Revolution im Lande zu schüren. Es gab Politiker, die versuchten, die Blockade mit dem Aufstand von 1956 zu vergleichen. Diesen Gedanken hielt Viktor Orbán für absurd. Er verhielt sich wie ein reifer, erfahrener Politiker.

Gleichzeitig lag es aber überhaupt nicht in seiner Absicht, das Verhältnis des Fidesz zur Regierung sanfter zu gestalten. Er schürte den Konflikt mithilfe der Generationenfrage. Im September 1991 veröffentlichte er einen Artikel über die Politiker der konservativen Regierung in der linken, postkommunistischen Népszabadság (Volksfreiheit): „Zweitklassige Menschen sind wir für sie, verglichen mit denen, die erlebt haben, was sie „glückliche Friedenszeit" nennen, die heilige Dreifaltigkeit, Gott, Heimat, Familie. Viele Herrschaften der Regierungsseite meinen, weil wir die „Zeiten erhobener Moral", als Zehntausende in die Lager geschickt wurden oder die Unschuldigen am Don fielen, nicht erfahren haben, wir nichts von den Angelegenheiten der Welt verstehen können. Die Nachricht der christlich-nationalen Politiker des MDF an die Jugend war in den vergangenen anderthalb Jahren: „Wichtiger als ihr ist die Koalition Torgyán (FKgP – Kleine Landwirte) – MDF, wichtiger als eure Zukunft, ist, dass bei den nächsten Wahlen in jeder Pfarrei für die Parteien der christlich-nationalen Koalition agitiert wird". Wir haben diese Nachricht verstanden, und Grund zu Optimismus gibt unter einer solchen Regierung nur, dass hoffentlich viele junge Menschen die Nachricht verstanden haben. Diese Regierung hat uns abgeschrieben. Zeit, dass wir das zur Kenntnis nehmen." Orbáns Antipathie gegen die konservative Regierung war so stark, dass er seinen Aufsatz in einem Blatt veröffentlichte, das mit dem vergangenen System verbunden war.

Zugleich trat er mit scharfer Stimme den Sozialisten, den Erben der Kommunisten, entgegen. Schon Anfang der 1980-er Jahre hatte er verlauten lassen, dass die jungkommunistischen Aktivisten nicht viel wert sind, mit der Ausnahme von Ferenc Gyurcsány (der damals ein Führer der zerfallenden Kommunistischen Jugendorganisation KISZ war).

Zunächst empfahl er allen, Gyurcsány im Auge zu behalten. Orbán hielt ihn für begabt und stark. Das hatte er gut erkannt. 2004 wurde Gyurcsány der Ministerpräsident der Sozialistischen Partei, in der Diskussion vor den Wahlen besiegte er Orbán und bis 2009 stand er an der Spitze der Regierung.

* * *

Die Fidesz-Leute maßen ihren Verlautbarungen im Parlament großen Wert bei. Sie sprachen im Voraus ab, wer nach wem redet, was er sagen wird, was er vorträgt. Sie bemühten sich dabei immer, eine durchschlagende Wirkung zu erzielen. Außerdem hatten sie viel Frische, Lebensfreude, Zielstrebigkeit in sich. Das verschaffte ihnen Sympathie. Und sie unterschieden sich sehr stark von alle dem, was die Ungarn aus vergangenen Zeiten kannten. Die Fidesz-Leute waren vollkommen anders als die alten Kommunisten und die bedächtigen, schwerfälligen, konservativen Politiker des MDF oder dessen zwei kleineren Koalitionsparteien. Mit ihrer Direktheit und ihrem ungewöhnlichen Stil der Auftritte erweckten sie große Sympathie. Großmütter und Mütter sahen ihre eigenen Kinder in ihnen. Die jungen Leute, die Politiker, die sie vertraten. Zu ihnen wandten sich alle, die mit den fatalen ökonomischen Ergebnissen unzufrieden waren, und den ständig steigenden

Preisen. Den antiklerikalen, urbanen Liberalen erschienen sie auch als natürliche Verbündete.

Die Popularität von Orbán und seiner Partei wurde beflügelt. Damals sahen sich die Menschen gern die Parlamentssitzungen im Fernsehen an. Gern nahmen sie die Politiker in Augenschein und hörten die Diskussionen. Am buntesten waren sicher die Auftritte der jungen Fidesz-Aktivisten. Am häufigsten und besten redete Orbán. Auch Fodor ergriff ziemlich oft das Wort und sprach nicht schlecht, aber ihm fehlte das Charisma seines Freundes. Der Popularitätsindex der beiden stieg schnell.

Die Fidesz-Parlamentsfraktion war auffällig aktiv. Sie bemühten sich, Furore zu machen, aber auch die fachlichen Gesichtspunkte nahmen sie sehr ernst. Trotz ihrer Jugend erwiesen sie sich als kompetent. In den Medien traten sie viel besser auf als die Politiker des MDF, der SzDSz und der postkommunistischen MSzP, ganz zu schweigen von den exotisch zu nennenden Äußerungen der Vertreter der Kleinen Landwirte oder der Christdemokraten. Die Ungarn zeigten sich zunehmend enttäuscht von den Aktivitäten der konservativen Regierung, in die Richtung der Postkommunisten tendierten sie nicht. Der Fidesz erschien als wirkliche Alternative.

Je mehr das Ansehen des Fidesz stieg, desto lebhafter versuchte der SzDSz zu zeigen, dass der Fidesz nur ihr kleiner Bruder sei, der keine große Chance habe selbstständig zu wirken, weil er eine Partei der Jugendschicht, die Gruppierung einer Generation, sei. Orbán bemerkte das und beschloss, für die Identität und die Unabhängigkeit zu kämpfen, besonders weil er sah, dass sich ein Teil seiner Gefährten schon an den SzDSz anschmiegte.

Bei den Kommunalwahlen im Herbst 1990 konnte der Fidesz das Ergebnis, das er bei den Parlamentswahlen erzielt hatte, verbessern. Er erlangte 16 Prozent und trat damit als dritte politische Kraft im Lande hervor. 33 seiner Politiker wurden Bürgermeister.

Ein Jahr nach den ersten freien Wahlen rief der Fidesz am 28. März 1991 sämtliche politische Parteien zu einer Konsultation über die Lage des Landes auf. Die wirtschaftliche Lage hatte sich verschlechtert, die Demokratie war in eine Krise geraten und die Institutionen hatten das Vertrauen der Menschen verloren. Der Fidesz hätte eine überparteiliche Einigung über die wichtigsten Angelegenheiten Ungarns erzielen wollen. Er hatte ein konkretes Verhandlungsprogramm vorbereitet, das den Zeitpunkt der Konsultation und deren Ablauf angab. Ein cleverer Zug, denn es wäre schwierig gewesen, die Berechtigung des Vorschlages in Zweifel zu ziehen. Weder die Regierung noch die Opposition konnten sich ein offizielles Nein leisten. Das wäre für alle peinlich gewesen. Daher sagte niemand offiziell ab, aber alle drückten sich davor.

Wieder war Viktor Orbán derjenige, dem es gelungen war, die politische Diskussion zu thematisieren. Sieben Hauptfragen hatte er als Themen der Verhandlungen angegeben. 1991 war er es, der die übrigen Akteure auf der politischen Bühne zu einer sachlichen Auseinandersetzung aufrief. In der langen Rede, die Orbán Anfang Februar 1992 auf den Kongress des Fidesz in Pécs hielt, sagte er: „Insgesamt vertritt das MDF eine solche verrottete, alte Welt, die nie wieder nach Ungarn zurückkehren wird. (…) Das leere Pathos der Regierungsparteien, ihre Flut von nichtssagenden Worten, ihre krampfhafte Volkstümelei ist den Mitgliedern des Fidesz fremd, und auch die Vorstellungswelt, die ungefragt die Nation beglücken will. (…) Wir empfinden nicht, dass die allgemeinen Werte der Kultur die nationale Kultur aus dem Bewusstsein der Ungarn verdrängt hätten. Wir empfinden nicht, dass wir dem angeblich gefährdeten Nationalbewusstsein unser Leben lang folgen müssen wie die Ritter König Arthurs dem Heiligen Gral."
Hier stempelte der Fidesz das MDF zum Hauptgegner. 1992 wurde der Fidesz Mitglied der Liberalen Internationale und Orbán einer

der Vizepräsidenten dieser Organisation. Diese Worte fanden begeisterte Aufnahme.

Der Zug der jungen Politiker raste in Windeseile. Nur waren weder die Schienen noch die Lokomotive dafür gebaut. Bis 1992 war der Fidesz eine schwach organisierte Partei, die kaum über eine Infrastruktur verfügte und weder einen Vorsitzenden noch Hierarchie kannte. Zu der niedrigen Zahl der Mitglieder kam das fehlende Personal für die tägliche Arbeit, besonders außerhalb von Budapest. Gleichzeitig wuchs das Sympathisantenlager, der Index der Befürworter ging steil nach oben. 1992 bis 93 gab es Augenblicke, wo sie das Vertrauen von 40 Prozent der Ungarn genossen. Es schien, als würde der Fidesz bei den nächsten Wahlen die Macht übernehmen. Orbán war davon überzeugt, dass alles auf dem besten Wege sei, als seine Kollegen, in erster Linie László Kövér, ihm zu verstehen gaben, dass sie eigentlich schwach und schlecht organisiert seien und sie hinsichtlich des Aufbaus der Partei viel aktiver sein müssten. Denn wenn sie das verpassten, könnten sie leicht verspielen, was sie erreicht hätten. Orbán putzte sie herunter: „Ihr seid wie schlechte Sportjournalisten! Drei zu Null ist das Ergebnis, wir haben drei wunderbare Tore geschossen, das Publikum tobt auf den Tribünen und ihr macht eine saure Miene." Seine Gefährten hatten aber recht, das sah selbst Orbán später ein. Die Lage wurde bald ernst.

Die Kommunisten konnten es nicht ertragen, dass diese radikalen Antikommunisten so populär geworden waren. Sie hassten sie offen und ehrlich. 1992 reiste Orbán mit einigen leitenden Vertretern und einem Bankdirektor auf Einladung nach Bonn. Da sie Parlamentsabgeordnete waren, wurden sie in der Gästewohnung der Botschaft untergebracht. Der Botschafter war noch ein Mann des alten Systems, mit den Worten des Fidesz ein „alter Roter". Am Abend, nach dem offiziellen Programm, gingen sie in die Stadt Bier trinken und schauten sich in einer

Kneipe ein Fußballspiel an. Gerade war die Europameisterschaft. Gegen Mitternacht kamen sie zu ihrer Unterkunft zurück. Der Botschafter wusste, dass sie spät kommen würden, aber das gewaltige, schmiedeeiserne Tor der Botschaft war verschlossen. Im Gebäude brannte kein Licht. Sie klingelten, klingelten, nichts. Schließlich kletterten der Führer der Parlamentsfraktion, ein Bankdirektor und drei Parlamentsabgeordnete über den Zaun. Als Viktor auf der anderen Seite heruntersprang, blieb er an etwas hängen und riss sich das Hosenbein von unten bis oben auf. In diesem Augenblick gingen in der Botschaft die Lichter an und das Personal begann zu schreien: „Polizei! Hilfe! Überfall!"

Diese vergnüglich erscheinende Situation spiegelt wider, dass die Kräfte des alten Systems an vielen Orten noch immer fest im Sattel saßen. Sie hatten nicht die Absicht, sich zu unterwerfen, wovon sich bei den nächsten Wahlen die Kämpfer des Fidesz, mit Orbán an der Spitze, schmerzlich überzeugen konnten,

9. KAPITEL

Zwei Traditionen, zwei Nationen

> Darüber, wie sehr sich die ungarische Gesellschaft
> gespalten hat, wie der Fidesz die Teilung bekämpfen wollte
> und wie schnell Orbán einsah, dass es unmöglich ist

„Für ein Gulasch haben wir unsere Seele verkauft. Die Rumänen haben sie nicht verkauft, die Polen auch nicht, wir aber ja", sagt Zsolt Bayer, Viktor Orbáns Freund, Gründungsmitglied des Fidesz, heute konservativer Publizist, verbittert. „Kádár bot ein Abkommen an: Ihr bekommt zu essen, könnt reisen, könnt kaltes Bier am Plattensee trinken, alles wird großartig. Eins erwarte ich aber als Gegenleistung: Redet nie über die „Konterrevolution" von 1956, überlasst uns die Politik! Wenn ihr ruhig seid, wird es euch gut gehen. Schaut euch mal um, die Polen haben nichts zu essen, die Rumänen haben nichts zu essen, ihr aber habt. Ihr habt eine Wohnung, Arbeit und einen Reisepass. Was wollt ihr noch mehr?" Die Menschen sagten: „Danke schön!"

Viktor Orbáns Altersklasse war die erste Generation des Kádárismus, welche die Wände der stumpfen Teilnahmslosigkeit durchbrach und sich offen gegen das System wandte. Nach der Revolution von 1956 war die ungarische Gesellschaft in einem unglaublichen Maße atomisiert. János Kádár blieb mehr als 30 Jahre an der Macht, noch dazu fast ohne Gewaltanwendung. Nach 1956 folgten ein paar Jahre der Vergeltung, aber das geriet dann vollkommen in den Hintergrund. In den 60-er Jahren verkündete man eine Amnestie und der Staat begann, seine Politik zu liberalisieren. Es bestand keine Notwendigkeit, der Bevölkerung gegenüber direkte Gewalt anzuwenden. Die kommunistische

Macht schloss eine informelle Vereinbarung mit der Gesellschaft ab:
Ihr bekommt mehr, als den Leuten im Ostblock irgendwo zusteht,
dafür politisiert ihr aber nicht! Moskau erlaubte Kádár, dass das
Land Kredite aufnimmt und westliche Waren importiert. Die Ungarn konnten – mit Einschränkungen zwar – in den Westen reisen,
sich vergnügen, auf einem ordentlichen Niveau leben. Künstler
und Wissenschaftler hatten verhältnismäßig große Freiheit. Sie
mussten sich nicht eng an die Grundrichtlinien der Partei halten,
aber bestimmte Grenzen durften sie nicht überschreiten. Man
konnte sich mit Forschungsarbeiten beschäftigen, vorausgesetzt,
dass sie keine zu radikalen Konsequenzen hatten. Das Leben
in Ungarn wurde immer angenehmer. Das Lebensniveau stieg,
Plattenbauten entstanden, die Regale in den Geschäften füllten sich.
Nach allen Seiten wurden Auszeichnungen vergeben. Man konnte
trinken, sich vergnügen, Geld verdienen, an alle möglichen Vorteile
gelangen. Jeder wusste genau, was die Basis der Vereinbarung
war. Du kannst gut und in Freiheit leben, solange du keinen Fehler
machst. Es entstand der neue, demütigende Gulaschkommunismus
nach sowjetischem Muster. Die Volksmacht konnte sich in Sicherheit
wägen. Die folgende, von Historikern erwähnte Anekdote zeigt,
wie Kádár versucht, Nikita Sergejewitsch Chruschtschow von der
in Ungarn herrschenden Ruhe zu überzeugen.

*„Chruschtschow: Sagen Sie, Genosse Kádár, wie viel Einwohner hat
Ungarn?*

Kádár: Rund zehn Millionen, Genosse Chruschtschow.

Chruschtschow: Und wie viele unterstützen Ihre Politik?

Kádár: Etwa neuneinhalb Millionen.

Chruschtschow: Und was ist mit den übrigen Fünfhunderttausend?

Kádár: Nikita Sergejewitsch, die bindet die Parteidisziplin!"[13]

---

[13] Quelle der Anekdote: Jerzy Kochanowski, Węgry. Od ugody do ugody
1867–1990, Wyd. Trio, Warszawa 1997

Die Gesellschaft duldete wortlos, dass die ungarische Tradition aus dem Bewusstsein der Menschen gelöscht wurde. Die aufgespaltenen Kirchen spielten in Ungarn nicht eine solch wichtige Rolle wie die katholische Kirche in Polen. Fast alle akzeptierten die gegenwärtige Ordnung. Wenigstens offiziell. Wer die neuen Vorstellungen des Aufbaus einer modernen Gesellschaft guthieß, konnte im Gegenzug mit handfesten Vorteilen rechnen.

Der Bau der neuen Gesellschaft – und der Demontage der alten – beschleunigte sich in den 70-er Jahren. Die Partei steckte sich als Ziel das Programm zur Schaffung einer fortschrittlichen, zeitgemäßen Gesellschaft, die sich nicht mehr für die ungarischen Traditionen begeisterte, sondern sich in Discos oder KISZ-Lagern vergnügte. Man hatte einen Reisepass und konnte aus einem reichen Warenangebot wählen. Manche behaupten umumwunden, dass sich in den 70-er Jahren ein neues Nationalbewusstsein herauszubilden und die Nation zu spalten begann. Einer war der vom Staat (dem fortschrittlichen Staat) geförderte Teil der Nation, der andere der fortschrittsfeindliche, der zwar nicht verfolgt, aber an den Rand der Gesellschaft gedrängt wurde und als zurückgebliebenen ertragen wurde. Diese zwei Nationen unterscheiden sich bis heute in Ungarn. Sie beäugen einander feindselig. Abweichend sehen sie die Welt, unterschiedlich sehen sie Ungarns Vergangenheit und Zukunft. Sie behandeln sich als Feinde.

* * *

Die ersten Oppositionellen und die ersten Samisdatveröffentlichungen tauchten in Ungarn Ende der 70-er Jahre auf. Der Grad des Aufstands gegen die kommunistische Realität erinnert aber nicht im Geringsten an die Geschehnisse in Polen. Es bildete sich keine politische Oppositionsbewegung wie das Komitee zur Verteidigung der Arbeiter (KOR) in Polen, die Bewegung für

Verteidigung der Menschen- und Bürgerrechte (ROPCiO) oder die
Charta '77 in der Tschechoslowakei. Dafür entstanden reihenweise
kleine legale Institutionen, in denen ein nicht direkt politisches,
aber intellektuelles Leben herrschte. In den 80-er Jahren entstanden wissenschaftliche Studentenkreise, die sich beispielsweise
mit dem Problem der Armut, Gesellschaftserhebungen und Um-
weltschutzproblemen beschäftigten. Es schien etwas gegen die
Allmacht des Kádársystems heranzuwachsen.

1981 schufen der oppositionelle Aktivist János Kis und ein
paar gleichgesinnte Gefährten die bekannteste Samisdat-Publi-
kation: Beszélő (Sprecher). Die Redakteure veröffentlichten auch
ihre Telefonnummern, um bei der Koordination der versprengten
oppositionellen Aktivitäten Unterstützung leisten zu können.
János Kis ist eine der emblematischen Figuren der sogenannten
demokratischen Opposition, die in ihren Aktivitäten dem „polnischen Weg" und den von Adam Michnik verfassten Thesen
folgten. Nach dem Vorbild der polnischen Opposition meinten
sie, um es mit den Worten von István Bibó zu sagen, „kleine
Kreise der Freiheit", das heißt zivile Organisationen, schaffen zu
müssen. Kis und seine Gefährten entfalteten schon Anfang der
80-er Jahre entsprechende Aktivitäten, aber erst 1986/87 wurden
sie infolge der sich verstärkenden Wirtschaftskrise in weiteren
Kreisen bekannt und populär.

1987 entstand aus der sogenannten volksnationalen Richtung
eine Initiative namens MDF (Ungarisches Demokratisches Forum),
deren Unterstützer meinten, kommunistische Führer unterstützen
zu müssen, die im Rahmen des Systems zu inneren Reformen
bereit seien und „liberalere" Prinzipien vertreten. Sie glaubten,
auf diese Art eine positive Wirkung auf die gesellschaftlichen
Prozesse ausüben zu können.

Das MDF wurde zwei Jahre später zur politischen Partei.
Die Konservativen holten sich auch die völkischen Schriftsteller

ins Boot, die zwischen den beiden Weltkriegen für die Gleichberechtigung der Bauern gekämpft hatten. Die Intellektuellen des MDF waren Schriftsteller, Historiker und Wissenschaftler. In der Ökonomie vertraten sie den dritten Weg zwischen Kommunismus und Kapitalismus. Als Erste beschäftigten sie sich mit den Angelegenheiten der in den benachbarten kommunistischen Staaten lebenden ungarischen Minderheiten, was damals als heikles Thema galt. Sie veranstalteten Diskussionen über das Bevölkerungswachstum und den Verfall der moralischen Werte. Im Grunde nahmen sie jedes Thema auf, dass zur Ära Kádár verschwiegen oder unter den Tisch gekehrt wurde. Sie beriefen sich auf eine ganz andere Werteordnung: auf die historisch-kulturellen Traditionen des sogenannten Groß-Ungarns, auf die heilige Krone des ersten ungarischen Königs, des Heiligen Stephans, auf eine Reihe von königlichen und hochadeligen Familien und auf die nostalgischen Gefühle für den ehemaligen ungarischen Staat, der am 4. Juni 1920 mit dem Vertrag von Trianon erloschen war. Um das Wesen der gegenwärtigen Spaltung Ungarns zu verstehen, müssen wir wissen, was 1920 geschah. Durch den im Schloss Grand Trianon zu Versailles unterzeichneten Vertrag erlosch 1920 das Königreich Ungarn, das seit dem 16. Jahrhundert einen selbstständigen Teil des habsburgischen Reiches gebildet hatte und 1867 Teil der angesehenen österreich-ungarischen Monarchie gewesen war. Wir dürfen nicht vergessen, dass die Ungarn über Jahrhunderte in einem gewaltigen Staat gelebt hatten! Erinnerungen an diese Zeit sind heute noch sehr präsent. Die Erinnerung an die einstige Größe lebt weiter. Die Ungarn kleben sich deshalb heute Aufkleber auf ihre Autos mit der Abbildung der Landkarte Groß-Ungarns.

In Trianon verlor Ungarn an einem Tag Siebenbürgen, das sogenannte Oberungarn (gegenwärtig Slowakei), die Karpatenukraine, Kroatien (das im 11. Jahrhundert in Personalunion mit dem Ungarischen Königreich getreten war, aber bis zum Ende eine gewisse Selbstständigkeit genossen hatte), die Vojvodina, die Batschka (Bosnien jedoch unterstand dem österreichischen Kaiser direkt und gehörte nicht zum Ungarischen Königreich), das polnische Zips und das Komitat Arwa. Zwei Drittel seines Territoriums büßte es ein. Dreieinhalb Millionen Ungarn blieben außerhalb der Landesgrenzen. Ihre Nachkommen leben bis zum heutigen Tag in den Nachbarländern und unterhalten enge Kontakte mit ihren Verwandten im Mutterland.

Durch den Vertrag von Trianon erlosch die allgemeine Wehrpflicht. Es war verboten, eine Luftwaffe und Marine zu unterhalten, die Kriegsindustrie zu entwickeln und mehrspurige Eisenbahnlinien zu bauen. Zusätzlich war Ungarn verpflichtet, Reparationen zu zahlen. Das war eine wahre Katastrophe.

Der Gesandte der ungarischen Friedensdelegation weigerte sich, das Dokument zu unterzeichnen, schließlich übernahmen das zwei Budapester Beamte für ihn. Das Land versank in Trauer. Überall läuteten die Glocken, in den Kirchen wurden Trauermessen abgehalten. Die Schulen und Ämter blieben geschlossen und der Verkehr wurde für fünf Minuten angehalten. Die Nationalflagge blieb bis 1938 auf Halbmast.

Die ungarischen Führer drängten auf eine Revision um jeden Preis. In dieser Hoffnung wurde Ungarn im 2. Weltkrieg Bundesgenosse von Hitlers Drittem Reich, was das Land in eine weitere Katastrophe führte. Nach dem Krieg geriet es unter sowjetische Besatzung.

Für die traditionell gesinnten Ungarn haben diese Dinge eine gewaltige Bedeutung. Oft tauschen sie sich untereinander über das Trianontrauma, das nationale Misserfolgserlebnis und die Frustration aus. Es fällt schwer nicht frustriert zu sein, wenn man die wunderbaren Gebäude in Budapest sieht, in Székesfehérvár, das Jahrhunderte lang Königssitz war, und in anderen ungarischen Städten. Überall trifft man auf die Spuren der alten Herrlichkeit und die stehen im scharfen Kontrast zu Ungarns heutigem Gewicht. Die Porträts der Herrscher, ihre Adelssitze, ihre Kronen, die Bischofspaläste, die wunderschönen Kirchen, all das erweckt in sehr vielen Ungarn nostalgische Gefühle. Kein Wunder, dass sich die Politiker, vor allem die politische Elite, mit Vorliebe auf diese Nostalgie beziehen. Wenn ein frisch gewählter Abgeordneter das pompöse Gebäude des Budapester Parlaments betritt, erfüllt ihn sicher ein Gefühl der Größe. Wenn er aber dann die Realität betrachtet, die geringe Bedeutung des Staats mit seinen zehn Millionen Einwohnern, den quälenden wirtschaftlichen Problemen, spürt er unzweifelhaft einen Zwiespalt.

Ein gleichfalls großes Trauma bedeutet das Schicksal des Ungarntums außerhalb der Landesgrenzen. In den Nachbarländern wurde die ungarische Minderheit, besonders in den kommunistischen Zeiten, unterdrückt und herabgesetzt. Die tschechoslowakischen, hauptsächlich aber die rumänischen Kommunisten taten alles, um die Erinnerungen der in ihrem Land lebenden Ungarn an ihr Geburtsland aus der Erinnerung zu löschen. Sie zerstörten ihre Traditionen, verboten den Gebrauch ihrer Muttersprache. Nicolae Ceaușescu ließ eine Reihe von Dörfern, die Ungarn bewohnten, dem Erdboden gleichmachen. Den Millionen von Ungarn, die ihre Traditionen in Ehren halten, bereitet das bis heute quälende Schmerzen.

Bei einem Teil der politischen Elite löst diese Verehrung der Tradition Wut und Ablehnung aus. Das betrifft die liberalen, oppositionellen Kreise wie die gebildeten Menschen, die sich von Kádár und der Politik, die ihnen Wohlstand versprach, fehlleiten lassen haben.

Diese Emotionen flammten mit neuer Kraft nach dem Sturz des Kommunismus auf. Unter den SzDSz-Anhängern waren bekehrte Kommunisten, Menschen jüdischer Herkunft, tapfere

Oppositionelle, die in den 80-er Jahren als erste Samisdate herausgegeben und Demonstrationen gegen das System organisiert hatten. Diese Gruppe setzte sich aus hochgebildeten, in erster Linie in Budapest lebenden Menschen zusammen. Sie zog es eindeutig in die andere politische Richtung, zu den urbanen Traditionen hin.

Im März 1988 wurde der Fidesz gegründet. Die junge Leute, die sich um Viktor Orbán scharten, hassten alles, was mit dem Kádárismus in Verbindung stand. Sie hassten alles, was die Mehrheit der Gesellschaft Jahre lang demütig akzeptiert hatte. Ein radikaler, kämpferischer Geist war ihnen eigen.

Die oppositionellen Gruppierungen waren jedoch klein und schwach. In ihrer Rhetorik spiegelte sich die alte ungarische Spaltung wider. Die Liberalen banden sich an die „Urbanen", die Konservativen an die „Völkischen". Die Liberalen fürchteten ein Wiederaufleben des Faschismus. Die Konservativen, die Fidesz-Leute um Orbán und Kövér, hielten den Kommunismus für das größte Ubel.

Noch 1988 kam es zu der ersten, großen Aktion der Opposition. Die Mitglieder des MDF und die liberalen Kreise, die später den SzDSz gründeten, beschlossen gemeinsam den 15. März, den Jahrestag der ungarischen Revolution von 1848/49 und des Freiheitskampfes zu feiern. Die Stimmung im Lande tendierte zu Veränderungen. Die Wirtschaftskrise spürte man immer deutlicher. Die Ungarn wurden sich gewahr, welche Diskrepanz zwischen der gealterten und saftlosen Politpropaganda von János Kádár und der Wirklichkeit bestand.

Drei Monate später erging auf Initiative der liberalen Opposition und des frisch gegründeten Fidesz der Aufruf zu einer Demonstration am 30. Jahrestag der Hinrichtung von Imre Nagy und seinen Gefährten. Die Kundgebung wurde am Denkmal des Lajos Batthyány abgehalten, dem ersten federführenden

Ministerpräsidenten der ungarischen Regierung von 1848/49, den die Österreicher nach der Niederschlagung des Freiheitskampfes hingerichtet hatten.

Die Demonstration war nicht sonderlich gut vorbereitet, alles verlief ziemlich spontan. Gáspár Miklós Tamás, der oppositionelle Intellektuelle, hielt gerade seine Rede, als Polizisten durch die Menge zu ihm drängten und ihn in Gewahrsam nehmen wollten. Ein Gerangel begann. Orbán und Kis zogen Tamás von der einen Seite, von der anderen Seite zog die Polizei. Die Gummiknüppel kamen zum Einsatz. „Faschisten! Faschisten!", brüllte János Kis. „Kommunisten, Kommunisten", schrie Orbán. Eine Schlüsselszene für die Spaltung ...

Hier sind zwei oppositionelle Aktivisten, die tapfer ihren Gefährten verteidigen, und als sie die angreifenden Polizisten beleidigen wollen und sie brandmarken, kommen ihnen zwei unterschiedliche Systeme, die ihre Heimat bedrohen, als höchste Gefahr in den Sinn. In Polen würden wir solche Beleidigungen für normal halten, uns nicht über sie wundern. Nur dass in Ungarn – wie ich von Orbán hörte – die Staatsmacht eben oft die traditionalistischen Oppositionellen als Faschisten bezeichnete. „Das war der Begriff, mit dem die kommunistischen Regierungen diejenigen belegten, die an den alten Werten hingen, die Traditionen pflegten. Das war der Begriff, mit dem sie die Nation beleidigen wollten."

Da zeigte sich – vielleicht zum ersten Mal – die Spaltung, die ein paar Jahre später eindeutig, klar und sehr kategorisch wurde. Damals aber hielten die Liberalen und der Fidesz noch zusammen.

Als aber der Fidesz nach rechts rückte, vertieften sich die zwischen ihnen bestehenden unterschiedlichen Ansichten markant. Die Furcht vor jeweils anderen Dämonen der Vergangenheit bedeutete und bedeutet noch heute die Quelle der Spannungen.

Als ich Orbán über die obigen Ereignisse befragte, sagte er Folgendes: „Da verstand ich zum ersten Mal, dass wir die Geschichte unterschiedlich sehen. Sie dachten, dass in Ungarn die faschistische Tradition tiefe Wurzeln hat und dass nach dem Erkämpfen der Freiheit die Naziideen wieder neu aufleben. Die Liberalen hielten das für die größte Gefahr, die Ungarn drohte. Wir sahen das überhaupt nicht so." Diese Furcht war übrigens ziemlich weit verbreitet – die liberalen Kreise in Budapest bildeten zum größten Teil Menschen jüdischer Herkunft. In ihrem Fall ist es verständlich, dass sie allergisch auf alles reagieren, was mit dem Nazismus in Zusammenhang gebracht werden kann. Darauf schichtete sich noch die in den kommunistischen Zeiten erklungene Propaganda, die den Menschen einbläute, dass alles „nach Faschismus stinkt", was mit dem Traditionen in Verbindung steht.

Für die Liberalen bedeutete schon damals eine mögliche Machtübernahme der Konservativen, dass Ungarn sich in einen faschistischen, antisemitischen und nationalistischen Staat verwandeln könnte.

Wenn sich heute die beiden Seiten öffentlich beleidigen wollen, titulieren sie die Gegenseite einfach als „Nazi", beziehungsweise „Bolschewisten" – und das bedeutet für beide Seiten die schwerste Beleidigung.

Orbán verwehrte sich stets von Neuem dagegen, dass Menschen als Faschisten beschimpft werden, die ungarische Patrioten sind, die Traditionen pflegen, die die Erinnerung an die ungarische Vergangenheit am Leben erhalten. „Besonders, weil die Anschuldigung des Faschismus von solchen erhoben wird, die 56 viele Ungarn ermordet haben", sagt er heute.

Auf diese Ängste und Verdachte baut sich die gegenseitige Antipathie auf, die darin gipfelte, dass die Liberalen, die sich anfangs als harte Antikommunisten gezeigt hatten, 1994 eine

Koalition mit den Postkommunisten schlossen, nur um den, ihrer Meinung nach, in der Wiederkehr befindlichen Nazismus aufzuhalten.

1988, vor dem Zusammenbruch des Kommunismus, sah Orbán noch nicht so klar, dass die Brüche so groß sind, aber – wie er jetzt sagt – spürte er schon die Unterschiede zwischen sich und den anderen, die später den SzDSz gründeten.

Damals, 1988 und 1989, waren MDF und SzDSz die bedeutendsten Gruppierungen auf der Seite der Opposition. Sie gaben den Grundton an, und alle anderen definierten sich im Verhältnis zu ihnen. Der Fidesz hielt jedoch keine Gruppe für attraktiv genug. Die SzDSz-ler deshalb nicht, weil sie aus systemtreuen Gemeinschaften stammten, die MDF-ler nicht, weil sie die ältere Generation verkörperten, zu nachgiebig waren, altmodisch und leichter zu Übereinkünften mit den Kommunisten neigten – auch schon wegen ihres Alters und ihrer Lebenserfahrung.

Der Fidesz suchte seinen eigenen Weg. Einen dritten Weg suchte er. Von sich selbst behaupteten sie, sie seien die Generation von „Kindern geschiedener Eltern" (deren Mitglieder die beiden in Feindschaft lebenden Elternteile lieben) oder dass sie sich auf dem „belgischen Weg" befänden (das heißt, nicht bereit dazu, in der Frage „Flamen" oder „Wallonen" Stellung zu beziehen). Sie studierten István Bibó, der versuchte, eine Synthese der beiden Ansichten zu finden. Nicht zufällig wurde er der Namenspatron des Studentenkollegs.

Sie meinten, dass die beiden Denkweisen, besonders aber ihr Aufeinanderprallen, in die Sackgasse führten. Sie hätten gern etwas vorgestellt, das anstelle der Spaltung eine wahre Alternative geboten hätte.

Damals, Ende der 80-er Jahre, dachten sie, dass die Gegensätze vom Typ: Stadt – Land, liberal – konservativ, weltlich – gläubig überwunden werden müssten. Diese waren jedoch außerordentlich scharf, noch dazu bewiesen sie sich auch nach 1990 als haltbar und in den darauffolgenden zwanzig Jahren haben sie sich noch vertieft.

Viktor Orbán erkannte, dass man in der ungarischen Politik aus den beiden Lagern nicht heraustreten kann. Man muss sich entweder auf die eine oder auf die andere Seite stellen. Entweder zur nationalen oder zur sozialistisch-liberalen Seite muss man gehören. Außerhalb der beiden Lager, eher Stammesgesellschaften, gibt es keinen Platz. Die Spannungen, der gegenseitige Argwohn, die Antipathie, manchmal sogar der ehrliche Hass haben sich als unbesiegbar erwiesen.

Die Spaltung der Ungarn ist bis auf den heutigen Tag nicht überwunden. Wenn Anhänger der unterschiedlichen Ansichten aufeinandertreffen, reagieren sie ungehalten, wenn es nicht zu einem größeren Austausch von Grobheiten kommt. Und der Widerspruch äußert sich nicht nur an der Oberfläche. Gesellschaftliche Kontakte unterhalten nur Menschen mit der gleichen Überzeugung miteinander. „Ich habe nur Freunde, die konservativ denken. Auch Familien gründen wir innerhalb unserer eigenen Kreise", sagt eine junge, diplomierte Budapesterin. „Im Grunde genommen sind wir zwei getrennte Nationen, wir sprechen nur die gleiche Sprache und benutzen die gleichen Institutionen", formuliert ein Regierungsbeamter. In Ungarn leben zwei eigenständige Gruppen nebeneinander, die miteinander überhaupt nicht kommunizieren.

Mit der Meinung, dass diese Spaltung starr fixiert ist, stimmt auch Tibor Navracsics, der stellvertretende Ministerpräsident der Regierung Orbán, überein: „In den Diskussionen bei uns geht es um symbolische Inhalte. Und die Leute werden immer Faschisten oder Verräter genannt. Ich bin immer entsetzt, wenn ich höre, wie die Sozialisten Lehrmeistern, was die Demokratie ist und was der Staat ist."

Der Soziologe Tibor Béres sagt: „Die Spaltung kann auch aus massiver Zerrissenheit resultieren. Wenn der Mensch Schwierigkeiten hat, die er alleine nicht lösen kann, beginnt er die Ursachen zu suchen. Unter den Ungarn gibt es viele zutiefst frustrierte Menschen. Sie tragen noch immer das Trianontrauma in sich. Viele hegen die Überzeugung, dass das Land größer sein müsste. Sie halten das Ungarntum für eine wichtige, angesehene Gemeinschaft, wobei sie das nicht ist. Also suchen sie einen Sündenbock."

10. KAPITEL

Der Krieg zwischen Viktor und Gábor

Darüber, wie die beiden sich duellierten, über die
Kasinogelder, über die Tränen in Orbáns Augen
und darüber, wie der Fidesz nach rechts rückte

Viktor Orbáns Ansichten kristallisierten sich bald heraus. Er war
sicher, dass er sich nicht den Liberalen annähern wollte, wie viele
seiner typischerweise „urbanen" Kollegen, die mit diesem Gedanken spielten. Hauptvertreter dieser Gruppe war sein alter Freund
Gábor Fodor. Nach 1990 kam es relativ schnell zu Spannungen
zwischen den beiden. Orbán wurde der Fraktionsvorsitzende
des Fidesz im Parlament und kam sukzessive zu mehr Macht in
der Partei. Gábor aber begann, die um sich zu scharen, denen die
Richtung nicht gefiel, die Orbán eingeschlagen hatte. Innerhalb
der Partei stieg die Spannung. Auf den Sitzungen stimmten Blöcke ab, auf der einen Seite die „Orbánisten", auf der anderen die
„Fodoristen". Von außen nahm man das damals noch nicht richtig
wahr, aber 1991 – wie die Liberalen heute behaupten – konnte man
es schon erkennen.

István Hegedűs, der heute ein entschiedener Gegner von
Orbán ist, sagt, als darüber entschieden wurde, wer den Fidesz
in den Parlamentskomitees vertreten soll, teilten sich die Abstim-
menden im Blöcke.

„Sie hatten eine Mehrheit im Verhältnis 60 : 40 und gewannen
jeden Wahlgang. Praktisch in jeder Hinsicht unterdrückten sie
uns, obwohl wir genauso zu der gleichen Partei gehörten. Viktor
war damals die Loyalität das Wichtigste. Wer nicht loyal war,
wurde zum Feind", erinnert er sich. „Da erkannte ich, dass er in

der Politik den anderen nicht als Partner behandelt. Nur die Kraft und die Loyalität zählen. Orbán ist sehr gut im Nahkampf. Innerhalb der Partei baute er seine Anhängerschaft auf. Loyalität ist die wichtigste Aufgabe jedes Parteimitglieds. Wer anders dachte als er, den verbuchte er als illoyal und begann, ihn hinauszudrängen. Langsam steckte er uns in eine Art Quarantäne", so sieht Hegedűs das heute.

1991–92 war Orbán schon so weit, die Macht im Fidesz zu übernehmen. Schritt für Schritt zentralisierte er die Partei mehr und mehr und verstärkte die Position der Führung. Orbán kannte sich sehr schnell mit den Prinzipien der Politik aus. Mit ihren guten und schlechten Seiten. Zuallererst lernte er, wie man effizient wird. Wie man eine starke Organisation aufbaut, die eine Zukunft hat.

Eine Veränderung anderer Art bei Orbán entdeckte András Vágvölgyi, einer der Gründer der Wochenzeitung Magyar Narancs und seit 1991 ihr Chefredakteur. 1990 befand er sich auf Einladung der National Forum Foundation mit einem Stipendium in den Vereinigten Staaten. Die Amerikaner investierten damals gern in junge Menschen aus Osteuropa.

Eines Tages bekam Vágvölgyi einen Anruf von Gábor Fodor, Orbán reise einige Tage in die Vereinigten Staaten und sie hätten die Bitte, ein Treffen mit der Redaktion der New York Times zu organisieren. Er fügte hinzu, Orbán begänne seine Ansichten zu ändern, immer häufiger kritisiere er den SzDSz und schlüge antiliberalistische Töne an. Er bat ihn Orbán darauf hinzuweisen, dass er vom Weg abkomme. Nach dem Treffen mit den Journalisten begaben sich Orbán und Vágvölgyi auf einen langen Spaziergang in New York. „Ich selbst bemerkte auch, dass er sich verändert hat", erinnert sich Vágvölgyi. „Er sprach eine andere Sprache. Wenn vom Fidesz die Rede war, benutzten wir immer den Plural, da sagten wir: »Wir«." Der Fidesz hatte eine Zeit lang keinen Vorsitzenden gehabt, nur sechs Sprecher, welche die Partei vertraten. Damit sollte unterstrichen werden, dass bei ihnen im Team gearbeitet wird. „Und damals, als wir durch Manhattan spazierten, hörte ich ihn ständig in der ersten Person Singular sprechen. Als ich mich mit Antall traf, dies und jenes muss ich tun. Ich spürte, dass er ein außergewöhnlicher Egoist geworden war und angefangen hatte, den Fidesz als Instrument zu benutzen."

Orbán beabsichtigte schon damals, die Macht im Fidesz zu übernehmen. Schritt für Schritt zentralisierte er die Partei und verstärkte die Position der Führung. Die Frage ist, ob dieser Prozess vermeidbar gewesen wäre oder nicht. Orbán kannte sich sehr schnell mit den Prinzipien der Politik aus. Mit ihren guten und schlechten Seiten gleichermaßen. Zuallererst lernte er, wie man effizient wird. Wie man eine starke Organisation aufbaut, die eine Zukunft hat. Viele seiner Freunde und Kollegen sind immer noch Idealisten, ja man kann sagen, bis zur Naivität Idealisten. Orbán verwandelte sich immer effektiver in einen Realpolitiker – oder wie seine Feinde meinen – in einen zynischen Politiker. Zweifellos nahm damals der Aufbau einer schlagkräftigen Formation seinen Anfang, in dessen Verlauf der zukünftige Ministerpräsident nicht zögerte, reichlich harte Methoden zum Erreichen seiner Ziele einzusetzen.

Der Gegensatz zwischen Orbán und Fodor brach auf zwei Gebieten auf: auf der ideologischen und der taktischen Ebene. Orbán glaubte immer mehr, dass der Fidesz seinen Platz auf der rechten Seite habe. Es ging ihm auf, dass der „belgische Weg" zwischen den „Urbanen" und den „Völkisch-Nationalen" sinnlos sei und die Rolle der „Kinder geschiedener Eltern" ein Ende habe. Zwei parallele Prozesse begannen in Orbán.

Einerseits wurde er immer konservativer, wobei seine Ehefrau Anikó Lévai eine gewisse Rolle spielte, die aus einer traditionellen, katholischen Familie stammte. Orbán wandte sich mit wachsendem Interesse der Kirche als Institution zu und mit der Zeit auch dem Glauben. Viele bezweifelten, dass er sich ändern könne. Die Liberalen beispielsweise hielten das für einen zynischen Zug. „Jeder kann seine Ansichten ändern", sagte Orbán einem befreundeten Priester, der ihn danach gefragt hatte. Er spricht über diese Sache nicht gern.

Der andere Grund, für seine politische Veränderung den Ausschlag gab, war, dass die Popularität des MDF ständig sank, das Forum viele Fehler machte und alle Zeichen auf Niederlage standen.

Viktor Orbán – das betonen viele, die ihn kennen – ist ein ausgezeichneter Analytiker und hat ein großartiges, politisches Gespür. In vielen Fällen hatte er die Entwicklungen auf der politischen Bühne zutreffend vorhergesagt. Diesmal spürte er, dass das MDF ernstlich schwächer wurde und nichts auf eine Besserung hindeutete. Für ein „political animal" wie Orbán bedeutete das eindeutig eine Herausforderung. Immer entschiedener spürte er, dass der Fidesz die Stelle von Antall und seiner Partei einnehmen müsste. Seine innere Umgestaltung stand also im Einklang mit der Einschätzung der politischen Lage. Damit zusammen vertiefte sich seine Überzeugung, dass der SzDSz für ihn nicht der richtige Partner war.

Gábor Fodor und seine Anhänger waren durch und durch Liberale und hätten es gern gesehen, wenn der Fidesz auch liberal geworden wäre. Sie pflegten eine enge Zusammenarbeit mit dem SzDSz, der ihnen in seelischem und geistigem Idealismus nahe stand. Orbán begann zu dieser Zeit, den SzDSz und folglich auch Fodors Gruppe immer mehr als politische Gegner zu betrachten. Seine Vorahnungen sagten ihm, dass sie eine Zusammenarbeit mit den Sozialisten nicht ausschließen würden – während er sich das unter keinen Umständen vorstellen konnte. Denn das oberste Ziel von Orbáns Aktivitäten war es, sämtliche Überreste des Kommunismus in Ungarn zu beseitigen. Eine Annäherung an die postkommunistische Partei war für ihn inakzeptabel.

Die Aufnahme entstand auf dem Kongress des Fidesz 1992 in Pécs. Rechts auf dem Bild Miklós Györffy, damals eine populäre Persönlichkeit des öffentlichen Lebens in Ungarn, liberaler Journalist, Radio- und Fernsehredakteur.

Zur gleichen Zeit dachten Fodor und seine Anhänger, dass der Fidesz in scharfer Opposition zu der Regierung Antall bleiben müsse und mit den Liberalen zusammenspielen. Ihrer Meinung nach konnte der Partei in der verbitterten Stimmung, die im Jahre 1993 in Ungarn herrschte, nur ein zäher oppositioneller Standpunkt gegen die Regierung, Erfolg versprechen. Orbán versuchte lange Zeit, einen offenen Zusammenstoß mit Fodor zu vermeiden. Menschlich standen sie einander nahe. Die Medien berichteten über den Kampf der beiden wie über das Duell zweier Cowboys. Er wurde als Kampf zweier Persönlichkeiten dargestellt. Aber in dem Streit ging es nicht darum, wer an der Spitze der Partei stehen sollte. Prinzipiell, war der Einsatz das Weltbild des Fidesz. Es war offenkundig, dass die beiden befreundeten Männer nicht fähig waren, den Konflikt zu lösen, den die ganze Öffentlichkeit Ungarns verfolgte.

Gábor Fodor fürchtete, wie viele seiner Freunde, das Erstarken des Nationalismus, und sah darin die größte Bedrohung für Ungarn. Viktor Orbán meinte jedoch, dass die Kommunisten und ihr offener oder verdeckter Einfluss die größte Gefahr bedeuteten. Er neigte immer mehr zu den „Nationalisten", obwohl er in dieser Hinsicht viel gemäßigter war, Fodor aber war offen für die „Kommunisten", obwohl er selbst antikommunistische Prinzipien vertrat.

Fodor: „Ich war ein Liberaler und bin das noch immer, ich bleibe bei meiner Werteordnung. Viktor ist der, der sich verändert hat, und noch dazu stark. Ich dachte, wenn es schon zwei liberale Parteien gibt, den Fidesz und den SzDSz, dann müssen wir zusammenarbeiten, wie die CDU und CSU in Deutschland. Auch in einer engen Zusammenarbeit kann man seine Identität behalten, das eigenständige Weltbild. Ich spürte, dass eine Art Nostalgie für den Kommunismus aufkam und dass das MDF auf der rechten Seite im Zerfall begriffen war, schwach wurde. Es war meine

Überzeugung, dass wir Liberale zusammenhalten müssen. Viktor aber meinte, dass wir gegen die Liberalen kämpfen müssen." Die Freunde traten in einen offenen Wettbewerb. „Viktor begann die Voreingenommenheit der Medien zu erwähnen, dass sie uns zugrunde richten, dass die Presse von Kreisen der liberalen Journalisten gelenkt wird, immer öfter betonte er, wo man die Grenze ziehen müsste, wo die Feinde ihr Lager haben", erinnert sich István Hegedűs.

Fodor behauptet, dass sich hinter mehreren Schritten von Orbán persönliche Motive verbergen: „Als wir über 40 Prozent standen, sagte Viktor, dass er der nächste Ministerpräsident sein wird. Er war voller Komplexe. Es gefiel ihm nicht, dass ich die Alternative zu ihm bin, dass ich der zweitpopulärste Politiker in Ungarn bin. Das konnte er nicht ertragen."

Orbán sah es aber so, dass die von Fodor und seinen Anhängern vertretenen Ansichten die strategische Zukunft der Partei gefährdeten. Langfristig stellte er sich den Fidesz als die dominante Kraft des ungarischen konservativen Lagers vor. Immer mehr war es seine Überzeugung, dass der Fidesz sich zu einer starken, unabhängigen Partei unter zentraler Führung wandeln müsse. Die Wege der ehemaligen Zimmergenossen im Bibó-Kolleg trennten sich eindeutig. Als Orbán sah, dass der Konflikt unvermeidlich war, provozierte er ihn direkt.

* * *

In April 1993 in Debrecen stand auf dem Parteikongress die erste Präsidentenwahl auf der Tagesordnung. Dort brach zwar der offene innere Kampf aus, aber die „Orbánisten" einigten sich mit den „Fodoristen", Orbán zum Vorsitzenden zu wählen. Fodor bewarb sich nicht um den Posten des Parteivorsitzenden, dafür aber wollte er Vorsitzender des Landesausschusses werden. Nach Meinung der „Fodoristen" hielten sich die „Orbánisten" nicht an die Vereinbarung. Die „Orbánisten" aber dachten, sie hätten gesiegt, seien einfach in der Mehrheit und es gäbe nichts zu bereden.

Orbán ging die Wahl zum Vorsitzenden sehr nahe. Als die Wahl entschieden war und einer der Aktivisten vom Rednerpult verkündete: „Viktor Orbán ist der Vorsitzende des Fidesz!", hätte er sich erheben, zum Mikrofon gehen und ein paar Worte sagen müssen. Er aber konnte sich nicht aus seinem Stuhl erheben. „Zsolt, was soll ich jetzt sagen?", flüsterte er zu seinem Kumpel Zsolt Bayer gebeugt. Bayer schaute ihn an und sah Tränen in seinem Gesicht. Zum ersten und letzten Mal sah er Orbán weinen.

Schließlich riss sich der frisch gewählte Vorsitzende doch zusammen und hielt eine Rede. Er skizzierte der Partei seine neuen Gedankengänge von stärker nationalem Gepräge. Er sprach darüber, dass der Platz der Partei sich zwischen den Liberalen und den Konservativen befinde und betonte, dass ein solcher Liberalismus vonnöten sei, der die Würdigung der nationalen Werte nicht ausschließe. Es tauchte die Bezeichnung „nationaler Liberalismus" auf. „Es gibt nur dieses eine Ungarn und wir haben nicht die Absicht zu emigrieren", stellte er fest. Schon früher hatte er eine solche Sprache gesprochen. Und unumwunden verkündete er, dass seine Partei regieren wolle. Das war die eindeutige Schlagrichtung des Fidesz.

Fodor zufolge kandidierte Orbán ausschließlich in der Absicht für den Parteivorsitz, ihn auch zu erlangen. „Die Position war für ihn das Wichtigste und nicht, unsere Werteordnung zu erhalten. Er sagte, der SzDSz sei gefährlich, weil wir auf der gleichen Seite stehen. Ich meinte, dass wir genau deshalb Partner sein könnten. Noch dazu arbeitete er mit dem MDF zusammen. Damals brach der Skandal um das Offizierskasino aus. Hinter dem Fall stand Lajos Simicska. Mit einem Wort, wir unterschieden uns immer stärker voneinander. Viktor sagte immer, dass auch Leute gebraucht werden, die etwas vom Geschäft verstehen. Und er begann, sich auf unsaubere Spiele einzulassen."

Diese Aufnahme entstand 1992. Viktor Orbán (links) und Otto von Lambsdorff, der Bundesvorsitzende der FDP

Am 24. Mai 1993 erschien in der postkommunistischen Népszabadság (Volksfreiheit), welche die Liberalen unterstützte, ein Artikel, in dem die Einzelheiten des Verkaufs des gemeinsamen Parteisitzes von Fidesz und MDF erörtert wurden. Daraus entwickelte sich ein ordentlicher Skandal. Diese Geschichte wurde zum Wendepunkt – die Medien veränderten ihre Einstellung zu Orbán und seinen Anhängern radikal. Bisher hatte die linke Népszabadság ziemlich viel Gutes über den Fidesz berichtet. Die Stimmung änderte sich aber infolge Orbáns Rede in Debrecen, in der er die nationalen Traditionen und Werte in den Vordergrund geschoben hatte. Durch den „Kasinofall" verschlechterte sich die Lage und das blieb so bis zum heutigen Tage.

Worüber schrieb die Zeitung? Nach den Gesetzesvorschriften 1990 kam jeder Parlamentspartei ein Sitz von 2000 Quadratmetern zu, was sich im Verhältnis zu den erreichten Wahlergebnissen noch steigern ließ. Fidesz und MDF hatten kleinere Sitze erhalten, als sie nach dem Gesetz hätten beanspruchen können. 1992 beschloss die MDF-Regierung, dass die beiden Parteien gemeinsam das Gebäude des ehemaligen Offizierskasinos in der vornehmen Váci utca in der Budapester Innenstadt bekommen. Der Ort entsprach keiner der beiden Parteien, deshalb beschlossen sie, die Immobilie zu verkaufen. Das Gebäude wurde von einer Bank für 1,53 Milliarden Forint gekauft. Die beiden Parteien teilten den Betrag, entsprechend ihrer Besitzanteile, im Verhältnis 54 : 46 auf – nach den entsprechenden Prüfungen des Rechnungshofes unter Einhaltung der Gesetze. Vorausgegangen war eine Regierungsverordnung, nach der, vom 1. Januar 1993 an, Parteien von der Mehrwertsteuer befreit sind. MDF und Fidesz hatten zwar das Kasino 1992 verkauft, den damit erworbenen Betrag aber als Vorschuss verbucht und formal den Kauf erst Anfang 1993 rechtskräftig gemacht und konnten somit die inzwischen in Kraft getretene Mehrwertsteuerbefreiung genießen. Beide Parteien wurden dafür scharf kritisiert. Man klagte sie der Korruption und der Veruntreuung staatlichen Vermögens an. Die Liberalen erwähnen bis zum heutigen Tage, wie sehr Orbán und seine Gefährten sich beim Verkauf dieses Gebäudes bereichert hatten. Gleichzeitig ist es aber keinem gelungen, die Berechtigung dieser Anschuldigungen zu beweisen.

Damals war der Hauptpunkt der Angriffe, dass der Fidesz sich hinter den Kulissen mit dem MDF abspreche und gemeinsame Sache mache, obwohl sie vor der Öffentlichkeit als Gegner aufträten. Orbán bekam eine Flächenbombardement von den Medien. Die Popularität des Fidesz sank. Im Verlauf weniger Wochen mussten sie einen Verlust von 10 Prozent verbuchen.

Ein paar Monate später kam es zum zweiten Zusammenstoß. Der Vorsitzende des Landesausschusses wurde gewählt und

Gábor Fodor verlor gegen den Kandidaten der „Orbánisten", József Szájer (seit 2004 Mitglied des Europäischen Parlaments). Drei Tage später legte Fodor alle Parteifunktionen nieder. Seiner Meinung nach hatten die „Orbánisten" das Abkommen gebrochen.

István Hegedűs entschloss sich zu bleiben und wollte eine Plattform zum Dialog innerhalb der Partei organisieren. „Da beschuldigte Viktor mich vor unseren Parlamentsvertretern des Verrats. Ich versuchte ihm zu erklären, dass ich nur im Sinne der „belgischen" Ideologie kämpfen möchte, in dem Sinne, dass der Fidesz sich zwischen den „Urbanen" und den „Völkisch-Nationalen" platzieren solle und wir versuchen sollten, eine Brücke zwischen den gespaltenen intellektuellen Lagern zu schlagen." Am Tag darauf trafen sie sich wieder, aber unter vier Augen.

Hegedűs erinnert sich: „Wir trafen uns gegenüber des Parlaments. Viktor hatte damals schon einen Chauffeur. Er sagte ihm, er solle warten, er käme gleich wieder. Draußen war es kalt, es war November. Der Chauffeur wartete im Lada. Viktor beschuldigte Fodor, dass er sich von den Sozialisten die im Übrigen großartige Rede schreiben lassen habe, die er vor seinem Abgang gehalten habe. Er sei der Sache nachgegangen. Es stimmt, dass Fodor wirklich eine bessere Rede gehalten hatte als Szájer, aber die Abstimmung verlor, weil wieder in Blöcken abgestimmt wurde. Ich antwortete Viktor, dass wir in intellektueller Hinsicht immer gewinnen, in den Abstimmungen aber verlieren, weil die „Orbánisten" auf den intellektuellen Disput pfeifen. Orbán wurde wütend. Der Hass brach nur so aus ihm heraus. Er fragte mich, was ich denn im Interesse des politischen Überlebens vorschlagen könne. Ich bekundete, dass ich nicht bereit sei, mit ihm in diesem Stil zu verhandeln. Ich stellte klar, dass ich im Fidesz bleiben und die Dialog-Plattform aufbauen wolle. Worauf er antwortete, wenn ich eine liberale Plattform aufziehe, dann werde es bald auch eine konservative Plattform

geben, und er, Orbán, werde zwischen den beiden stehen."
Das war ihr letztes Gespräch.

Fodor war der zweite Mann in der Partei und damals einer der populärsten Politiker des Landes. Der gespannte Gegensatz zwischen ihm und Orbán wurde immer augenfälliger. Im Parlament saßen sie beide in der ersten Reihe nebeneinander, aber wir haben es mit zwei grundverschiedenen Menschen zu tun. Sie gerieten auch in der Öffentlichkeit aneinander, die Medien blähten das auf, und es hatte eine schlechte Wirkung auf die öffentliche Meinung. Als Orbán Vorsitzender des Fidesz wurde, gab Fodor dem Beszélő, einem liberalen Blatt, das mit dem SzDSz sympathisierte, ein Interview unter dem Titel: „Ich hüte mich vor charismatischen Politikern". In einem Blatt, das der Konkurrenzpartei nahe steht, gegen den Vorsitzenden seiner eigenen Partei aufzutreten, das zählte schon als offene Kriegserklärung.

Nach der Rechtswendung und Spaltung des Fidesz entzogen die Journalisten dem Fidesz ihre Sympathie. Eine radikale Veränderung trat im Verhältnis zwischen der Partei und den Medien ein. Die Aufnahme entstand auf der Pressekonferenz des Fidesz 1993. Neben Orbán ist sein damaliger Pressesprecher Zsolt Bayer zu sehen.

Die Presse schrieb fortlaufend über die inneren Kämpfe des Fidesz. Magyar Narancs – ehemals ein Fidesz-Blatt – wurde ein aggressiver Gegner der Partei. Über Orbán schrieben sie bestenfalls wie über den Kanzler. Mit Stalin verglichen sie ihn. Der Fidesz verlor rapide an Popularität und wurde immer unzufriedener. Fodor trat schließlich im November 1993 aus der Partei aus. Nach den damaligen Meinungsforschungsergebnissen war er mit einem Ergebnis von 70 Prozent nach dem Staatspräsidenten Árpád Göncz der zweitpopulärste Politiker im Lande. Orbán stand mit seinen 50 Prozent an dritter Stelle. Vor der Öffentlichkeit wurde Fodor der Kritiker Nummer Eins seines ehemaligen Freundes.

11. KAPITEL

Das geistige Vermächtnis des sterbenden Ministerpräsidenten

Das Mittagessen mit György Soros, vom Skandal, den László Békesi verursachte, und dem großen politischen Mythos Ungarns, über das letzte Gespräch mit dem sterbenden József Antall

„Der Faschismus stellt heutzutage die größte Gefahr für Ungarn dar", sagte an einem Nachmittag im Frühjahr 1993 der Milliardär György Soros den Fidesz-Leuten, die er zum Mittagessen eingeladen hatte. Drei Gäste saßen am Tisch: Klára Ungár („Fodoristin"), László Kövér und Viktor Orbán. Soros erzählte den jungen Leuten, dass die Welt heutzutage von einer liberalen Elite beherrscht werde. Er versuchte sie davon zu überzeugen, dass die liberalen Lösungen und die liberale Ideologie in Europa und Amerika gleichermaßen akzeptiert seien. Er sagte, dass Europa alles ablehne, was christlich, traditionell oder national sei. Seine Gäste wies er darauf hin, dass die Berufung auf traditionelle Werte ihnen einbringen werde, dass man sie des Nationalismus, Faschismus und Antisemitismus beschuldigen werde. Soros war unter anderem nach Budapest gekommen, um die Anführer des Fidesz davon zu überzeugen, dass sie nach den nächsten Wahlen in eine Koalition mit den Sozialisten und Liberalen eintreten müssen. „Das ist unmöglich. Das widerspräche dem, was wir vertreten", erwiderte Orbán.

„Für mich war das eine Schlüsselfrage", erinnert sich Jahre nach dem Treffen der Vorsitzende der Fidesz. Nun schon überzeugt, dass der Weg nur in eine Richtung weiter führt.

Auf die politische Entwicklung des Fidesz hatte auch ein früheres Ereignis große Wirkung: Im Herbst 1991 entstand auf Initiative des SzDSz die Demokratische Charta mit dem Ziel, die Gegner der Regierung Antall zu sammeln. Fodor unterzeichnete sofort den Gründungsaufruf. Als kurz darauf der damalige Präsident der Ungarischen Nationalbank das Gleiche tat, weil Ministerpräsident Antall ihn entlassen hatte, unterschrieben als Zeichen des Protests sämtliche Führer des Fidesz die Charta, inklusive Orbán. Im September 1992 organisierte die Charta, die Unruhe ausnutzend, die ein Ende des Sommers erschienener Artikel des stellvertretenden Vorsitzenden des MDF, István Csurka, verursacht hatte, Demonstrationen auf den Straßen. Auch Orbán verurteilte Csurkas Schrift, doch im Namen des Fidesz distanzierte er sich eindeutig von den Aktionen der Liberalen und im Allgemeinen auch von Aktivitäten der Charta. Wie sich herausstellte, wurden die Sozialisten die größten Nutznießer der Charta. Nach den Wahlen im Frühjahr 1990 hielten alle Parteien im neuen Parlament die Postkommunisten in Isolation, das Entstehen der Charta ermöglichte ihnen jedoch die Rückkehr auf die politische Bühne. Diese Initiative trug dazu bei, dass die Sozialisten wieder an Stärke gewannen, was sich später bestätigte. Die Postkommunisten und die Liberalen, die seit 1992 verschiedene Aktionen und Demonstrationen planten, gewannen, unter anderem wegen Csurkas empörendem Sprachgebrauchs, gleichfalls an Unterstützung. Die Aktion zielte darauf, die MDF-Regierung als eine gefährliche Regierung zu brandmarken, die den Antisemitismus toleriert, faschisiert und die Demokratie gefährdet. Der Fidesz schloss sich ihnen nicht an. Er wollte seine Eigenständigkeit bewahren. Nach Meinung eines Aktivisten: „Nur weil Csurka einen stinkenden Furz gelassen hat, müssen wir doch nicht unter die Achselhöhlen von Gyula Horn rennen, um frische Luft zu bekommen".

Orbán: „Csurka zu verurteilen, dazu wollte mich auch ein Philosoph bewegen, der in der Vergangenheit bei der Verhaftung von Kardinal József Mindszenty dessen Verurteilung gefordert hatte. Den Namen des Betreffenden verschweige ich."

1994 hatte Orbán schon keine Zweifel mehr, dass es für den Fidesz nur einen Weg gab: Das Lager derer, die den Postkommunisten scharf entgegentraten, musste ausgebaut werden. Die führende Kraft sollte natürlich der Fidesz sein.

Orbán verstand auch die Mechanismen der Parteipolitik immer besser. Er erkannte, dass mit neuen Gefahren zu rechnen war und übte sich darin immer härter zu werden. Der Weggang der Liberalen traf ihn tief, obwohl er ihn selbst forciert hatte. Er wurde misstrauisch und unsicher. Er begriff, dass in der Politik alles möglich ist, wenn ein enger Freund, sogar sein ehemaliger Zimmergenosse, heute seinen politischen Gegnern näher steht.

Immer mehr reifte die Ansicht, dass die Politik eine eiserne Hand brauche, dass ein Führer die Gruppe kontrollieren und voll und ganz beherrschen müsse. Wiewohl die Macht für Orbán, betonen viele seiner engsten Mitarbeiter, nur ein Mittel zur Verwirklichung seiner Ziele war, schreckte er nicht vor Zusammenstößen, Konflikten und schweren Entscheidungen zurück. Die Spaltung der Partei 1993 war die letzte Situation, in der Orbán massenhaft Gefährten verlor. Danach bemühte er sich, nur noch vertrauenswürdige Menschen in seiner Umgebung zu haben. Einerseits achtete er darauf, dass seine Macht stabil blieb, andererseits darauf, keine Menschen zu verlieren, wenn die Situation schmerzhafte Entscheidungen verlangte. Seitdem steigt die Zahl der Kollegen und Aktivisten nur noch an.

Der Rechtsruck des Fidesz brachte ihm immer schärfere Kritik der Medien ein, die Gegner griffen immer heftiger an und schnell büßte er Popularität ein. Orbán wusste nicht, was er gegen den Gesichtsverlust des Fidesz tun sollte. Die Medien berichteten ständig von der Spaltung der Partei, den inneren Kämpfen und den Scharmützeln zwischen dem Vorsitzenden und seinen Gefährten. Viele Wähler verstanden die unerwartete Rechtswendung des vor Kurzem noch liberalen Fidesz nicht. Orbán ertrug die Angriffe, wurde aber immer unsicherer. Und immer öfter geriet er in Situationen, die seine Unsicherheit weiter steigerten.

* * *

1992/93 führte der linksliberale, ehemalige Reformkommunist Professor László Kéri eine Serie von Interviews mit Orbán, der bei ihm politisieren gelernt hatte. Sie schätzten einander, aber manchmal ertrugen sie einander nur schwer. Kéri fertigte ein fast tausendseitiges Manuskript an. Nach seiner Erinnerung lief die Arbeit ausgezeichnet. Orbán kam immer gründlich vorbereitet zu den Gesprächen und wusste, was Kéri benötigte. Mit der Materialsammlung für das Buch begannen sie 1994.

Dann verlor Orbán plötzlich die Geduld, war nicht bereit, seine Aussagen zu korrigieren und sagte, das sei die Aufgabe seines Lehrers Kéri. Die Aufgabe des Politikers sei es, zu reden – erläuterte er –, den Text könne ein Wissenschaftler betreuen, der davon etwas verstehe. Orbán war von Anfang an der Meinung, dass der Politiker beziehungsweise die Intellektuellen, die ihn unterstützen oder beraten, jeweils andere Aufgaben erfüllen. Und er machte keinen Rückzieher. Kéri klagte auch Orbáns Frau, dass er genug habe. Die beiden Männer gerieten wieder in Streit. Die peinliche Situation löste der Chef des Verlags Századvég, János Gyurgyák (der damals Orbáns Rede vom 16. Juni 1989 stilistisch bearbeitet hatte), indem er selbst das Buch redigierte und herausgab. Die Gemüter schienen sich beruhigt zu haben. Bis zur Präsentation, die in einem Skandal endete.

László Kéri hatte, während er an dem Band über den Antikommunisten Viktor Orbán gearbeitet hatte, auch ein Buch über den Kommunisten László Békesi geschrieben, der in der letzten Regierung des Parteistaats Finanzminister gewesen war (wie auch später in der ersten sozialistisch-liberalen Koalition). Die beiden Werke wollte der Verlag gleichzeitig herausgeben und veranstaltete auch eine gemeinsame Buchpräsentation. Zu der Zeit war der Wahlkampf im Gange und interessanterweise, obwohl die Idee etwas sonderlich erscheint, sollten zwei bekannte Politiker, ein Rechter und ein Linker, aufeinander treffen, über die der gleiche Autor ein Buch geschrieben hatte. Orbán stimmte zu. Eine Menge Journalisten wurde eingeladen, das Publikum füllte einen Saal für 300 Personen. Sie hatten vereinbart, dass Orbán Békesi vorstellt und Békesi Orbán. Eine großartige Vorstellung! Zuhauf kamen die Vertreter der Presse, überall Mikrofone und Kameras. Orbán begann. Gründlich vorbereitet und in einer sehr höflichen Tonart sprach er über Békesi. Glaubwürdig und hochachtungsvoll. Békesi hielt man für einen Gentleman, und man konnte damit rechnen, dass auch er sich kultiviert über seinen Rivalen äußern würde. Békesi jedoch machte Viktor Orbán brutal nieder. Er war schonungslos und aggressiv. Orbán hatte keine Chance, sich zu wehren, weil sie vereinbart hatten, dass zuerst Orbán länger redet und dann Békesi. Eine äußerst peinliche Lage entstand. Orbán hatten sie aufs Kreuz gelegt. Bestürzt und vollkommen ungedeckt stand er da. Kéri übrigens genauso, weil er mit so etwas nicht gerechnet hatte. Eine gewaltige Sensation, aus der Sache wurde ein Skandal. Die Medien, die sich gerade von Orbán abgewandt hatten, konnten sich austoben. Die Fernsehkanäle und die Radiosender brachten detaillierte Berichte von dem Treffen. Orbán war sehr zornig. Und das muss nicht verwundern. Nach der Buchvorstellung schrie er Kéri an, dass er wegen ihm die Wahl verlieren werde.

* * *

Ab 1993 bewegte sich der Fidesz eindeutig nach rechts. Die Kritiker beschuldigten den Bund, die Krise des MDF ausgenutzt zu haben, die klaffende, leere Stelle auf der rechten Hälfte erkannt und besetzt zu haben. Es war eine schwierige Bewegung, die viele verblüffte. Die Wähler wollten kaum glauben, dass diejenigen, die sich bisher in Jeans im Parlament zügellos gebärdet, alles verspottet hatten, was nur ging, plötzlich ernsthafte Konservative abgeben sollten. Viele rechte Wähler blieben Orbán und dem Fidesz gegenüber unentschlossen. Auch ihre politischen Gegner, selbst jene, denen gegenüber sie sich zu öffnen begannen, verdächtigten Orbán, dass er ein Spiel betreibe und seine Ansichten aus Gründen politischen Marketings verändert habe. Seine engen Mitarbeiter behaupten jedoch, dass die Veränderung sukzessive vonstattengegangen sei, Orbán sie gründlich bedacht und tief empfunden habe.

Je näher die Wahlen rückten, desto ruhiger äußerte sich Orbán, denn er war damals sicher, dass er in die Regierung kommt. Ministerpräsidenten Antall griff er auch nicht mehr mit so viel Vehemenz an. Er betonte die Notwendigkeit der Kontinuität, hob hervor, wünschenswert sei eine Koalition vom Typ „alle gegen die Sozialisten". Die Medien warfen ihm sofort vor, dass er, der früher das MDF sehr scharf und pausenlos kritisiert habe, nun eine Wende vollführe. Im Wahlkampf sprach Orbán immer klarer darüber, dass eine Zusammenarbeit nötig sei und darüber hinaus die Gründung einer Mitte-rechts-Gruppierung. Aus dem ideologischen Blickwinkel betrachtet, näherten sich die beiden Parteien einander. Das MDF befreite sich von dem radikalen, antisemitischen István Csurka und bewegte sich leicht in Richtung Mitte, der Fidesz hingegen trennte sich von Fodors Gruppe und rückte nach rechts.

Die beiden Parteivorsitzenden – Orbán und Antall – verstanden sich immer besser. Im Herbst 1993 trafen sie sich regelmäßig, obwohl die Krankheit des Ministerpräsidenten sich spürbar verschlimmerte. Sie spannen politische Pläne. Antall sprach davon, wie er sich den Aufbau einer großen, konservativen Partei vorstelle und über die Aufgaben der neuen Regierung. Die beiden, vor Kurzem noch politische Gegner, kamen sich in politischer und emotionaler Hinsicht näher.

* * *

Am 12. Dezember 1993 starb József Antall. In Budapest kreisen Legenden darüber, dass der sterbende Antall Viktor Orbán zu sich gerufen habe. Demnach wäre der Vorsitzende des Fidesz der letzte Mensch gewesen, der mit dem Ministerpräsidenten gesprochen hat. Antall übergab angeblich Orbán sein politisches Vermächtnis und setzte ihn zu seinem Nachfolger ein. Die ungarischen Politiker und Journalisten verbreiteten mehrere Versionen der Legende. Daraus entstand dann ein weit verzweigter Mythos, wie der im Sterben liegende Ministerpräsident Ungarns sein Erbe nach einem langen, mehrstündigen Gespräch dem jungen, talentierten Politiker übergibt, der kurz zuvor noch sein Gegner gewesen war. Orbán äußerte sich lange nicht dazu. Ein guter Freund behauptet, das Treffen sei wirklich zustande gekommen, Antall habe aber nichts gesagt, weil er nicht bei Bewusstsein war. Den Mythos hatte – nach Meinung dieses Politikers – das MDF selbst in die Welt gesetzt und damit begründet, dass sie sich auf die Seite des Fidesz stellten. Orbán jedoch wollte den Mythos nicht zerstören, weil er ihm eine geheimnisvolle Aura verschaffte. Diese Geschichte wurde der sogenannte Gründungsmythos des neuen, respektablen Fidesz.

Im Sommer 2012 hatte Viktor Orbán sich entschlossen, mir zu erzählen, wie sein Verhältnis zu Ministerpräsident József Antall war und wie das gewisse letzte Gespräch zustande gekommen war.

„Ein besonderes Verhältnis hatte sich zwischen Antall und mir entwickelt. Professor György Szabad persönlich stellte mich ihm vor. Der Professor nahm eine Schlüsselposition ein. Er war der erste demokratische Parlamentspräsident. Ein der nationalen Seite verpflichteter Jude von großem Einfluss. Er hatte an den Gesprächen am Runden Tisch teilgenommen, und tatsächlich war er dort die Führungsperson. Und er stellte mich József Antall vor. Mit der Zeit gewann ich Antall lieb. Er war das Muster eines alternden, eleganten Gentlemans. Wir Ungarn möchten alle als Gentlemen sterben. Ich beneidete ihn. Ich wusste, dass man solche Leute, solch eine Haltung würdigen muss. Er war intelligent, wusste ausgezeichnet, was das Wesen der Verfassung war, er war geistvoll und gleichzeitig zurückhaltend, gut gekleidet und höflich. Wir blickten sehr zu ihm auf, obwohl wir ihn für zu wenig ausdauernd und nicht entschlossen genug hielten. Er war ein feiner Mensch, aber nicht so radikal, wie wir es gerne gehabt hätten. Er selbst wäre gern radikaler gewesen, aber er musste seine Partei zusammenhalten. Wir waren in Verbindung und erklärten einander, dass wir zur gleichen Familie gehören. Unsere Meinungen über die Mission Ungarns stimmten überein, wir sahen die Geschichte mit gleichen Augen und was es bedeutet, Ungar zu sein. In Ungarn haben die Menschen das Gefühl, dass die politische Elite des Landes der Reihe nach die Nation verrät. Zuerst verriet Miklós Horthy Ungarn an die Deutschen, dann verriet es János Kádár an die Russen. Antall gab mir immer Ratschläge im Zusammenhang mit der Stärkung des Staates. Das hat mich sehr berührt. Er hielt die Last, die ihm aufgebürdet war, nicht mehr aus und wurde ein Opfer des politischen Kampfs. Er opferte sich selbst auf. Immer wieder sagte er, dass er nach der Wende eine Kamikazeregierung leitet", erzählte mir Orbán. Vergessen wir aber nicht, dass sich Orbán in den ersten Jahren der Regierung Antall öffentlich scharfe Ausfälle gegen Antall geleistet hatte.

An das Treffen mit dem sterbenden Ministerpräsidenten erinnert er sich folgendermaßen: „Ich besuchte ihn an seinem Sterbelager. Aber unser letztes Gespräch führten wir am Telefon. Sehr praktische Ratschläge gab er mir. Er erzählte, welche Parteien de facto von den Kommunisten gelenkt werden. »Sei dir im Klaren darüber, dass die Partei in deinen Händen liegt und nicht in denen der Kommunisten. Deine Partei ist der höchste Wert. Bewahre und schütze ihn mit allen Mitteln.« Und all das sagte er eine Stunde vor seinem Tod."

12. KAPITEL

Rechts um!

Von Orbáns erstem politischen Misserfolg, vom
„Wanderzirkus", dem Bau von Mitte-rechts und der
bitteren Fahrt bergauf

Die Wahlen 1994 bescherten dem Fidesz einen Misserfolg. Die Partei erhielt 7 Prozent der Stimmen. Mit einem so schlechten Ergebnis hatte niemand gerechnet. Ein Jahr zuvor hatte Orbán noch gehofft, Ministerpräsident zu werden. Kurz vorher hatte der Fidesz bei den Umfragen noch eine Popularität von 40 bis 42 Prozent erreicht. Die Sozialisten und die Liberalen hatten den Fidesz weggewischt. Die Postkommunisten trugen den Wahlsieg davon, wie ein Jahr zuvor auch in Polen, und dann auch anderswo. In Ungarn sprach man damals vom Warschauer Express, der die Kommunisten zurück an die Macht gebracht hat.

Orbán war ein gebrochener Mann. Ein paar Minuten vor der Bekanntgabe der Ergebnisse, die schon durchgesickert waren, als er sicher schon ahnte, was die Stunde geschlagen hatte, betrat eine Journalistin mit einer Kamera in der Hand sein Zimmer. Man sah Orbán an, dass er angespannt und nervös war. Er saß vor einem Fernseher und … schaute sich das Eishockeyspiel Russland – Finnland an. Die Journalistin fragte ihn, warum er sich in einem solchen Moment ein Spiel anschaut. „Sport interessiert mich, zu meiner Tagesordnung gehört es auch, zum Beispiel die Sportnachrichten zu verfolgen, Überblick über die Fußballergebnisse zu haben, wer wie aufs Tor geschossen hat und die Sportschau am Sonntagabend sehe ich immer. Ich würde mich komisch fühlen, wenn das flach fiele", sagte er. „Bei Eishockey drücke ich schon lange den

Finnen die Daumen, seit fünf, sechs Jahren sind sie sehr gut, aber sie haben irgendwie Pech und schaffen es nicht zu gewinnen." Darauf die Journalistin: „Etwa wie der Fidesz? Man drückt ihm die Daumen, gewinnen kann er aber trotzdem nicht?" Der sichtlich nervöse Orbán beruhigte sie. Sie würden das Ergebnis der letzten Wahlen verdoppeln. Einen Augenblick später erfuhr er, dass von Verdoppeln nicht die Rede sein konnte und das Ergebnis schlechter ausgefallen war als bei den letzten Wahlen. Die Reportage wurde angekündigt mit: „Denkwürdiges Eishockeyspiel. Nach der Niederlage wird beim Fidesz diese Strategie gefahren", oder so ähnlich. Später benutzte man diese Szene oft, um Orbán und den Fidesz unmöglich zu machen. Dieser Fall illustriert eindeutig, wie unfähig Orbán war, die Niederlage zu verarbeiten, und wie feindselig sich die Presse schon damals verhielt.

Warum hatte der Fidesz so schlecht abgeschnitten? Nun, der Wahlkampf war schwach, kaum wahrnehmbar und es fehlte das Engagement der Aktivisten. Die Botschaft war nicht eindeutig und klar. Das Motto der Kampagne – „Die Orange reift" – war nicht verständlich und blieb nicht hängen. Auf den Plakaten war, statt Menschen nur eine große Orange zu sehen. In den Werbefilmen sah man, wie die Leute an Obstständen Orangen kaufen. Die Aufnahmen mit den Orangen waren witzig, fröhlich, aber sie enthielten keine wirkliche Botschaft. Sie sahen aus wie von einem Obstzüchter und nicht wie Wahlkampf.

Damit brachte man die Leute nicht auf die Beine. Noch dazu stand den Fideszleuten eine ganze Armee feindselig agierender Journalisten gegenüber. Die Sympathie der Medien begleitete Orbáns Partei zweieinhalb Jahre nach dem Untergang des Kommunismus und endete, als sich herausstellte, dass sie nicht bereit waren, eine Koalition zu schließen und Fodor zusammen mit wichtigen Anhängern deswegen die Partei verließ. 1993 schwenkten Presse und Fernsehen von einem Tag auf den anderen um zum

Angriff auf Orbán und seine Gruppe von Richtungswechslern. Das bereitete ihm eine ziemlich unangenehme Überraschung, und auch denen, die neben ihm ausharrten.

Die veränderte Tonart der Presse überraschte auch die Politiker des MDF. Früher hatten sie nämlich geglaubt, dass man sie nur deshalb nicht mag, weil sie an der Macht sind. „Die Presse wird uns schon lieb gewinnen, wenn wir in die Opposition gelangen", sagte man sich immer wieder, der Wahlschlappe vorgreifend. Aber es kam nicht so. Die ungarischen Medien, welche die Regierung Antall schonungslos angegriffen hatten, stellten sich nach dem Sieg der Sozialisten sofort auf die Seite der Regierung. Als die sozialistisch-liberale Koalition stand, verstummten die regierungskritischen Stimmen mit einem Mal.

Nach der Wahlniederlage verzichtete Orbán auf seinen Posten als Parteivorsitzender. Der Weg für einen Führungswechsel war frei. Er räumte seine Fehler ein, dass er die intellektuelle Basis nicht genügend aufgebaut und zahllose Spannungen ausgelöst habe, die dem Ansehen der Partei geschadet hatten. Er übernahm die volle Verantwortung, rechtfertigte sich aber erfolgreich und überzeugte seine Gefährten, ihn wieder zu wählen.

Die postkommunistische Partei, die MSzP, hatte 33 Prozent der Stimmen erlangt (und damit standen ihr 54 Prozent der Mandate zu), der SZDSZ hingegen hatte 19,7 Prozent (18 Prozent der Mandate) bekommen. Damit konnten die Sozialisten alleine das Land regieren. Aber der ehemalige kommunistische Funktionär Gyula Horn lud die Liberalen in seine Regierung ein – die ehemals grimmigsten Antikommunisten –, um eine breit gefächerte Parlamentsmehrheit aufstellen zu können, die über mehr als die Zweidrittelmehrheit verfügte und somit grundlegende Veränderungen ermöglichte.

Die Liberalen, die in den 1980-er Jahren mit ihrer stark antikommunistisch geprägten Einstellung die bedeutendste demokratische

Opposition bildeten, traten vier Jahre nach dem Sturz des Systems in eine Koalition mit ihren früheren Gegnern ein. Die Grenzlinien der neuen ungarischen Spaltung traten klar hervor. Das sozialistisch-liberale Lager war sich darüber einig, dass das Wiederaufleben des Nationalismus die größte Gefahr für Ungarn darstellt. Diese Ansicht schob die alten Prinzipien beiseite und ermöglichte den Liberalen, eine Regierung mit den Postkommunisten zu bilden. Das Entstehen einer solchen Situation wäre in Polen oder in Deutschland undenkbar gewesen. Mehr noch, das ist es praktisch bis zum heutigen Tage. In Ungarn war die Furcht vor nationalen Bewegungen, besonders in den Kreisen der jüdischen Intelligenz, enorm stark. Die wechselseitige Antipathie zwischen dem großstädtischen Liberalen und dem konservativen völkisch-nationalen Lager, die sich vor dem Krieg entwickelt hatte, kam potenziert an die Oberfläche. Einer der Sache verpflichteten Unterstützer des Bundes von Liberalen und Sozialisten war der Milliardär György Soros.

„Es wächst zusammen, was zusammengehört", sagte Viktor Urban nach der Koalitionsbildung der Postkommunisten und Liberalen. Zu jener Zeit verlor er alle Illusionen hinsichtlich einer zukünftigen Zusammenarbeit mit den Liberalen. Er war sich auch im Klaren darüber, dass der Fidesz einen neuen Weg einschlägt. Auf ihn wartete die Rolle der Opposition zur sozialistisch-liberalen Regierung. Er behauptet, man habe ihm angeboten, sich der MSzP-SZDSZ-Koalition anzuschließen. Das Angebot nahm er nicht an. Die Niederlage spornte ihn im Übrigen zu weiterem Kampf an. Er sah die Chance, einen Mitte-rechts-Block aufzubauen. Die drei rechten Gruppierungen und der Fidesz hatten einzeln zwischen 7 und 12 Prozent der Stimmen erreicht. Damit konnte man wirtschaften. Orbán machte sich daran, diese Stimmen zu bündeln.

Eine neue Situation bot sich ihm: Ein postkommunistisches Ungarn stand einem bürgerlichen Ungarn gegenüber. Orbán baute die neue Ideologie des Fidesz um das Wort „Bürger". Die wesentliche Botschaft lautete wie folgt: Ungarns Zukunft hängt davon ab, ob es gelingt, eine starke Mittelschicht zu schaffen. Die Privatisierung muss diesem Ziel dienen. Ungarn hat zwar Bedarf an ausländischem Kapital, aber es darf nicht außer Acht lassen, dass das Kapital seinen eigenen Interessen folgt. Folglich ist es die Aufgabe der Regierung, das Kapital in den Dienst für die wichtigsten Werte des Landes zu stellen. Es ist die Verpflichtung der Regierung, die Volkswirtschaft in Schutz zu nehmen, sich mit der Erhaltung und Schaffung von Arbeitsplätzen zu beschäftigen, den Export zu stärken und an eine langfristige Entwicklung zu denken. Für all das ist die Regierung und nicht der ausländische Investor verantwortlich. Das postkommunistische Ungarn selbst ist das Land der Vergangenheit, der alten Verflechtungen. Der Fidesz schützt die Interessen der jüngsten Generation und bemüht sich um die Eröffnung neuer, bisher blockierter Möglichkeiten.

An die Aufgabe, die Mitte-rechts-Kräfte zu bündeln, machte Orbán sich sehr methodisch. In einer Budapester Privatwohnung organisierten sie den sogenannten Fidesz-Salon, in dem man ungezwungen verschiedene Fragen diskutierte, und zu dieser Gesellschaft lud man mit der Zeit auch Menschen aus anderen rechten Parteien ein. Orbán war sich im Klaren, dass das gegenseitige Verständnis das Ergebnis eines langen Prozesses sein würde, aber von Anfang an dachte er darüber nach, wie die zukünftige Regierung aufgestellt sein solle, und wer der Ministerpräsident sein werde. Gründlich plante er die einzelnen Schritte, wie sich die verschiedenen rechten Gruppierungen einander annähern sollen, wie das gemeinsame Programm aufgestellt wird und wer das umsetzen wird und wie.

Ab 1995 traf sich der Fidesz regelmäßig mit der Führung des MDF. Drei Jahre vor den nächsten Wahlen dachten sie schon über eine Regierungskoalition nach. Orbán wollte, dass die beiden

Parlamentsfraktionen zusammenarbeiten, sich gemeinsame Ansichten herausbilden, gemeinsame Standpunkte vertreten werden, sie Schulter an Schulter auftreten. Im Mai 1995 wurde er zur Landesversammlung des MDF eingeladen und wurde dort gefeiert, wie es einem Führungspolitiker gebührt.

Im selben Monat kam es zu einem Treffen, bei dem sich die rechten Parteien auf die Vereinigung vorbereiteten und besprachen, wer für den Posten des Staatsoberhaupts kandidieren solle. Man einigte sich auf Ferenc Mádl. Aber der Hauptdarsteller des Abends war trotzdem nicht er. Als Viktor Orbán den Saal betrat, empfing ihn eine solche Welle der Begeisterung, als sei er gerade zum Staatspräsidenten ernannt worden.

Orbán arbeitete wie eine Maschine. Obwohl er eine ausgiebige Wahlschlappe erlitten hatte und nur eine bescheidene Parlamentsfraktion kleiner als früher, hinter ihm stand, war er der Überzeugung, dass eine Wende eintreten werde. Aber er wusste, dass noch viele Arbeit vor ihm lag. Er reiste im Land herum, hielt Reden, äußerte sich und gab Einschätzungen zur Arbeit der Regierung ab. Er hatte eine ausgearbeitete Vision, Strategie und Taktik. Er wusste, was er erreichen wollte, und war sich im Klaren darüber, dass zum Erreichen des Ziels viele Bedingungen erfüllt sein müssen. Ebenso wusste er, dass alles gleichermaßen wichtig ist: der seelische, der programmatische, der emotionale und der materielle Aspekt.

Er suchte das, was den Fidesz mit Parteien wie dem MDF, der Christlich-demokratischen Volkspartei oder den Kleinen Landwirten verbindet. Was konnte 1994/1995 diese Formationen verbinden? Nun, die Wertschätzung der nationalen Traditionen und die Bindung an christliche Werte.

Obwohl Orbán über Jahre ziemlich antiklerikal eingestellt war, beschloss er, sich den Führern der Kirche anzunähern. Das rief Erstaunen in der öffentlichen Meinung hervor. Mit dem reformierten Geistlichen Zoltán Balog organisierte er lange Gesprächsreihen, eine Art Runden Tisch, Diskussionen, an denen Orbán selbst, die Vertreter der vorher erwähnten Parteien, sowie ein katholischer Priester oder ein protestantischer Geistlicher teilnahmen. Die Veranstaltungen fanden an verschiedenen Orten statt. Das Publikum bestand aus ein paar Dutzend bis zu zweihundert Personen. Im Verlauf von drei Jahren organisierten sie in verschiedenen Städten 200 ähnliche Veranstaltungen, den „Wanderzirkus" wie Hochwürden Balog diese Treffen nannte. Es galt als Sensation, dass Orbán mit Pfarrern und christlichen Politikern diskutierte.

Diese Treffen, wie sich später herausstellte, waren aus Orbáns Blickwinkel äußerst wichtig, ihnen verdankt er nämlich das bessere Verständnis der Kirchen und seiner potenziellen politischen Partner. Im Verlauf der Diskussionen suchten sie die Berührungspunkte ihrer Parteien, bemühten sich, auf einen gemeinsamen Nenner zu kommen, das Eis zu brechen. Für den Fidesz waren diese Veranstaltungen wegen seines neuen Gesichts sehr wichtig. Die öffentliche Meinung hielt die Partei noch immer für eine junge, rebellische, antikommunistische und gleichzeitig antiklerikale Gruppierung. Dieses Bild begann, sich zu ändern. Orbán war der Star dieser Diskussionen. Man erkannte immer deutlicher, wer der wahre Parteiführer war. Er wurde auch der Liebling der katholischen Salons, obwohl sie vorher sehr distanziert gewesen waren.

Viktor Orbán veränderte auch seine Ausdrucksweise und begann davon zu sprechen, dass die Freiheit des Individuums und die Angelegenheit der „nationalen Gemeinschaft" eng miteinander verknüpft werden müssen. Früher wäre der Ausdruck „nationale Gemeinschaft" dem jungen, kämpferischen Politiker des liberalen Fidesz nie über die Lippen gekommen. Jetzt behauptete Orbán, dass der freie Markt die Ungleichheit nicht beende. „Ungarn braucht nicht einfach nur Modernisierung. Wir wünschen eine Wirtschaftspolitik, die eine Garantie dafür bietet, dass sich in Ungarn eine Mittelschicht herausbildet, die an Zahl und an ihrem Vermögen gemessen wächst. Und das so schnell wie möglich." Dies wurde Orbáns wichtigste neue Aussage. Der sozialistische Ministerpräsident Gyula Horn sprach zeitgleich auch über Modernisierung, was nach Orbáns Meinung nur leere Worte waren.

Die Regierung der Postkommunisten und Liberalen lief ziemlich schnell auf Grund. Die wirtschaftliche Bilanz entwickelte sich ungünstig. Ein wesentlicher Teil der Gesellschaft spürte, dass es sich schlechter lebte. Die Staatsmacht versuchte, mit immer unpopuläreren Maßnahmen, der Schwierigkeiten Herr zu werden. Die Regierung wandte eine Schocktherapie an: Das Reformpaket des Finanzministers Lajos Bokros, infolge dessen der Forint schwächer wurde und Bokros weitere Abwertungen in Aussicht stellte. Er erhöhte die Zölle, fror die Gehälter in den Staatsbetrieben und bei der öffentlichen Hand ein. In der höheren Bildung wurden Studiengebühren eingeführt. Es ist nicht schwer sich vorzustellen, wie die „Reformen" aufgenommen wurden. Die Privatisierung beschleunigte sich. Die westlichen Investoren erwarteten in Ungarn großartige Bedingungen. Nach der öffentlichen Meinung kauften sie dadurch viel zu billig Firmen auf und erhielten zusätzlich Steuervergünstigungen. Diese Transaktionen waren auch von Korruptionsskandalen begleitet. Häufiger tauchten Beschuldigungen auf, dass der Gewinn der Privatisierungsprozesse in der Kasse der Regierungsparteien oder in den Taschen von Menschen ihres Umkreises landen.

Orbán nutzte diese Lage aus. Er betonte, die Regierungskräfte hätten die Wähler betrogen, denn sie hätten etwas ganz anderes versprochen. In zündenden Reden sprach er davon, dass die „Reformen" den Mittelstand belasten, genau die Schicht der

Gesellschaft, die es zu stärken gelte. Er behauptete, dass eine solche Politik der Beitritt Ungarns zur Europäischen Union nicht förderlich sei. Er wies darauf hin, dass die Regierung keine eigene Strategie habe und nichts anderes tue, als die Anweisungen der großen, internationalen Wirtschaftsorganisationen auszuführen. Ministerpräsident Gyula Horn warf er vor, er verhielte sich so, als habe ihn der Internationale Währungsfonds selbst an die Spitze des Landes gestellt. „Die Regierung muss dem Währungsfonds gegenüber unsere Interessen vertreten und nicht umgekehrt", sagte er.

Die Popularität des Fidesz begann, langsam zu steigen, während die übrigen rechten Parteien sich unterdessen auflösten. Parteispaltungen standen auf der Tagesordnung, die Radikalen wurden immer stärker. Orbán versuchte, den Trend mit dem Aufbau eines Bürgerbundes einzudämmen. MDF und die Christdemokratische Volkspartei lud er zu Verhandlungen ein. Doch wie das zu sein pflegt, in der Welt der mitteleuropäischen Rechten, mit den eigenen Ideen für eine Koalition konnte man die Straße pflastern, an Kompromissbereitschaft mangelte es jedoch. Orbán nutzte die Gespaltenheit der anderen Parteien aus und ergriff von Neuem die Initiative zu Vereinbarungen.

Wie László Kéri behauptet, glaubten die Rechten im Allgemeinen nicht, dass Orbán sich verändert hatte. „Er tat aber alles, um glaubwürdig zu sein. Er leistete eine lange und harte Arbeit", sagt Kéri. „Sie aber glaubten ihm nicht, dass er ein Traditionalist geworden war und etwas für Religiosität und Patriotismus empfand. Das glaubte ich auch nicht. Ich hielt diesen Versuch, dass Orbáns Partei die wichtigste rechte Gruppierung sein soll, für seltsam und witzig." Orbán aber zählte Kéri die folgenden Prinzipien auf: „Auf der anderen Hälfte des Spielfelds, auf der Linken, ist kein Platz mehr für niemanden. Dort sind die Postkommunisten und die Liberalen, wir wären dort nur das dritte Rad am Wagen.

Zur gleichen Zeit gibt es aber Platz auf der Rechten. Die Rechte ist gespalten in viele kleine Akteure. Wir könnten der Koordinator der gespaltenen Rechten sein. Wenn es uns gelingt, uns zusammenzusetzen und ein neues oppositionelles Lager zu errichten, könnte das die große Chance für den Fidesz bedeuten, an die politische Front zurückzukehren." Der Professor zog etwas nicht in Betracht: Das, wovon Orbán sprach, war nicht nur ein taktischer Zug, im tiefsten Inneren hatten wahrhaftige Veränderungen stattgefunden, die keine Reihe von Zufällen waren, sondern von der Logik gelenkt.

Kéri zweifelte jedoch: „Es machte einen blödsinnigen Eindruck. Ich versuchte Orbán, Kövér, Áder und Stumpf zu überzeugen, dass das Ganze so nicht glaubwürdig ist, und fragte sie: Wie könnt ihr denn bessere Katholiken sein als die Christdemokraten? Wie könnt ihr denn wirksamer die Werte der Dorfbevölkerung schützen als die Kleinen Landwirte? Wie werdet ihr denn bessere Konservative als das MDF?"

Orbán antwortete ihm: „Wir werden die beste bürgerliche Zentrumspartei." Da benutzte er zum ersten Mal die Kategorie „Bürger", die in sich die Bedeutung Staatsbürger und den Begriff bürgerliches Milieu vereint.

Jahre später räumte Kéri ein: „Ich habe mich geirrt. Er hatte recht. Aus dem strategischen Blickwinkel auf jeden Fall. Er hatte die Atmosphäre der Zukunft gespürt, zufällig erraten, welche Trends kommen, welche Ereignisse bevorstehen."

Orbán selbst behauptet, dass er konsequent den Weg bestimmt habe: „Seit den Wahlen 1990 haben wir immer dasselbe gesagt, haben versucht, die Konservativen zu überzeugen, dass wir zusammenhalten sollen und gemeinsam gegen den Postkommunismus kämpfen. Wir waren von Anfang an der Meinung, dass wir das Erbe des Kommunismus forträumen müssen. 1994 haben uns die Liberalen aufgefordert, in eine Koalition mit den Sozialisten einzutreten – das habe ich abgelehnt. Die Sozis hätten allein regieren können, haben aber dennoch die Liberalen mit hineingenommen. Das heißt, sie gingen gemeinsam weiter. Wir mussten einfach einen anderen Weg einschlagen. Das war logisch."

Der Vorsitzende des Fidesz erkämpfte sich immer größeren Respekt bei den Rechten. Auf der anderen Hälfte des Spielfelds steigerte sich Antipathie gegen ihn, besonders bei seinen ehemaligen Gefährten. Er erlitt sehr brutale Angriffe, in erster Linie vom SZDSZ und dessen Anhängern.

Professor István Kovács, der Dichter, Polonist und Diplomat, der 1987 auf Bitte eines Studenten namens Orbán die Schrift Maciej Koźmińskis über den Hitler-Stalin-Pakt übersetzt hatte, kehrte aus Polen nach Hause zurück. Der Professor war ziemlich bekannt in den Reihen der Budapester Intellektuellen. Damals traf er sich ein paar Mal mit liberalen Leuten. Einer von ihnen sagte ihm unumwunden: „Wir wissen schon, wen man hassen muss. Orbán muss man hassen." Am nächsten Tag ging der Professor ins Parlament, um Orbán zu sich zum Abendessen einzuladen. „Ich wollte ihm helfen. Ich hätte es gern gesehen, dass er seine eigene intellektuelle Korona hat", erinnert sich Kovács. Der Professor kochte Fischsuppe und unterbreitete während des Essens den Vorschlag, Orbán sollte eine Vorlesungsreihe an der Universität halten. Er stimmte zu, bat aber darum, dass der Raum nicht zu groß sein sollte, weil es unangenehm sei, vor halb leeren Bänken zu reden. Er glaubte nicht, dass viele zu seinen Vorlesungen kommen würden. Professor Kovács: „Ich verschaffte ihm natürlich den größten Saal. Als Orbán dann zum ersten Mal kam, war der Saal brechend voll. Bei den folgenden Vorlesungen war das genauso."

Zwei Jahre nach den Wahlen, bei denen der Fidesz so schlecht abgeschnitten hatte, begann die Popularität der Partei zu steigen.

Die weiterhin misstrauischen konservativen Wähler betrachteten den immer noch jungen Politiker mit stetig steigender Sympathie, obwohl sie nicht recht verstanden, warum der vor Kurzem noch antiklerikale Orbán mit seiner scharfen Stimme seit einiger Zeit an verschiedenen Orten in der Gesellschaft von Pfarrern und Geistlichen auftrat und immer mehr vom dem Respekt vor der Tradition sprach.

13. KAPITEL

Wozu sind Intellektuelle gut?

Darüber, wie Orbán Thinktanks, Ideenfabriken aufbaute, wie er sich die Haare schneiden ließ, anfing, Anzüge zu tragen und wie er die Herzen der älteren Damen gewann

Viktor Orbán lernte viel aus seiner Niederlage 1994. In erster Linie Demut. Es ging ihm auch auf, wie viel er noch lernen musste. 1996 nahm er an einer Ausstellung von Porträts der Opfer von 1956 teil. Die dort versammelten Intellektuellen befragte er, wie man zu den Menschen sprechen müsse. Er bekannte, dass es für ihn die größte intellektuelle Herausforderung sei, wie man seine eigenen Anschauungen den verschiedenen gesellschaftlichen Gruppen mitteilen könne. Wie man mit Menschen kommunizierte, die auf jeweils anderen Niveaus stehen, abweichende Ansprüche und Erwartungen haben und über abweichende Begriffsapparate und Wertordnungen verfügen. Bisher hatte er zu Menschen gesprochen, die jung waren und antikommunistisch eingestellt. Nun aber hatte er die Absicht, auch das traditionsbewusste, konservative Wählerlager anzusprechen. Wie aber sollte er zu ihnen sprechen, der raue, bärtige, junge Politiker, der mit Radikalismus in Verbindung gebracht wurde?

Er bat also die Leute um Rat, welchen Sprachstil er benutzen solle. Orbán hatte vom Anfang seiner politischen Karriere an immer gern den Gedankenaustausch mit klugen Menschen gepflegt. Er zögerte nicht, Intellektuelle um Rat anzugehen. Er schätzte sie und wusste, dass sie nützlich sein können. Orbán war sich im Klaren darüber, dass er aus ihrem Wissen schöpfen musste. Gleichzeitig wusste er aber, dass er – der Politiker – die Richtung angeben muss und nicht die Intellektuellen. Er wiederholte, dass es ein Fluch für die Politik sei, wenn man zu wenig wisse, aber auch, wenn man zu viel wisse. Der Politiker müsse handeln, schnell Entscheidungen fällen, sich den wechselnden Bedingungen anpassen, der Politiker könne nicht lange fackeln.

Viktor Orbán verstand, dass er sich neben seiner eigenen geistigen Entwicklung mit der Ideologie des Fidesz und seinem Vermögen beschäftigen und darüber hinaus auch ein festes Hintergrundprogramm für die Partei ausarbeiten musste. 1996 traf er István Stumpf, der ehemals dem Reformflügel der Kommunistischen Partei angehört hatte, und den er noch aus dem Bibó-Kolleg kannte, wo Stumpf Lehrer des Fachkollegiums und erster Direktor gewesen war. Der Politologe hatte, obwohl er auf der anderen Seite stand, von Anfang an mit den jungen Radikalen sympathisiert. Auch zu Orbán unterhielt er ein gutes Verhältnis.

1996 war Stumpf der Leiter des Thinktanks namens Századvég Stiftung Politische Schule. Die Századvég Stiftung war in der zweiten Hälfte der 80-er Jahre aus der von Studenten und Wissenschaftlern geschaffenen, gleichnamigen Zeitschrift hervorgegangen. Mehrere Mitarbeiter des Blatts zählten zu den Gründern des Fidesz. Stumpf schlug Orbán vor, sich an der Ausarbeitung des Parteiprogramms zu beteiligen und den Fidesz auf das Regieren des Landes vorzubereiten. Zahlreiche Zeichen deuteten nämlich schon darauf hin, dass Orbáns Partei früher oder später an die Macht kommen würde.

Orbán nahm das Angebot bald an. Die Századvég Stiftung und der Fidesz schlossen einen Vertrag. Die Wissenschaftler der Stiftung wurden ersucht, Maßnahmen, Berichte und Analysen zu erstellen. Die Aufgabe war, die Partei auf die Lenkung des Landes vorzubereiten. Dafür hatten sie zwei Jahre Zeit.

Und es begann eine mühevolle Arbeit. Die Mitarbeiter der Ideenfabrik fragten die Mitglieder der vorhergehenden

Regierung aus, um hinter die Geheimnisse der Machtausübung und ihre Mechanismen zu kommen. Sie veranstalteten Treffen und luden zu ihnen Sachverständige, Praxisfachleute und Politiker ein. Berichte entstanden über alle Gebiete, mit denen sich die neue Regierung wahrscheinlich würde beschäftigen müssen. An den wichtigsten Zusammenkünften nahm auch der damals 33-jährige Orbán teil. Aufmerksam hörte er die Professoren und Sachverständigen an, koordinierte ihre Arbeit, erteilte Aufträge und zog Schlussfolgerungen. Über die Dauer von zwei Jahren nahm er an Besprechungen im engen Kreis statt, wo die besten Sachverständigen ihm den Stand ihrer Arbeit referierten, wo über die Richtung der Aktivitäten der zukünftig regierenden Elite diskutiert wurde.

Eine gesonderte Gruppe beschäftigte sich damit, wie die Wahlen zu gewinnen seien, wie sie die Gegner bezwingen und das Wohlwollen der Medien erringen können. In diesem Teil Europas beschäftigte damals Orbán als Erster einen Spin Doctor, in der Person von András Wermer.

Die Fidesz-Leute lernten, wie man sich in den Medien äußert, damit auch rüberkommt, was einem wichtig ist. Wie man Demonstrationen und Großversammlungen organisiert. Wie man die Menschen in Bewegung bringt. Wie man auf die Emotionen der Hörerschaft einwirkt. Wie man eine „Von-Tür-zu-Tür"-Kampagne organisiert. Wie man den politischen Gegner identifiziert. Und wie man in der Politik Public Relations anwendet. Die Századvég Stiftung unterzog die Arbeit der sozialistisch-liberalen Regierung einer gründlichen Analyse, zeigte ihre Schwächen und mögliche Angriffspunkte auf.

Einmal in der Woche trat der Ältestenrat in einem Budapester Weinkeller zusammen. Das Treffen wurde von der Friedrich Naumann Stiftung gesponsort. Unter anderen erschienen dort der Professor der Budapester Wirtschaftsuniversität, Attila Chikán (der später der Wirtschaftsminister der ersten Regierung Orbán wurde und von 2000 bis 2003 der Rektor des Instituts war), der Dozent und Rechtsanwalt János Martonyi und der Wirtschaftsexperte György Matolcsy (beide wurden später Minister), der Professor der Ökonomie János Horváth sowie die führenden Politiker des Fidesz.

Der Ältestenrat bestand ein halbes Jahr. Sie trafen sich immer abends um neun Uhr. Die Diskussionen dauerten oft bis ins Morgengrauen. Um Mitternacht bekamen sie das zweite Abendessen. „Sie wollten sich auf die Regierung vorbereiten. Er glaubte aber nicht, dass er Ministerpräsident wird", erinnert sich Professor Horváth. „Nicht jetzt. Das würde noch zehn Jahre dauern. Wir müssen uns gut vorbereiten", sagte Orbán immer wieder. Horváth und die anderen versuchten, ihn davon zu überzeugen, dass das Ziel bei den nächsten Wahlen der Sieg des Fidesz und die Machtübernahme sei. „In Ordnung! Aber sucht euch einen anderen Ministerpräsidenten! Ich bin dazu ungeeignet", antwortete er ihnen. Schwer zu glauben, dass er sich nicht einfach nur bitten ließ. Zur gleichen Zeit wurde er immer umsichtiger und war nicht mehr der eingebildete, selbstsichere Junge von früher. Er beobachtete, lernte, fragte, zweifelte und war sich über seine Schwächen im Klaren. Er beteuerte, dass er noch zehn Jahre Vorbereitungszeit brauche, um ein guter Regierungschef zu werden.

Der Ökonom János Horváth, der Alterspräsident des ungarischen Parlaments, hatte 40 Jahre in den Vereinigten Staaten gelebt. Orbán traf er zum ersten Mal 1997. „Ein außerordentlich offener, gut gebildeter junger Mann war er, der sich für die Wirtschaft und Politik interessierte. Er war neugierig auf die Ereignisse der 30-er, 40-er Jahre, darauf, wie Ungarn sich auf den Krieg vorbereitet hatte. Er wollte verstehen, welche Verbindung es zwischen Vergangenheit und Gegenwart gibt. Er spürte, wie kurzsichtig die ungarische Politik war. Er war sich bewusst darüber, dass ihm die historischen Kenntnisse fehlen. Er war sehr zielstrebig und bereit, das Risiko gewagter Reformen auf sich zu nehmen. Es schreckte ihn nicht, dem zu widersprechen, was die Mehrheit denkt und fürchtete nicht, sich lächerlich zu machen." Damals traf Orbán oft verschiedene konservative Gelehrte, die ihm halfen, die neue Identität des Fidesz zu finden und sein neues Gesicht zu gestalten, denn die Partei wurde 1995 in Fidesz-Ungarischer Bürgerbund (Fidesz-MPSZ) umbenannt. Die Think-tanks, die verschiedenen Sachverständigen, Wissenschaftler und Kirchenleute übten großen Einfluss auf das Entstehen der Ideale des Fidesz aus. Und für Orbán selbst auf die Entwicklung seiner Ideale. Er wusste, dass er Ratgeber benötigt. Aber der Intellektuelle hat seine eigene Rolle, der Politiker auch; er achtete darauf, dass keiner die Grenzen der beiden Rollen überschritt. Er hörte den Ratgebern aufmerksam zu, erkundigte sich nach Einzelheiten und diskutierte. Manchmal aber verwarf er die Beobachtungen der Weisen. Denn das Lenken war seine Rolle.

Viktor Orbán verzinste die von den Professoren erhaltene Hilfe kräftig, denn er wusste, dass Kampagne und Marketing nicht genügen, die Partei musste sich auch inhaltlich gründlich vorbereiten und die ideologischen Fragen gründlich durchdenken. Gleichzeitig erinnerte er sich aus der Zeit der Gespräche am Runden Tisch daran, dass die Intellektuellen zu vorsichtig und passiv sind. Auch damals waren sie nicht radikal genug gewesen. Ihm fiel es leichter radikale Meinungen zu äußern und große Ziele aufzustellen, weil ihn keine solche Last beschwerte. Das gab er selbst sogar mehrfach zu. Hier spielte die Generationenfrage eine wichtige Rolle. Er meinte, die ältere Generation sei begrenzt durch die Furcht, die Sorge, weil sich in ihr Gedächtnis die gnadenlosen Verfolgungen der Kommunisten eingegraben haben.

* * *

Bei diesen Treffen wurde die Idee des „Bürgers" geboren. Der „Bürger" ist der bewusst denkende Staatsbürger, der die Geschichte des Landes, seine Traditionen kennt, sich darüber im Klaren ist, welchen Platz er in der Gesellschaft einnimmt. Er hat etwas Besitz (Wohnung, Haus), eine Familie, seine Nachbarn respektieren ihn. Die Bürger bilden die Mittelschicht. Orbán kam auf die Idee, dass die Bürger das starke Ungarn aufbauen werden.

Nach 1990 öffnete Ungarn seine Tore der Marktwirtschaft, das bedeutete in erster Linie, es öffnete sich den großen westlichen Konzernen, welche die einheimischen Firmen aufkauften und dort die Ungarn als Arbeitskräfte einsetzten. Diese Konzerne genossen weitgehende Privilegien, größere als in irgendeinem anderen mitteleuropäischen Land. In den 90-er Jahren war Budapest die Lieblingsstadt der westlichen Manager. Sie hatte einen guten Ruf in ihren Kreisen, weil sie ausgezeichnete Bedingungen für die Entwicklung der Firmen bot, gleichzeitig die Stadt schön und gepflegt war, womit sie sich sehr positiv von den anderen Hauptstädten der Region abhob. Ungarn hatte eine sehr positive westliche Presse, da es die Politik den von dort kommenden Investoren leicht machte.

Die Ungarn hatten davon keinen großen Nutzen. Die Verbitterung wuchs ständig, besonders weil, neben den westlichen Investoren, die mit dem alten System verbundenen Menschen am meisten an der wirtschaftlichen Veränderung verdienten. Orbán berief sich mit der Wiederbelebung des Mottos „Bürger" auf die nationalen Traditionen, auf alles, was in der Seele vieler Ungarn schwang, in ihren Gefühlen, in ihrer Sehnsucht nach einem ehrbaren Leben. Der Fidesz meinte, es zahle sich aus, in die Mittelschicht zu investieren. Diese Absicht findet sich noch heute in der Politik der Partei wieder. Orbán sieht es so, dass jene bevorzugt werden müssen, die schon etwas vorzeigen können. Die staatliche Unterstützung könnte ihnen einen neuen Anstoß zum Zuwachs geben, aber auch in Richtung einer entsprechenden staatsbürgerlichen Haltung.

Orbán kam auch darauf – im Gegensatz zu József Antall und dem konservativen MDF –, dass er sich nicht nur auf jene stützen sollte, die sich als die Erben der historischen Vorkriegsmittelschicht ausgeben. In Kádárs Gulaschkommunismus hatte sich nämlich eine ziemlich bedeutende Gruppe herausgebildet, deren Mitglieder sich an kleinen Unternehmen versucht und ein wenig Vermögen angesammelt hatten. Diese Menschen könnten beim Ausbau der bewussten, bürgerlichen Mittelschicht im freien Ungarn die Rolle der Hefe beim Teigmachen erfüllen. In den 90-er Jahren war diese Schicht nicht mehr besonders potent. Ihre Mitglieder spürten außerdem, dass der Staat sie vollkommen missachtet und ausschließlich die ausländischen Konzerne unterstützt.

Orbán sprach von Plänen und Vorstellungen. Das bürgerliche Ungarn war sein großer Traum. Das Wort „Bürger" wurde die Parole der politischen Aktivitäten. Bürger will jeder sein, denn Bürger bedeutet, dass man ein wenig Besitz sein Eigen nennt, respektiert wird, verhältnismäßig gut lebt, nicht wie ein Gegenstand behandelt wird und mitbestimmen kann. Diese Sehnsucht wollte er in den Ungarn erwecken. Und die Ungarn begannen, davon zu träumen.

Viktor Orbán begriff, dass in der Politik die Ideale in die Herzen der Menschen dringen müssen. Im Wahlkampf machte er das großartig. Er riss die Hörerschaft mit. Er sprach den Wählern von einer Welt, die sie eigentlich nicht wirklich kannten, sie aber trotzdem als die ihre ansahen. Von konservativen Idealen sprach er vor solchen Leuten, die nicht konservativ waren, und überzeugte sie. Er traf ihre Tonlage. Fühlte den Puls ihrer Sehnsüchte.

All das widersprach diametral den damaligen postkommunistischen Vorstellungen. Sie boten der Gesellschaft einfach nur einen Vertrag an. Gebt uns etwas, im Gegenzug bekommt ihr von uns auch etwas. Wenn ihr uns wählt, erhöhen wir die Gehälter. Das war ein kühles und wenig glaubwürdiges Angebot. Die Sozialisten und Liberalen wussten, dass sie die Herzen der Menschen nicht erringen konnten, weil sie nicht genügend Anziehungskraft hatten. Sie boten zumindest ein Geschäft an, auf der Basis von Grundbedürfnissen.

Orbán gab den Menschen mehr. Hoffnung. Er war jung, natürlich und tapfer. Viele ältere Ungarn hätten gerne, Kinder gehabt wie ihn. Sie gewannen Orbán lieb. Er spielte sich nicht auf, erweckte den Eindruck eines anständigen Menschen, in seinen Augen brannte das Feuer und er glaubte sehr daran, dass er Ungarn verbessern könnte.

Nur etwas bereitete Sorgen. Viktor Orbáns größte Tugend – seine Jugend – war gleichzeitig auch sein größter Mangel. Kann einer mit dreißig ein Land lenken? Ist ein tollkühner Junge, der vor Kurzem noch alles verspottet hatte, in der Lage, eine solche Last zu schultern? Verfügt er über das nötige Wissen und die nötigen Fähigkeiten zum Regieren? Mag sein, dass die Sozialliberalen korrupt sind und stehlen, sie sind vielleicht nicht die Besten, aber wenigstens erfahrene Fachleute. Darf man die Macht einem solchen Jüngling in einer Jeansjacke geben, hinter dem eine sich aus ebensolchen jungen Leuten rekrutierende Partei steht? Das ist schon ein großes Problem.

Plötzlich erschien vor den Ungarn ein ganz anderer Fidesz. Die Jungen und Mädchen ließen sich von einem Tag auf den andern die Haare schneiden, brachten ihre Frisuren in Ordnung und kleideten sich anders.

In ganz Ungarn klebten Plakate, auf denen die schon bekannte Führungsriege des Fidesz – des Fidesz, der mit Jeans und freiheitsliebender Frische die Politik verzaubert hatte – in eleganten Anzügen zu sehen war.

Orbán hätte sehr gerne gezeigt, dass in jedem das Zeug zum Bürger steckt, jeder erfolgreich sein kann. Langsam aber sicher baute er sein eigenes Image auf, das Bild des Jungen vom Land, der viel hatte arbeiten müssen und alles allein erkämpft hatte. All das entsprach der Realität. Nämlich, dass er aus einem Dorf stammt, dass er sich anfangs immer schlecht vorgekommen war, dass es ernsthafte Mängel gegeben hatte, das es einen Nachteil bedeutet hatte, aber ständige Arbeit ihn angetrieben hatte. Pausenlos musste er sich beeilen, kämpfen, musste mehr leisten als die anderen. Er wollte beweisen, dass er besser ist oder wenigstens genauso wie seine Kumpels aus der Stadt, die in schönen Wohnungen leben, in denen sich Regale mit Büchern aneinanderreihen.

Menschen, die aus der Provinz stammen, sind oft lebenstauglicher, besser vorbereitet als die Budapester Intelligenz, die ziemlich lustlos ist und nicht selten frustriert. Die neuen Städter gelangen oft an bessere Positionen, kommen besser klar und das nicht nur im Geschäftsleben, sondern auch in den Wissenschaften, im Sport und in der Politik.

Dem aus dem kleinen Felcsút stammenden, 33-jährigen Orbán mit seinem Lebenslauf stehen viele, viele Ungarn nahe, hauptsächlich seinen ungarischen Provinzerfahrungen und – Sehnsüchten.

14. KAPITEL

Junge und Schöne gegen korrupte Alte

> Darüber, wie der höfliche Viktor Orbán den ebenfalls
> kultivierten sozialistischen Ministerpräsidenten bezwang

1998 verfolgten die Fidesz-Leute ein gut durchdachtes Wahlkonzept. Sie wollten die Wähler damit überraschen und eine neue, frische, anziehende Alternative zur sozialistisch-liberalen Regierung Gyula Horns bieten. In erster Linie wollten sie ihren politischen Gegnern eine Überraschung bereiten, die mit einem gespaltenen, enervierenden, gleichzeitig aber aggressiven rechten Auftreten rechneten.

Obwohl sie kaum Resultate vorzeigen konnten, genossen die Regierungsparteien größtenteils die Unterstützung der Medien. Die Rechte bot ein Bild der Gespaltenheit, das gab den Sozialisten die Hoffnung den schweren Moment zu überstehen. Besonders geschwächt war das MDF durch innere Kämpfe. Die Christlich-Demokratische Volkspartei und die Unabhängige Partei der Kleinlandwirte spielten keine große Rolle, den Fidesz hielt man weiterhin für die Partei der jungen Schicht. Zudem hatte der Fidesz seine Glaubwürdigkeit verspielt, weil er zu einer konservativen Gruppierung geworden war.

Die Postkommunisten – gleichgültig welche Erfolge ihre Regierung vorweisen konnte – waren sicher, dass ihnen keine alternative Kraft gegenübersteht. Entsprechend verhielten sie sich auch im Wahlkampf. Da sie sich nicht vorstellen konnten, sich mit einer ernsten Herausforderung der Rechten auseinandersetzen zu müssen, führten sie einen ruhigen Wahlkampf, versuchten die Wähler davon zu überzeugen, dass nur sie kompetent seien, nur sie die entsprechenden Erfahrungen hätten und nur sie fähig seien, zu regieren.

Es entging ihnen, welche Überraschung der Fidesz für sie bereithielt. Orbán hatte fleißig wie eine Biene gearbeitet und die Rechte um sich geschart. Einige beschuldigten ihn, ein brutales Spiel betrieben zu haben, dessen Ziel die weitere Schwächung der Rechten und die Vertiefung der Spaltung war und das tue er in dem Interesse, den Fidesz zur stärksten Kraft in einer möglichen Mitte-rechts-Koalition zu machen. Orbán schreckte übrigens nie vor machiavellistischen Methoden zurück, und war sich im Klaren darüber, was das Wesen der Politik ausmacht. Er wusste, welche politischen Angebote er den wichtigen Figuren anderer Parteien unterbreiten soll. 1998 verschaffte er Péter Tölgyessy, einem ehemaligen SZDSZ-Vorsitzenden einen erstaunlich guten Platz auf der Kandidatenliste des Fidesz und signalisierte so den liberalen Wählern, dass im Fidesz auch für ihre Leute Platz ist.

Orbán wusste, dass die 20-, 30-jährigen jungen Leute hinter ihm stehen. Nun nahm er die etwas älteren Wähler ins Visier, die Anhänger konservativer Ansichten, die nach der Wende von 1990 verunsichert waren. Es gab eine stattliche Wählerschicht, die den Sturz des Kommunismus begeistert begrüßt hatte, aber schnell von dem neuen System enttäuscht war. Ihnen versprach Orbán, dass er eine vollkommen andere Politik verfolgen würde. Eine Politik, die auf konservativen Werten beruht, sich gleichzeitig bemüht, den Staat zu konsolidieren, die aktiven Bürger unterstützt, ihnen ermöglicht, auf ihre Kosten zu kommen und es zu Wohlstand zu bringen.

Der Fidesz nahm ein 48-Punkte-Programm an, das sich in vier Themenbereiche gliederte. Beispielsweise versprachen sie Familien mit Kindern Unterstützung, betonten Fragen der Kultur und Bildung, sprachen über die Notwendigkeit, die Regeln einzuhalten, den Wunsch nach einer wirkungsvollen Justiz, beziehungsweise stellten sie entschiedeneres Auftreten gegen den Rauschgifthandel in Aussicht. Die Partei legte detailliert ihre wirtschaftlichen Vorstellungen dar, ihre Publikation zur Wahl umfasste 164 Seiten.

Professor János Horváth überzeugt Orbán davon, ein Wirtschaftswachstum von 7 Prozent zu versprechen, zwei Prozent mehr als die Regierung Gyula Horn vorausgesagt hatte. Dieses Plus von zwei Prozent könnte eine schwungvollere Tätigkeit der kleinen und mittelständischen Betriebe nach sich ziehen.

Zwei strategisch wichtige Entscheidungen fielen. Obwohl sie mit Viktor Orbán an der Spitze, alle radikale Antikommunisten waren, sprachen sie überhaupt nicht über die Kommunisten und auch nicht über die Vergangenheit. Sie rechneten damit, dass ein Teil der Leute, die mit nostalgischen Gefühlen am alten System hingen, von der sozialistisch-liberalen Regierung enttäuscht sein dürften und sie auch ihre Stimmen gewinnen könnten. Obwohl andererseits zahllose große und kleine Skandale an der Tagesordnung waren, und man mit ihnen gegen die Regierung Gyula Horn hätte punkten können, beschlossen sie trotzdem, ausschließlich positive Botschaften zu verkünden. Keinen Krieg! Keine Erschießungen! Keinen Blick zurück!

Knapp ein Jahr vor den Wahlen machte Orbán eine Geste an die Menschen, die sich der kommunistischen Zeit mit Wehmut erinnerten. Bei einer Rede in der Budapester Musikakademie erwähnte er die Dinge, die in der Ära Kádár positiv gewesen waren. Er selbst, der aus einem Dorf stammt, konnte an einer angesehenen Universität Jura studieren. Er hob hervor, dass solche Errungenschaften erhalten werden müssten. Damals trat er zum ersten Mal als Parteipolitiker auf, der sich an die verschiedenen Gruppen seiner Wähler wendet.

Die Führungsriege des Fidesz begann, in einer anderen Sprache über die Politik zu reden. Anders als die Mehrheit der

Politiker, die wiederholten, dass die Menschen besser leben werden, wenn sich die Lage des Landes bessert und nicht umgekehrt: Wenn die Menschen besser leben, wird das Land stärker. Regelmäßig unterstrichen sie, die Gesellschaft nicht verändern zu wollen. Die Gesellschaft werde sich selbst verändern. Die Bürger sollen bestimmen, wie sie leben wollen. Die Bürger bauen für sich selbst den Staat. Wir, die Bürger, haben unsere eigene Kraft, die Zukunft zu gestalten. Kein Ministerpräsident wird sie gestalten, sondern wir, die Bürger. So etwas hatte in Ungarn bisher noch niemand ausgesprochen.

Orbán erklärte das so: „Die Welt wird nicht von den Bedingungen geformt. Der Wille der Staatsbürger ist entscheidend. Ungarn wird zu dem, was wir aus ihm machen. Wir Bürger." Das Wort „Bürger" wurde zu einem unverzichtbaren Begriff in der Sprache von Orbán und des Fidesz. Es trug in sich die Vision eines Ungarn, wie die Gruppe es sich vorgestellt hatte.

Der Fidesz benutzte zur allgemeinen Überraschung im Wahlkampf keine scharfen Töne. Er sandte frische, energiestrotzende, optimistische und positive Botschaften aus.

Gegen Ende der Kampagne, auf Wahlveranstaltungen, bemühte sich Orbán, die Menschen davon zu überzeugen, dass sie jetzt nicht zwischen zwei Parteien, sondern zwischen zwei unterschiedlichen Denkweisen und Wertordnungen wählen müssen. „Die eine Seite ist von Unglauben, Schlaffheit und Schwäche gekennzeichnet, die andere von Tatendrang und Selbstbewusstsein", sagte er. „Auf der einen Seite stehen die Sozialisten, auf der anderen gruppieren sich die bürgerlichen Kräfte. Es liegt an uns, wann wir einen Punkt die der Vergangenheit setzen." Orbán trat auf den Versammlungen großartig auf. Er sah gut aus, trug einen eleganten Anzug, er war jung, stattlich und überzeugend. Seine Reden rissen mit. Man spürte in ihnen den Siegeswillen und auch, dass er selbst daran glaubte.

Ein Augenblick mit Schlüsselbedeutung war die öffentliche Diskussion mit dem Ministerpräsidenten der sozialistisch-liberalen Regierung Gyula Horn. Orbán war der Herausforderer. Die Politiker der Regierungspartei fürchteten sich vor dem Ereignis. Sie waren sich im Klaren, dass die Popularität Orbáns und seines Fidesz im Steigen begriffen war und das Duell ihrem Führer schaden konnte. Um jeden Preis wollten sie sich davor drücken. Der Fidesz startete eine große Kampagne und verkündete, dass die Wähler die Diskussion Horn – Orbán wollen. Auf den Straßen erschienen Plakate mit der Aufschrift: „Auch Herr Kovács wünscht die Diskussion".

Schließlich gaben die Sozialisten nach. Der Wahlkampfstab der Regierungspartei ging davon aus, der wunde Punkt des Fidesz-Führers sei seine Jugend und sein Bild des unreifen und aggressiven Kämpfers. Horn sollte daher mit seinem Wissen, seiner Erfahrung, seiner Ruhe und seinem kultivierten Verhalten den Sieg erringen.

Doch bereiteten sich die Fidesz-Leute besser auf die Diskussion vor, als man gedacht hatte. Sie setzen die modernsten Marketingkniffe ein. Sie analysierten Orbáns Schwächen und Stärken, dann erarbeiteten sie einen sehr präzisen Plan, um die Schwächen auszugleichen, die Stärken aber hervorzuheben.

Sie nahmen an, dass die Wähler in Orbán eher den jungen, mutigen und sympathischen Kämpfer sehen. Wobei viele daran zweifelten, dass ein so junger Politiker in der Lage sein kann, das Land zu regieren. Man musste also zeigen, dass er nicht nur glaubwürdig und ehrbar ist, sondern fachlich mindestens auf dem Niveau von Horn steht, wenn nicht sogar darüber.

Die Fidesz-Ratgeber taten alles, um dem Gegner eine Überraschung zu bereiten.

Am 20. Mai 1998 um 17 Uhr, ein paar Tage vor dem zweiten Wahlgang, begann an der Budapester Wirtschaftsuniversität das lange erwartete Duell.

Der Saal hatte 460 Plätze. 100 Plätze bekamen die Pressereporter, die restlichen gingen, zu gleichen Teilen, an die Anhänger von Horn und Orbán, beziehungsweise an die Hochschullehrer und Studenten. Das war eine Entscheidung von großer Tragweite. Horn war der Vertreter der alten Welt, Orbán ein Mensch der Gegenwart, der neuen Welt. Es entsprach der Natur der Dinge, dass das universitäre Publikum dem gut aussehenden jungen Mann näher stand als dem Fossil des Kommunismus, dem 66-jährigen Apparatschik.

Das Wetter war heiß und schwül. Im Saal, in dem die Parteivorsitzenden aufeinandertrafen, gab es keine Klimaanlage. Orbáns Stab benutzte wieder ein bewährtes Kosmetikum, mit dessen Hilfe der Kandidat trotz der Hitze nicht schwitzte. Orbáns junges, sympathisches Gesicht blieb bis zum Ende trocken. Auf dem Gesicht des weniger sympathischen und viel älteren Gyula Horn und vor allem auf seiner Nase tauchten immer wieder Schweißperlen auf. Sein Gesicht machte keinen erfreulichen Eindruck. Er sah eigentlich so aus, als hatte er vor der Diskussion ein paar Schnäpse gekippt.

Die Fidesz-Leute hatten auch auf die Kleidung geachtet. Während Horn in einem traditionellen, dunklen Anzug auftrat, trug Viktor Orbán leichte sommerliche Kleidung. Er erweckte so einen frischen Eindruck.

Orbán gab von Anfang an die Richtung der Diskussion vor. Sie sprachen nicht darüber, wie die Sozialisten regieren werden, sondern wie das dann der Fidesz tun werde. Horn griff an. Er sagte, er habe im Lexikon das Wort „Bürger" nachgeschlagen, was Bourgeois bedeutet, demnach wolle also der Fidesz die Bourgeoisie schaffen. Orbán schlug schnell zurück: „Sie hätten auch das Jahr der Ausgabe nachschlagen müssen, weil nämlich der bewusste Band vom vorherigen System herausgegeben wurde, es würde nicht schaden, wenn der Herr Ministerpräsident seine

Bibliothek auffrischen würde." Horn hatte ihm den Ball zugespielt. Orbán konnte seine Vorstellungen ausführen und das, was seiner Meinung nach der Begriff des „Bürgers" bedeutete, und was es bedeutet, Bürger zu sein. Nur positive Botschaften erklangen.

Das berühmte Duell vom 20. Mai 1998: Gyula Horn, der Vorsitzende der Ungarischen Sozialistischen Partei, und sein Herausforderer Viktor Orbán, Vorsitzender des Fidesz – Ungarischer Bürgerbund, am Ende des Diskussionsabends an der Universität für Wirtschaftswissenschaften.

Nachdem er den Angriff abgewehrt hatte, holte er seine wirkungsvollste und mitreißendste Waffe hervor: Er sprach über die ungarische Mittelschicht, darüber, wie er die Träume der Ungarn verwirklichen möchte. Er betonte, dass er möchte, dass die Ungarn stark, aktiv und talentiert sein sollen. Es gab niemanden, dem das nicht gefallen hätte.

Viktor Orbán hatte seinen Gegner zu Boden geworfen. Er erschien als ambitionierter Politiker mit einem klaren Bild von der Zukunft, als einer, der genau weiß, war er für das Land tun will. Er zeigte, dass er dazu in der Lage ist, positive Emotionen zu erwecken und den Sehnsüchten der Menschen Form zu geben, diejenigen davon zu überzeugen, dass er recht hat, die von seinen abweichende Ansichten hegen.

Die Sozialisten hatten damit gerechnet, dass Orbán heftig angreifen würde. Gyula Horn musste dann seine Ruhe glänzen lassen. Aber Orbán war unendlich höflich. Entgegenkommend und mit Respekt sprach er zu dem Ministerpräsidenten, wie es einem Regierungschef zukommt, auch wenn es ihm nur wegen seines Amtes gezollt wird. Das warf den ersten Mann der Sozialisten vollkommen aus dem Gleis.

Diese Diskussion schrieb Geschichte im ungarischen Politmarketing. Der Vorsitzende des Fidesz errang einen großen Sieg.

Es stellte sich auch heraus, dass die mühselige Arbeit der Annäherung an die Kirchen ebenfalls ihre Früchte trug. Vielerorts ermunterten Pfarrer, Seelsorger und ihre Gemeindemitglieder andere, den Fidesz zu wählen. Das war keine irgendwie organisierte Aktion, sondern eine staatsbürgerliche, zivile Aktivität von Gläubigen. Doch gleichzeitig fürchteten die Wähler ein wenig, dass der junge Kerl sie hinters Licht führen würde.

Noch immer waren sie nicht davon überzeugt, dass sein Handeln auch einer Überzeugung entspringt. Über ihre Zweifel im Jahre 1998 sprechen viele konservativ eingestellte Menschen bis zum heutigen Tage, und erwähnen, dass sie sich damals sehr gut an den kämpferischen, bärtigen Jungen erinnerten, der so gern alles verspottet hatte, und auch die Kirchen nicht geschont hatte.

Viktor Orbán und seine Partei, Fidesz – Ungarischer Bürgerbund, boten den Ungarn eine klare Alternative. Sie definierten die Begriffe Nation, Gesellschaft, Staat, Individuum und Gemeinschaft neu. Die Sozialisten und Liberalen meinten, dass über Machtfragen die Elite entscheide, das Volk dürfe man damit nicht behelligen. Das Volk will nur in Ruhe leben, erklärten sie. Der Fidesz aber ermutigte die Menschen zu Aktivität, Mobilität, dazu ein Teil der politischen Gemeinschaft zu werden, eine Rolle im öffentlichen Leben zu übernehmen. Der Fidesz stachelte dazu an, Verantwortung zu übernehmen. Die Fidesz-Leute versprachen, dass ihre Regierung die Aktivitäten in vielen Richtungen unterstützen würde, von der Lösung von Problemen örtlicher, ländlicher und städtischer Gemeinschaften angefangen bis zu Fragen des Sports, der Kultur oder der Religion.

Die Mitte-rechts-Gruppe bekundete die Notwenigkeit der nationalen Einheit und der Schaffung eines weitreichenden Zusammenhalts. Das war eine frische und mitreißende Tonart. Besonders weil sie von einer jungen Gruppe kam, die noch keine Skandale und politischen Sünden auf sich geladen hatte (obwohl der Fall des Parteisitzes von 1992/93 einen kleinen Schatten auf sie warf). Und der Fidesz war die einzige bedeutende Macht, die noch nicht an der Regierung gewesen war. Das ließ die Wähler hoffen. Zudem stand an der Spitze der Partei ein gut aussehender, von Energie und Glauben an die Zukunft strotzender junger Mann mit strahlenden Augen und braunem Haar.

Der Fidesz brachte andere Inhalte, benutzte eine andere Sprache als die früheren Akteure auf der politischen Bühne. Die Spitzenleute sprachen in einfachen, kurzen Sätzen. Achteten darauf, keine fremden und den meisten unverständliche Worte zu benutzen. Sie behielten vor Augen, dass sie auf die Gefühle wirken müssen. All das zusammen entwickelte eine große Wirkung. Der Fidesz ging siegreich aus der Wahl hervor. Der 33-jährige Viktor Orbán erhielt den Auftrag zur Regierungsbildung.

15. KAPITEL

Wagen wir es, groß zu sein – Der Fidesz an der Regierung

> Über vier Jahre ambitioniertes Regieren, über den Aufbau des Nationalstolzes, über das Abhören und unterwegs unerwartet stehen bleibende Autos

Als die Wahlergebnisse verkündet wurden, tobten die Fidesz-Mitglieder vor Freude. Sie hüpften und jubelten. Orbán aber blieb ruhig. Der 35-jährige junge Mann, der den Fußball liebte und die Atmosphäre der Stadien, war Anwärter auf das Amt des Regierungschefs geworden. Das nahm er kühl zur Kenntnis. „Die Geschichte hat uns eine große Chance gegeben. Wir haben keinen Grund zu Freudensprüngen. Große Schwierigkeiten türmen sich vor uns auf", sagte er seinen Mitarbeitern nach der Verkündigung der Ergebnisse. Der Sieg hatte ihn sichtlich überrascht. Seine Mitarbeiter platzten fast vor Tatendrang.

Zoltán Pokorni, Bildungsexperte der Partei, erinnerte sich später: „Wir dachten, Jesus, Maria, wir haben gesiegt! Jahrelang hatten wir Programme geschrieben, eine Menge von Sachverständigen hat mit uns gearbeitet, alle möglichen Leute waren um uns herum aktiv. Zweieinhalb Jahre haben wir uns auf die Regierung vorbereitet, intellektuell, geistig und seelisch. Und nun sind wir an der Regierung." Sofort machten sie sich an die Arbeit. Tag und Nacht wollten sie arbeiten. Pokorni wurde Bildungsminister.

Mária Schmidt, eine Historikerin, war eine von Orbáns nächsten Mitarbeitern. „Wir waren entschlossen, den Staat umzubauen. Wir hatten zu viel Energie und wollten das Land sofort verändern. Die Menschen mögen so viel Veränderung nicht. Die Menschen mögen es nicht, ständig von neuen Dingen zu erfahren. Wir waren nicht geduldig genug. Wir waren jung und wollten beweisen, dass wir alles können. Hart waren wir. Zu hart. Ständig gerieten wir mit der Opposition aneinander. Die Medien waren voll und ganz in ihrer Hand. Vom ersten Augenblick unserer Regierung angriffen sie uns."

„Schritt für Schritt bereiteten wir uns vor, auf das, was zu tun war. Wir stellten Pläne für Monate und halbe Jahre auf. Wir wollten in die NATO und das genaue Drehbuch war schon vorbereitet", erzählt Réka Szemerkényi, damals eine von Orbáns Beraterinnen. „Wir hatten geplant, wie wir die zivile Kontrolle der Streitkräfte verwirklichen, wann wir den Einsatz sowjetischer Technologie beenden und beginnen, Kriegsgeräte im Westen zu kaufen. Wir wussten, welche die wichtigsten Auslandsvertretungen sind, wo die bisherigen Leute bleiben können und von wo wir sie möglichst bald nach Hause beordern müssen. Mit jeder Angelegenheit befasste sich eine eigene Gruppe", erinnert sie sich.

Im Gegensatz zu vielen mitteleuropäischen Führungsgarden kam der Fidesz gründlich vorbereitet an die Macht. Monate im Voraus standen die Aktionspläne der einzelnen Ressorts fest. Für die Koordination der Arbeit der Ministerien, die Überprüfung ihrer Vorstellungen war ein präziser Ablaufplan entwickelt worden. Alle eingeführten Reformen wurden im Detail analysiert und koordiniert. Junge Leute gelangten in die Regierungsorgane, Leute, die sich in den vorangegangenen zwei Jahren darauf vorbereitet hatten, das Land zu reformieren.

Sie standen vor einer großen Herausforderung. Zuvor hatte die Fidesz-Parlamentsfraktion 20 bis 22 Mitglieder gehabt. Diese Zahl erhöhte sich jetzt auf 148. Eine kleine Gruppe von Abgeordneten kann ein begabter Führer leicht leiten. Dieses Mal jedoch musste neben der Regierung und der Verwaltung des gesamten

Staates zusätzlich eine beträchtliche Parlamentsfraktion in Gang gehalten werden. Anderthalb Jahre später, im Januar 2000, legte Orbán den Parteivorsitz nieder und übergab ihn László Kövér, von dem ihn später Zoltán Pokorni übernahm. Er hatte entschieden, er müsse sich auf seine Regierungsaufgaben konzentrieren.

Die Arbeit der Regierung wurde von dem sogenannten „Sechsergespann" koordiniert, das regelmäßig zusammentrat, von Orbán geführt wurde und aus den sechs einflussreichsten Persönlichkeiten der Partei bestand. Dem Gremium war es zu verdanken, dass die Zusammenarbeit von Regierung und Fraktion problemlos verlief.

Die Person, die dem Ministerpräsidenten am nächsten stand, war aber nicht László Kövér oder ein anderer Fidesz-Aktivist, sondern der Spin Doctor András Wermer, mit dem Orbán abstimmte, nach welcher Strategie die Regierung mit der Öffentlichkeit kommunizieren soll. Wermer erwies sich als außerordentlich talentiert. Man verglich ihn mit Alastair Campbell, der eine ähnliche Position bei Tony Blair innegehabt hatte. In der europäischen Politik galt das als Neuheit. Campbell war der erste Medienberater, der einen solch hohen Posten in der Umgebung des Ministerpräsidenten von Großbritannien erreicht hatte. Ihm hatte Blair überwiegend seine Erfolge als Regierungschef und als Vorsitzender der Labour Party zu verdanken. Die junge ungarische Gruppe eignete sich blitzschnell die Kunst der modernen, politischen Kommunikation an.

Wermer hatte den schillernden und überraschenden Wahlkampf des Fidesz erarbeitet, mit dem die Partei den Sieg errang. Schon in den ersten Tagen der Regierung hatte er das Motto „Angriff auf dem ganzen Spielfeld" für seine Medienpolitik verkündet. Die Nachrichtenorgane wurden von Informationen über die Kabinettstätigkeiten überflutet. Der Ministerpräsident warf ständig neue Fragen auf. Die Fidesz-Leute bemühten sich, den Medien ihre eigenen Themen aufzuzwingen. Sie erinnerten sich noch an József Antalls passive Politik, daran, dass er sich den feindlich auftretenden Medien ergeben hatte, zugelassen hatte, dass sie ihm die Tonart und die Aussagen vorgaben. Antalls Gruppe blieb dann nur die Verteidigung, wenn auch mit wenig Erfolg. Daher bombardierte die Orbán-Regierung ständig die Medien mit ihren Meldungen. Der Regierungschef gab wöchentlich dem öffentlichen Radiosender ein Interview, einmal im Jahr, im Februar, hielt er in der voll besetzten Budapester Redoute eine Rede zur Lage der Nation, was eine neue Qualität der Kommunikation darstellte. Aber die Fidesz-Garde konnte mit all dem den ständigen Angriffen nicht entkommen.

Der Regierungschef verhielt sich oft abweichend vom Gewohnten. Wenn er es sich erlauben konnte, trug er ziemlich legere Anzüge. Unerwartet tauchte er an den verschiedensten Orten auf, wo ihn keiner erwartet hatte. Als eine seiner Töchter geboren wurde, fuhr er allein, ohne Leibwächter, in seinem eigenen Opel Cora ins Krankenhaus. Er spielte als gewöhnlicher Sportler in einer Dorffußballmannschaft. Er führte sehr viele, vorher nicht geplante Gespräche mit alltäglichen Menschen. Sicher waren politische Gesten im Spiel. Er wollte, dass man in ihm den normalen Staatsbürger sah. Diese Haltung stimmte gleichzeitig mit Orbáns Naturell überein, niemand empfand es als gekünstelt.

István Stumpf, der damals die Arbeit der Sachverständigen koordinierte und früher der Direktor des Kollegs gewesen war, in dem mehrere Minister der Regierung gewohnt hatten, war nun der Leiter des Ministerpräsidentenamts geworden. Er schuf eine selbstständige Zentrale zur Koordination der Aktivitäten der verschiedenen Theoriewerkstätten. Alle Dokumente gingen zuerst durch diese Zentrale. Dort wurde kontrolliert, ob sie nicht im Widerspruch zu einer anderen Maßnahme standen. Die Dinge entwickelten sich im Großen und Ganzen angemessen. Im Großen und Ganzen, weil – wie sich bei der vierjährigen Regierungstätigkeit herausstellte – vieles nicht in Ordnung gebracht werden konnte, obwohl sie versuchten die Reformen in einem straffen Tempo durchzuziehen. „Wir wollten vollkommen sein, uns endgültig von den Überresten des Kommunismus befreien. Von seinen Institutionen, seinen Strukturen, seinen Arbeitsmethoden und seiner Denkweise", erinnert sich ein Regierungsbeamter an die Zeit. Die Überreste waren aber keineswegs bedeutungslos und lauerten an allen Ecken.

Orbán wollte ein neues Regierungsmodell aufbauen. Zu viel Zeit verging mit den Verhandlungen aller möglichen Ideen. Der Ministerpräsident hörte seinen Experten sehr aufmerksam zu. In unzähligen Konstellationen traf er seine Berater. Am Wichtigsten war jedoch das „Sechsergespann", das sich wöchentlich zu einem Arbeitsfrühstück traf. Der Trainer und die Spieler, wie damals auf dem Fußballfeld.

Orbán strebte an, dass sich alle zu jeder Frage mehrere Meinungen bilden sollten. Sein damaliger Pressesprecher Gábor Boróki berichtet darüber: „Wir hielten zahllos offizielle Regierungssitzungen ab, sprachen über die Organisation der Arbeit, den neuen Arbeitsstil, darüber, wie die Bildung reformiert werden müsste, das Gesundheitswesen, die Streitkräfte und so weiter." Orbán mochte solche informellen Situationen sehr. Er wollte innerhalb der Regierung ein gutes Verhältnis schaffen. Und obwohl er die Sachverständigen oft gegeneinander ausspielte, Konflikte provozierte, die Menschen aufeinanderprallen ließ, wollte er, dass die tägliche Arbeit in einer lockeren Stimmung ablaufen solle. Wenn es sein musste, konnte er hart sein, gleichzeitig behandelte er seine Gesprächspartner und seine Untergebenen mit Respekt. Immer mehr fühlte er sich wie ein richtiger Chef. Er verstand etwas von der Leitung. „Diese inoffiziellen Sitzungen boten ihm die Möglichkeit, ein durchschnittlicher, alltäglicher Mensch zu sein und herzliche Beziehungen aufzubauen. Oft traf er sich mit den Ministern und uns in seinem Haus in Felcsút, im Ferienheim der Regierung am Plattensee oder im Erholungszentrum in Szentendre", erzählt Borókai. Bei solchen Gelegenheiten konnte er mehr aus den Menschen herausholen. Er fragte viel und hörte sich aufmerksam die Antworten an. In solchen Situationen war er in seinem Element.

***

Der Fidesz hatte nicht genügend Mandate, um allein regieren zu können und war gezwungen, das MDF und die Kleinen Landwirte als Koalitionspartner zu gewinnen. Letzterer wurde bald der Fluch des Fidesz, genau so, wie die Liga Polnischer Familien oder noch eher die Partei Selbstverteidigung der Republik Polen für die von Jarosław Kaczyński geführte PiS, Recht und Gerechtigkeit, in der 2006 bis 2007 aufgestellten Koalition.

Helmut Kohl, den er in verschiedenen Fragen um Rat bat, übte große Wirkung auf Viktor Orbán aus. Nach den Wahlen wollte Kohl ihn dazu bewegen, eine erweiterte Koalition mit den Liberalen zu bilden. Obwohl Orbán unverändert zu dem deutschen Kanzler aufschaute, bekundete er öffentlich: „Die Ungarische Republik ist ein unabhängiger Staat. Seine Regierung ist nur einer einzigen Kraft unterworfen: dem Willen der Wähler. Das kann niemand von außen ändern." Er hörte Kohl an, wie viele andere Ratgeber auch, aber die Entscheidung fällte er selbst.

István Stumpf sagte am 24. Oktober 1998 in der Népszabadság: „Die Regierung hatte zu Beginn ihrer Tätigkeit eindeutig festgestellt, dass sie nicht Gefangener der Lobby sein will. Wir wollen das gewebte Wertenetz zerteilen, das bisher das Licht der Politik getrübt hat. (…) Wir haben den Verflechtungen, der Korruption und den unmoralischen Beziehungen von Politik

und Wirtschaft den Kampf erklärt, der Mafiapolitik vom Typ
»Eine Hand wäscht die andere«". Dieser neuen Generation ist es
gegeben, andere Wege einzuschlagen, weil sie an der Neuvertei-
lung nicht beteiligt war.

Gruppenbild der ersten Orbán-Koalitionsregierung: Von den Gründungsmitgliedern
des Fidesz wurde László Kövér Minister (für Staatssicherheit), József Szájer wurde
Fraktionschef und János Áder Parlamentspräsident. István Stumpf, der zur Zeit der
Fidesz-Gründung Direktor des Bibó-Kollegs war, wurde Minister der Staatskanzlei
ohne Parteimitglied zu sein

Orbán hielt es für eine Niederlage der demokratischen Politik,
dass sie nicht bis auf die Wurzeln mit den Überbleibseln des
vorherigen Systems abgerechnet hatte. Seit den Gesprächen am
Runden Tisch von 1989 weigerte er sich konsequent, mit den
Kommunisten, später mit den Sozialisten zusammenzuarbeiten.
Im Postkommunismus sah er die Wurzel allen Übels, in ihm sah
er die größte Gefahr. Darin unterschied er sich von den Liberalen,
welche die Gefahr an ganz anderer Stelle zu erblicken glaubten.

Die „Ungarische Sozialistische Arbeiterpartei" (Magyar Szocialista Munkáspárt, kurz: MSZMP), die kommunistische Partei also, zählte vor 1990 871 000 Mitglieder. Die MSZMP war zwar gestürzt, aber ihre Mitglieder blieben weiterhin aktiv in wirtschaftlicher, gesellschaftlicher und politischer Hinsicht. Der Ungarische Fischerbund hatte beispielsweise 300 000 Mitglieder. „In dieser großen, einflussreichen Organisation sind zum größten Teil alte Kommunisten aktiv. Die Mehrheit von ihnen war früher Parteimitglied. Zu dieser Zeit gab es schrecklich viele solcher Organisationen", sagt ein Berater des Fidesz.

Die neue Regierung war erstaunt, an wie vielen Stellen die Angestellten des alten Systems saßen, beispielsweise in der Regierungsadministration. Es war schwer zu glauben, dass, als der Fidesz acht Jahre nach dem Sturz des Kommunismus an die Macht kommt, die Personalabteilung des Innenministeriums schon seit 30 Jahren genau die gleichen Leute leiteten, die am Anfang der Rákosi-Ära ins Ministerium gelangt waren. Ihre Entlassung war eine der ersten Personalentscheidungen der neuen Regierung. Man muss aber festhalten, dass mehrere Minister der Regierung Orbán vor 1990 Mitglieder der kommunistischen Partei gewesen waren. Und auch István Stumpf war Reformkommunist gewesen. Man muss ebenfalls sagen, dass in der Regierung Antall niemand Minister werden konnte, der früher in die Reihen der Kommunisten eingetreten war.

Außenminister János Martonyi: „Die Verlierer taten alles, uns in eine schlechte Ausgangslage zu bringen. Die Sozialisten verbreiteten, schon bevor wir angefangen hatten zu regieren, im Westen, dass Populisten, Nationalisten und Chauvinisten mit Gebietsansprüchen an die Macht gekommen wären. Sie begannen, uns anzuschwärzen: »Seid nur vorsichtig mit denen. Die werden euch Probleme machen.« Unter solchen Bedingungen nahmen wir die Regierungsarbeit auf."

Von den ersten nicht öffentlichen Regierungssitzungen sickerten regelmäßig detaillierte Informationen in die Presse durch. Die Minister tobten. Egal was sie in den Sitzungen sagten, sie konnten es bald in den Zeitungen lesen. Man begann zu untersuchen, wie das möglich ist. Es stellte sich heraus, dass die Angestellten der Putzfirma im Parlamentsgebäude lauschten und Aufzeichnungen aus den Sitzungen klauten. Die Postkommunisten schreckten vor keinem Mittel zurück, wenn sie Orbáns Gruppe schaden konnten. Der neue Ministerpräsident bekam bald zu spüren, welcher Widerstand dem Wählerwillen entgegenschlägt. Seine Gegner kannten die Geheimnisse der Regierungsmechanismen ausgezeichnet. An vielen Orten waren ihre „eingebauten" Leute, welche die neue Garde reinlegten, wo sie nur konnten.

Orbán nahm den Kampf mit ihnen auf, und dieser Kampf dauert noch heute an. Der Gegner setzt sich unverändert entschlossen zur Wehr. Leute aus dem Umkreis von Orbán erzählen, wie die noch von der sozialistischen Regierung Eingestellten ihrer eigenen Regierung die Lage erschweren, oder direkt gegen sie arbeiten.

Seit 1998 greifen sie Orbán und seine Gruppe mit den unterschiedlichsten Methoden an. Die Medien, die noch in den Händen von Menschen waren, die mit dem alten System verbunden sind, oder sich mit den Liberalen identifizieren, liefen von Anfang an Sturm gegen die Regierung.

Manchmal kam es auch zu ausgetüftelten, scheinbar vergnüglichen Intrigen. Ein Regierungsvertreter erzählt, dass einmal zur Zeit der ersten Regierung Orbán, als die Minister und ihre Stellvertreter mit den Dienstwagen zu den Ferienhäusern ihrer Familien fuhren, die Fahrzeuge plötzlich auf halbem Wege stehen blieben. Fast in allen Autos war die Elektronik kaputt. Irgendjemand hatte den Ministern eine kleine Überraschung bereiten wollen. Eine Warnung war es aber gleichzeitig: Gebt acht! Hier herrschen immer noch wir! Das deutete alles auf die Schwäche des Staates hin und die Selbstsicherheit derer, die sich diesen kleinen Scherz erlaubt hatten. Diese Geschichte bestätigte auch der stellvertretende Ministerpräsident der jetzigen Regierung, damals Leiter der Presseabteilung des Kabinetts, Tibor Navracsics.

* * *

Viktor Orbán hätte gern den Staatsapparat neu organisiert, gleichzeitig wollte er die Traditionen neu beleben, wollte den Menschen zeigen, den alltäglichen Staatsbürgern, dass sie Durchsetzungskraft haben und fähig sind, ihre eigene Umgebung zu verändern. Er legte gewaltigen Wert auf Symbole.

Die Regierung beschloss zur Millenniumsfeier der Staatsgründung eine groß angelegte, glanzvolle Feier abzuhalten. Als symbolische Geste für die Wiederherstellung der Einheit des Staats brachte man die Heilige Krone aus dem Nationalmuseum in das monumentale Parlamentsgebäude. Der hl. Stephan, der erste ungarische König, bekam diese Krone im Jahre 1000 (oder 1001) von Papst Sylvester II. – soweit die Legende. Das Symbol der Macht des Ungarischen Königreichs kam an den Sitz der gesetzgebenden und ausführenden Macht. Die heilige Krone, möglicherweise wurden schon ab dem 17. Jahrhundert Ungarns Könige mit ihr gekrönt, ist das Symbol der tausendjährigen Kontinuität. Dies war ein deutliches Zeichen im Hinblick darauf, wo die Wurzeln des Ungarntums liegen und auf welche Werte sich die Macht berufen will. Mária Schmidt: „Es war das Wichtigste bei der Machtübernahme, dass wir den Menschen den Stolz wiedergeben. Ihnen zeigen und selbst spüren, dass wir Teil der westlichen Welt sind, dass wir ihnen die Geschichte Ungarns anders erzählen. Wir wollten, dass, anlässlich des Millenniums der Existenz des ungarischen Staates, die Leute in jedem Dorf, in jeder Kleinstadt etwas erschaffen sollten, was auf die ungarische Staatlichkeit verweist." Das konnte ein Park sein, ein Denkmal, eine Gedenktafel oder ein Gebäude. Die Bewohner des Ortes mussten selbst entscheiden und sie mussten einen Teil der Kosten tragen. Erst wenn sie etwas in Angriff genommen hatten, übernahm der Staat den noch fehlenden Anteil. Die Menschen im ganzen Lande machten sich ans Werk. Es entstand ein Gedenkkomitee, das die Arbeiten koordinierte.

Ministerpräsident Viktor Orbán überreicht Ex-Bundeskanzler Helmut Kohl im September 2000 im Parlament die Millenniumsgedenkmedaille. Den ehemaligen Vorsitzenden der CDU verehrt Viktor Orbán auch heute noch als einen der herausragenden Politiker Europas.

Die Millenniumsfeiern drangen bis in das kleinste Dorf. Dorthin, wo seit Jahrzehnten kein einziger Politiker hingekommen war. Man konnte sehen, dass die Menschen spürten, dass die Macht ihre Anstrengungen anerkennt. Das hatte in psychologischer Hinsicht eine sehr große Bedeutung. Minister kamen in die Kleinstädte und Dörfer und übergaben den dort lebenden Millenniumsgedenkflaggen. Die Dorfgemeinschaften renovierten Kirchen, bauten Schulen, verfertigten ortsgeschichtliche Publikationen. Die Menschen erfüllte Stolz auf ihre unmittelbare Umgebung. Sie spürten, dass auch sie ein wichtiger Teil der Gedenkfeierserie waren. „Wir reisten mit dem Ministerpräsidenten in ein kleines Dorf", erzählt Mária Schmidt. „Die Ortsansässigen hatten auch ein Denkmal errichtet. 1952 war in dem Dorf eine antikommunistische Bewegung entstanden. 25 Dorfbewohner beteiligten sich am Flugblattverteilen. Eine ihrer Führer wurde zum Tode verurteilt. Das Urteil wurde nicht vollstreckt. Später wurde der Betreffende rehabilitiert und 1989 wurde er der Bürgermeister. Nun errichteten sie den 25 Leuten, die an der antikommunistischen Bewegung teilgenommen hatten, ein Denkmal. Im Jahre 2000 hatte das Dorf hundert Einwohner. Für sie bedeutete Viktors Besuch ein großes Erlebnis. Sie gaben uns reichlich zu essen und zu trinken."

Mária Schmidt wurde die Direktorin des Museums Haus des Terrors, einer Gedenkstätte für die Opfer der kommunistischen und der nationalsozialistischen Diktatur, das heißt der Willkürherrschaft der Pfeilkreuzler in Ungarn. In diesem Teil Europas war dies das erste moderne Museum, das die Geschichte der jüngsten Vergangenheit zeigte. Inspiriert unter anderem von der Konzeption des Museums Warschauer Aufstand, einer Institution zur Erinnerung an den bewaffneten Aufstand gegen die Deutschen in der polnischen Hauptstadt im Jahre 1944. Das Gebäude, welches das Haus des Terrors beherbergt, war ab 1937 das Hauptquartier der Pfeilkreuzler gewesen, zwischen 1945 und 1951 diente es als Sitz des kommunistischen Geheimdienstes, des ÁHV und seiner Vorläufer, der mit Folterkammern ausgestattet war. In den 90-er Jahren benutzte ihn dann eine Brokerfirma. Das Haus des Terrors zeigt die beiden totalitären Systeme im direkten Vergleich: Das Hakenkreuz und der fünfzackige Stern nebeneinander, platziert auf dem Dachrand, das auf die Straße hinausragt. Das Material der

Ausstellung ist außergewöhnlich ergreifend. Das Museum zeigt die schwerwiegendsten Ereignisse der allerjüngsten Geschichte Ungarns, die für das Land am kompromittierendsten waren.

Vor einer gewaltigen Menge eröffnet Viktor Orbán im Februar 2002 das Haus des Terrors als Mahnmal für die Schrecken der faschistischen und kommunistischen Diktatur und als Denkmal für ihre Opfer. Das Haus in der Andrássy út 60 war 1944 die Zentrale der ungarischen Nazis, der Pfeilkreuzler. Nach dem Krieg entstand hier der Sitz der Terrororganisation der Kommunistischen Partei, der ÁVO. Im Keller des Hauses wurden erst Juden, später die Gegner des Kommunismus zu Tode gequält.

Die Eröffnung des Museums am 24. Februar 2002 wurde zu einer gewaltigen politischen Manifestation, an der eine riesige Menschenmenge teilnahm. Dies war ein großer Tag im Kampf gegen den Postkommunismus. Als dann die Postkommunisten die nächsten Wahlen gewannen, versuchten sie mit der Kürzung des Budgets den Fortbestand des Museums unmöglich zu machen. Aus Protest drohten mehrere Zehntausend Ungarn auf die Straße zu gehen. Daher waren die Postkommunisten zu einem Rückzieher gezwungen. Das Museum wird bis zum heutigen Tage von Mária Schmidt geleitet.

Anlässlich des Millenniums wurde in Budapest außerdem das neue Nationaltheater erbaut und auf einem ehemaligen Industriegelände der Millenáris Park, ein Gebäudeensemble, das moderne Kunst in seinen Räumen beherbergt.

* * *

Die Eröffnung des Hauses des Terrors war einer der spektakulärsten Erfolge der Regierung. Doch gab es auch viele andere Veränderungen. Den wirtschaftlichen Reformplan benannten sie nach dem Grafen István Széchenyi, einem Ende des 18. Jahrhunderts geborenen ungarischen Aristokraten. Sein Lebensziel war es gewesen, Ungarns Zivilisationsniveau auf das des zeitgenössischen Englands anzuheben, das er während seiner Reisen in der Jugend kennengelernt hatte. Ungarn stand damals unter der Herrschaft des Wiener Hofes, unter der Macht der Habsburger. Das Habsburger Reich war nach den Napoleonischen Kriegen geschwächt. Österreich hatte schwere Verluste erlitten, Ungarn aber befand sich in einem noch schlechteren Zustand. Es wurde als wirtschaftliches Hinterland des Reiches betrachtet, die ungarische Landwirtschaft hatte großen Bedarf an Fortschritt, was die feudalistisch-konservativen Bestrebungen von Franz I. regelmäßig verhinderten.

In den 1830-er Jahren erkannte der ungarische Adel, dass der Staat ohne radikale Reformen immer tiefer sinken wird. Graf Széchenyi, Abgeordneter der Landesversammlung, war sich darüber im Klaren, dass Ungarn nur die Bemühungen der ganzen, vom Adel geführten Gesellschaft auf die Beine helfen konnten. 1825 verbreitete er einen Aufruf, eine ungarische wissenschaftliche Gesellschaft, das heißt die Akademie der Wissenschaften zu schaffen, er selbst sorgte mit den Einnahmen seiner Besitztümer für die finanzielle Grundlage. Er rief zur Befreiung der Leibeigenen auf, mit den Argumenten, dass nur so eine effiziente Wirtschaft möglich werde. Während er sich auf humanitäre Aspekte berief, war er sich auch über die Grundprinzipien des Kapitalismus im Klaren, über das, was wir heute Marktwirtschaft nennen. Er sah, dass die ausländischen Märkte, nachdem die Kriege Europa ruiniert hatten, immer weniger Waren importierten und die Wiener Macht eine immer unfreundlichere Zollpolitik betrieb, dass die einzige Möglichkeit zur Entwicklung der Ausbau des Binnenmarktes darstellt. Das aber könnten nur die Vertreter der gesamten, verhältnismäßig hoch gebildeten Gesellschaftsschichten – nicht ausschließlich der gehobene und mittlere Adel – vollbringen. In einer seiner Schriften legt er dar, dass der Adel sich irrt, wenn er glaubt, dass er Verhältnisse verbessern kann, während er die Mehrheit der Gesellschaft in Gefangenschaft und ewiger Untertanenschaft hält. Es ist eine unumstößliche Wahrheit, dass sich die Lage des Adels nur dann bessert, wenn er die Lage der Mehrheit der Gesellschaft auch verbessert. Er führt fort: „Dann lebten die Bewohner Ungarns in Ziegelhäusern mit gedeckten Dächern, äßen fettes Fleisch, tränken guten Wein und liefen nicht immer nackt herum". Széchenyis wollte den Bauern auch politische Rechte geben. Er wusste, dass dem Land ein Aufstand droht und dachte, man könne ihn auf diese Weise verhindern. Er setzte sich dafür ein, dass die Grundbesitzer in ihre Latifundien investieren, auch er selbst führte bestimmte kapitalistische Grundprinzipien ein, erklärte und lehrte, wie es sich mit den Krediten verhält. Außerdem rief er zahlreiche Institutionen ins Leben, die der Erweckung des gesellschaftlichen Bewusstseins dienten und die in weiten Kreisen in Verbindung mit der nationalen Wiedergeburt Diskussionen auslösten.

Viktor Orbán dachte ähnlich. Er zitierte die vor 170 Jahren erklungenen Worte des großen Reformpolitikers: „Wagen wir es, groß zu sein!"

Er war der Meinung, dass Ungarn ohne die Stärkung der Bürger, die Auffrischung des Gemeinschaftsbewusstseins beziehungsweise die Belebung der Wirtschaft nicht auf die Beine kommt. Das Land stärken nicht die ausländischen Investoren, sondern die kleinen und mittelständischen ungarischen Unternehmen, sagte er immer wieder. Der Staat muss die Bedingungen dazu schaffen, dass die Bürger Unternehmen in Angriff nehmen, dass ihre Firmen mit den ausländischen Investoren konkurrieren können. „Die Familien müssen sich in Sicherheit fühlen und auf die eigenen Beine kommen", verkündete er. Er behauptete, man müsse die unterstützen, in die investieren, die schon etwas erreicht haben, aber auch denen Möglichkeiten schaffen, die am Anfang stehen. Ähnlich wie Széchenyi meinte auch er, dass der Staat nicht ohne gesellschaftliche Solidarität auf die Beine kommt, worunter er keine soziale Unterstützung verstand, sondern die Stärkung der Lage der aktiven, verantwortlich denkenden Bürger. In der Nachfolge der Reformer des 19. Jahrhunderts betonte auch er, dass es ohne die politische Aktivität der Bürger und ein gutes Bildungssystem keine Chance zu reellen Veränderungen gibt.

Seine Gegner warfen ihm vor, er beachte die Lage der aller ärmsten Schicht nicht ausreichend. Der Széchenyi-Plan machte unter anderem die Vorgaben zur Nivellierung der Unterschiede zwischen dem östlichen und westlichen Landesteil. Die Entwicklungsunterschiede zwischen den beiden Teilen des nicht sonderlich großen Landes waren sehr auffällig, fast so sehr wie der Unterschied zwischen Nord- und Süditalien. In der zweiten Phase der Regierung wurden beträchtliche Summen in der östlichen Provinz investiert, aber nicht nur dort. Das Volumen der öffentlichen Aufwendungen stieg deutlich. Als deren Ergebnis wurden jährlich zehn- bis fünfzehntausend neue Wohnungen übergeben, 46 000 neue Arbeitsplätze geschaffen. 2002 erreichte die Bauindustrie eine Steigerung von 23 Prozent. Bei den Ausschreibungen wurden einheimische Firmen bevorzugt, was natürlich negative Reaktionen in den Heimatländern der ausländischen Firmen auslöste, die in Ungarn Arbeiten verrichteten (beziehungsweise im Straßenbau), in erster Linie in Österreich. Als die österreichischen Politiker die Frage stellten, wann ihre Firmen wieder am Bau der Autobahnen teilnehmen können, antwortete Orbán unumwunden, wenn ungarische Firmen in Österreich bauen dürfen. Zu Zeiten von Gyula Horn genossen die ausländischen Firmen gewaltige Vorteile, was einerseits ein Anwachsen der Investitionen bedeutet, andererseits aber die Entwicklung der einheimischen Industrie blockierte.

Die Adressaten des von Orbán eingeführten Reformplans waren in erster Linie die ungarischen Kleinunternehmer und die Gemeinden. Neben der Unterstützung für die verschiedenen Sektoren der Wirtschaft – Autobahnbau, Wohnungsbau, Fremdenverkehr, wissenschaftliche Forschung und Innovation – erstreckte er sich auch auf die Stärkung der Existenzgründung beziehungsweise des Unternehmergeistes sowie die Entwicklung der Informationsgesellschaft. Koordiniert wurde auch, dass jede Region des Landes an den vom Széchenyi Plan bereitgestellten Möglichkeiten partizipieren konnte. Ungarische Firmen konnten Unterstützung für verschiedene Investitionsprojekte erhalten. Den Unternehmen wurden auch Erleichterungen zuteil.

Weitere Begünstigte der Reformen der Regierung waren die Familien. Die Regierung führte staatlich gestützte Wohnungskreditprogramme und Steuervergünstigungen ein.

Die ökonomische Bilanz entwickelte sich positiv. Ein Teil der Regierungskritiker aber behauptete, dass die Ursachen für die spätere Finanzkrise gerade in den Tätigkeiten des Kabinetts Orbán, das von 1998 bis 2002 an der Macht war, zu suchen seien.

2002 lautet ein Wahlkampfslogan des Fidesz: „Die Zukunft hat begonnen!" Dieser Slogan sollte einerseits die zukünftige Verbesserung der materiellen Lage der Familien betonen, die meisten

Familien hatte nämlich die positiven Auswirkungen des Investitionsbooms, der in der zweiten Hälfte der 90-er Jahre eingesetzt hatte, nicht zu spüren bekommen, im Gegenteil, ihr Lebensniveau war eher gesunken. Der Slogan bedeutete andererseits die Absicht, endgültig mit den Postkommunisten zu brechen.

In der Außenpolitik formulierte der Fidesz drei grundlegende Ziele: den Anschluss an die NATO und die EU; die mitteleuropäische Zusammenarbeit innerhalb der Visegrád-Gruppe[14], eine effizientere und mit neuem Schwung erfüllte Zusammenarbeit; die Unterstützung der Ungarn außerhalb der Landesgrenzen.

* * *

Gegen Ende der Reformmaßnahmen der Mitte-rechts-Regierung begannen die Menschen, die wohltuende Wirkung der Veränderungen zu spüren. Gleichzeitig wurden sie Zeugen politischer Konflikte in einer bis dahin unbekannten, außerordentlichen Intensität. Obwohl die Regierung von Anfang an Konflikte vermeiden wollte, denn sie wollte die Menschen nicht gegen sich aufbringen, ganz besonders die in der Kádár-Nostalgie lebende Gruppe, ließ sie sich schließlich doch auf die Diskussionen ein, ja provozierte sie oft selbst.

Es kam zu Konflikten mit dem Gegner einerseits, dem Koalitionspartner, der Partei der Kleinlandwirte, andererseits. Die Führer des Fidesz hofften, die bevorstehenden Wahlen mit einem solchen Vorsprung zu gewinnen, dass sie alleine regieren können. Die Kleinen Landwirte hatten sie nämlich in verschiedene,

---

[14] Die Visegrád-Gruppe, auch unter der Bezeichnung V4 bekannt, ist eine lose Kooperation der mitteleuropäischen Staaten Ungarn, Tschechien, Slowakei und Polen. Ihr Name kommt von der ungarischen Stadt Visegrád beim Donauknie. Die ungarischen, böhmischen und polnischen Könige trafen sich 1335 dort, um wirtschaftlich-politische Verhandlungen zu führen.

größere und kleinere Skandale, inklusive Korruptionsskandale hineingezogen.

Die in den ruhigen Jahren des Gulaschkommunismus aufgewachsenen Durchschnittsmenschen waren weder an scharfe politische Auseinandersetzungen gewöhnt noch darauf vorbereitet. Mit Interesse verfolgten sie die Konflikte, obwohl die Mehrheit der Wähler sie mit einem Nachgeschmack aufnahm. Die Medien, die nicht mit dem Fidesz sympathisierten, stellten die Regierung und die Parteiführung dar, als seien sie darauf aus, Kriegsbeute zu machen und hätten einen Krieg angezettelt, um sich zu bereichern.

Wir müssen feststellen, dass das Schüren von Konflikten die Lieblingsmethode der von Viktor Orbán verfolgten Politik war. Auch seine engsten Mitarbeiter geben zu, dass Viktor ganz bewusst Konflikte mit politischen Gegnern anzettelte und auch Streit innerhalb der Partei säte. Das tat und tut er, um die jeweilige Situation vollkommen unter Kontrolle zu halten, sich selbst als der zu zeigen, der den Streit schlichtet, sich mit dem Gegner aussöhnt und so bis zum Ende die führende Rolle spielt.

Die Gegner und die Orbán feindlich gegenüber stehenden Zeitungsjournalisten nutzten diese Eigenschaft des Regierungschefs aus. Da er seine Macht ständig ausdehnte – 1998 bis 2002 als Ministerpräsident, dann als Parteivorsitzender – stempelte man ihn nicht nur als radikalen Streithammel, sondern auch als autoritären Führer ab. Orbán wurde schon damals präsentiert wie heute, während seiner zweiten Ministerpräsidentschaft, nämlich als Diktator, der die ungarische Demokratie gefährdet.

Die zweite Zielscheibe für die Angriffe war die finanzielle Unterstützung des Fidesz für seine „eigenen" Institutionen. Tatsache ist, dass Orbán und seine Umgebung – im Bewusstsein der im Geschäftsleben und den Medien herrschenden Unverhältnismäßigkeit – viel dafür getan haben, ausgeglichenere

Verhältnisse herzustellen. Privatfirmen, die mit dem Fidesz in Verbindung gebracht werden können, haben einige Male verschiedene Ausschreibungen der öffentlichen Hand gewonnen. Lajos Simicska beispielsweise baute eine Medienholding auf. Die Ideenfabriken, die Mitte-rechts standen, und die Stiftungen bekamen einen Auftrag nach dem anderen. Männer der Rechten nahmen Schlüsselpositionen bei den staatlichen Firmen ein. Der Fidesz und seine Anhänger erklärten, das sei die einzige Methode, die Dominanz der Postkommunisten zu brechen. Andererseits war es leicht, diese Erscheinungen als Anklagepunkte gegen sie zu benutzen, besonders weil der Fidesz im Wahlkampf 1998 erklärt hatte, dass er mit den postkommunistischen Praktiken bricht. Die gegen Orbán eingestellte Presse hielt dies für eine ausgezeichnete Gelegenheit, ihn anzugreifen und aufzuzeigen, dass sie genauso sind wie ihre Vorgänger, im besten Fall.

Orbán gelang indessen weder der Aufbau „rechter" Firmen noch eine umfängliche Vernetzung bedeutender ungarischer Wirtschaftsfaktoren. Auch die Schaffung des eigenen Mediennetzes unterblieb und es gelang ihm auch nicht, die Haltung der Journalisten zu verändern. Auch die Zusammensetzung der Mitarbeiter der Zeitungen, Radio- und Fernsehsender konnte er nur in geringem Maße umgestalten.

Und es gelang auch nicht, in der Hauptstadt allgemeine Sympathie zu erwecken. Zahlreiche Beobachter meinen, dass Orbán und im Allgemeinen die Fidesz-Leiter, die vom Land stammten, oft betont Abstand zu Budapest einnahmen, besonders gegenüber der städtischen liberalen Intelligenz.

* * *

Der Fidesz startete unter günstigen Vorzeichen in den Wahlkampf 2002. Für Orbán war der Sieg aus zwei Aspekten wichtig. Erstens

brauchte er noch vier Jahre, um seine ambitionierten Reformvor-
stellungen zu beenden, von denen er viele noch nicht einmal ins
Leben gerufen hatte. Andererseits wusste er, dass der Gewinner
der Wahl Ungarn in die Europäische Union führt, was einen
großen Prestigegewinn bedeutet und die Krönung des Prozesses,
den Kommunismus zu überwinden. Damit könnte man an solche
Mittel der Europäischen Union gelangen, welche den Abschluss
der Reformen und den Aufbau der eigenen politischen Kraft
ermöglichen würden.

1998 hatte eine positive Kampagne dem Fidesz Erfolg beschert.
Die Kampagne 2002 wurde also ebenfalls in einem positiven Ton
gehalten: Man zeigte die Erfolge der Regierung, die Resultate des
Széchenyi-Plans, die neu gebauten Brücken, Straßen, Gebäude,
besonders, weil es da etwas zu zeigen gab. Viktor Orbán wurde
als fleißiger Ministerpräsident präsentiert. Sie hatten beschlossen,
dass sich Orbán selbst nicht in die Kampagne einschaltet, sondern
fast bis zum Ende die Regierungsangelegenheiten regelt, nicht in
die Diskussion einsteigt und nicht auf die aggressiven Angriffe
des Gegners reagiert. Nur beraubte sich der Fidesz damit seiner
größten Trumpfkarte: des charismatischen Führers.

Réka Szemerkényi: „Die Regierung konnte auf sehr gute
Indizes stolz sein. Der Beitritt zur Eurozone stand bevor. Wir
galten als der kleine Tiger der Region. Die Menschen spürten das.
Ich kam viel im Land herum und sah die Zufriedenheit. Es gab
keine Anzeichen dafür, dass wir vielleicht nicht gewinnen."

Je näher die Wahlen rückten, desto härter wurde der Gegner.
Die Sozialisten zogen ihre Lehren aus der Niederlage von 1998
und bereiteten sich gründlich vor. Sie beschäftigten ausgezeichnete Wahlkampffachleute aus dem Ausland. Sie eröffneten eine stark
negativ gefärbte Kampagne. Mit dem Slogan „Ungarn hat Besseres
verdient!" versuchten sie, die Menschen zu überzeugen, dass,
obwohl die wirtschaftlichen Resultate nicht die schlechtesten sind,

die Lage des Landes noch besser sein könnte, wenn die Regierung besser regieren würde, wenn sie nicht in solche Affären verwickelt wäre, wenn sie ehrbarer, weniger korrupt und offener wäre. Die Sozialisten hatten genaue Auswertungen darüber, wo und warum die Wähler schwanken. Sie versprachen allen ungarischen Rentnern einmalig 19 000 Forint (ca. 70 Euro!) und verteilten Wahlkampfschecks über diese Summe, die im Falle ihres Sieges „eingelöst" würden. Die Sozialisten erklärten, um diese Summe habe Orbán die Renten gekürzt und sie gäben ihnen jetzt das Geld zurück.

Der Spitzenkandidat der MSzP, der nette und charmante Postkommunist und Bankier Péter Medgyessy, kündigte an, im Falle seines Sieges würde das normale Leben zurückkehren und es würde keine verrückten Veränderungen geben. Zwei Wochen vor dem ersten Wahlgang organisierten sie das Streitgespräch der Spitzenkandidaten der beiden stärksten Parteien, an der gleichen Stelle wie vier Jahre zuvor.

Die Sozialisten vertrat Medgyessy. Die Partie gegen Orbán endete unentschieden. Da Medgyessy keine Fähigkeiten als Redner hatte, nicht öffentlich sprechen oder das Wort ergreifen konnte, fiel das Unentschieden gegen Orbán, der im Rufe stand ein ausgezeichneter Redner zu sein, zu Medgyessys Gunsten aus. Der amtierende Ministerpräsident hingegen verlor.

Orbán wurde pausenlos angegriffen, reagierte aber nicht auf die Aggression. Er ging davon aus, dass die Kritik ohnehin unglaubwürdig ist, er aber einen Ministerpräsidenten darstellen müsse, der sich auf die Regierungsangelegenheiten konzentriert. Seine Wahlkampfberater überzeugten ihn davon, dass seine Landsleute ausschließlich positive Botschaften empfangen sollten. Es schien, als würde diese Strategie aufgehen.

Die Führung des Fidesz rechnete überhaupt nicht mit einer möglichen Niederlage. Sie sannen ausschließlich darüber nach, wie die zweite Fidesz-Regierung aussehen solle, was ihre Aufgaben sein werden, welche Fehler zu vermeiden seien. Was fortzusetzen ist, was zu verbessern und was zu verändern. Auf der letzten Regierungssitzung teilte István Stumpf die Wahlprognose für die Partei mit. Alle Anzeichen deuteten darauf hin, dass der Fidesz allein regieren können würde. Er führte 10 Prozent vor den Sozialisten. Alle waren sehr zufrieden.

16. KAPITEL

Die Niederlage

> Darüber, wie der Fidesz unerwartet die Wahlen verlor
> und wie Viktor Orbán sich ins Schlachtgetümmel warf
> und dann verdampfte wie Kampfer

Am Sonntag, den 7. April 2002, dem Tag des ersten Wahlgangs, trafen sich Orbán, seine Mitarbeiter und die Fidesz-Aktivisten im Millenáris Park, einem modernen Kulturzentrum in Buda. Die Institution war ein Prestigeobjekt der Regierung. Ein hervorragender Ort, den Sieg zu feiern. Bei der letzten Regierungssitzung vor den Wahlen hatten sie darüber diskutiert, ob es gelingen werde, das nächste Kabinett ohne Koalitionspartner aufzustellen. Die Umfragen prophezeiten dem Fidesz eindeutig den Sieg.

Am Sonntagnachmittag wartete jeder auf eine Fiesta. Das Gebäude war einer Menge der Anhänger umlagert.

Im engen VIP-Zimmer saß Viktor Orbán im Kreise der engsten Mitarbeiter vor dem Fernseher. Am frühen Nachmittag standen sie noch nicht schlecht. Die durchgedrungenen Berichte von den Wahlergebnissen in der Provinz erfüllten die Erwartungen. Dann verschlechterte sich die Lage zusehends. Als auch die Berichte aus Budapest eintrafen, steigerten sich die unangenehmen Gefühle. Schließlich kam die allerschlechteste Nachricht: Die Sozialisten hatten mehr Stimmen bekommen als der Fidesz. Erstaunte Stille. Orbáns Gesicht blieb reglos. Man sah den Sturm der Gefühle, der in ihm tobte, aber er sprach kein Wort.

Zoltán Pokorni, der nach László Kövér den Parteivorsitz übernommen hatte, brach vollkommen zusammen. Schließlich brach Orbán die Stille. Seine Züge waren gespannt, aber er

beherrschte sich. Er überlegte, wie er aus der fatalen Lage aus-
brechen könnte. Wie er in die Offensive gehen könnte. Er spürte,
dass alles, was in Ungarn bereits an Veränderung gelungen war,
zu einem Trümmerhaufen werden könnte. Er suchte den Ausweg. Seine erste Konsequenz war, dass alle, die man erreichen
kann, für den zweiten Wahlgang mobilisiert werden müssen.[15]
Großversammlungen und Demonstrationen mussten abgehalten
werden. Die Siegeschancen waren minimal, aber man musste alles
versuchen, um so viele Menschen wie möglich, zu mobilisieren.
Die Sprache musste auch viel kämpferischer werden. Man musste
die Menschen zur Zusammenarbeit aufrufen.

Orbán verlor nicht einen Augenblick die Selbstbeherrschung.
Er konzentrierte sich darauf, wie sie den zweiten Wahlgang
organisieren sollten. In kritischen Augenblicken kann er sehr
pragmatisch sein. Das Gespräch war kühl, hatte den Charakter
einer Analyse. Innerhalb von ein paar Stunden veränderte die
Partei ihre Strategie vollkommen.

Diese zwei Wochen Wahlkampf in einem mörderischen
Tempo zeigten, wie sehr man Menschen mobilisieren kann. Die
Empörung, welche die Ergebnisse der ersten Runde ausgelöst
hatten, war gewaltig, das konservative Wählerlager wollte nicht

---

[15] Das ungarische Wahlsystem war ziemlich kompliziert, damals gab es zwei
Runden. In der ersten Runde kamen die Kandidaten in Persönlichkeitswahl
und die Parteilisten des Wahlkreises zur Abstimmung. In den Wahlkreisen,
in denen ein Kandidat in der ersten Runde 50 % und eine Stimme erhielt,
hatte er das Mandat errungen. Wenn ein solches Ergebnis nicht zustande
kam, kamen die drei Kandidaten mit den meisten Stimmen weiter in die
zweite Runde, beziehungsweise jene, die 15 % erreicht hatten. Beim zweiten
Wahlgang genügte dann die relative Stimmenmehrheit. Das Parlament hatte
386 Sitze (in der jetzigen Legislaturperiode zum letzten Mal). Die Zahl der
Wahlkreise betrug 176. Die zweite Regierung Orbán änderte das diesbezüg-
liche Gesetz und das von Grund auf neue Wahlrecht, mit nur einer Runde
und mit einem kleineren Parlament mit 200 Sitzen, tritt 2014 in Kraft.

an seine Niederlage glauben. Die Führer des Fidesz wollten die Erregung für weitere Mobilisierung ausnutzen. „Der Wahlkampf ist überhaupt nicht zu Ende. Eigentlich beginnt er von Neuem", sagte Orbán.[16] Die Führer der Partei gelangten schnell zu dem Schluss, dass der Grund für die Wahlniederlage ihre schwache organisatorische Struktur und das Fehlen einer entsprechenden gesellschaftlichen Einbettung war. Der Fidesz verfügte über wenige Aktivisten, Ortsvereine und Menschen, die man in den Wahlkampf einbeziehen konnte. Die Strukturen der Sozialisten und Liberalen waren viel wirksamer.

Der Fidesz kam mit den Medien gut zurecht, aber nur dann, wenn seine Vertreter mit den übrigen gleichbehandelt wurden, was jedoch selten der Fall war. Die Kritiker hielten Orbán und seine Minister in ständigem Trommelfeuer. Als es darum ging, direkte Kontakte mit den Wählern zu suchen, stellte sich heraus, dass der Fidesz territorial unglaublich desorganisiert war.

* * *

Die Fidesz-Wähler waren von der Niederlage genauso schockiert wie die Aktivisten der Partei. Einige Umfragen hatten noch ein paar Tage vor dem ersten Wahlgang gezeigt, dass ihre Partei gewinnen musste!

Für den 13. April kündeten sie eine Großversammlung auf dem Kossuth-Platz vor dem Parlament an. Die Rechte zog in den Kampf. Mehrere hunderttausend Menschen versammelten sich. Der gewaltige Platz war voller Menschen. Die umliegenden

---

[16] Am Dienstag nach der Niederlage hielt Orbán eine Rede an der Sportuniversität, bei der sich mehrere Zehntausend versammelten. Das Ereignis bestimmte die Richtung für die nächsten, knappen zwei Wochen und mobilisierte die Anhänger des Fidesz. Die Rede ist bis zum heutigen Tag eine der wichtigsten, öffentlichen Verlautbarungen Viktor Orbáns. *(Anm. des Verlages)*

Straßen auch. Man sprach von einer halben Million Menschen. Demnach war jeder zwanzigste ungarische Staatsbürger dort. „Sagen wir Ja zur Familie, den Kindern, der Freiheit, der Menschenwürde, unserem Glauben, und sagen wir Ja zu unserer Heimat", forderte der Ministerpräsident. Ein Lied von 1848 war die Antwort: „Es lebe die ungarische Freiheit, es lebe die ungarische Heimat". Orbán schloss seine Rede mit dem Aufruf: „Wenn am 21. April genügend von uns wählen gehen, dann siegen die bürgerlichen Kräfte und es siegt Ungarn. Wir glauben also und werden weiter glauben an die Kraft der Liebe und des Zusammenhalts."

Kossuth-nóta

Die Reaktion der vielen Hunderttausend war euphorisch. „Seit Jahrzehnten erlebten sie zum ersten Mal wahre Einheit. Jeder hatte das Gefühl, ein paar Zentimeter über der Erde zu schweben. Das entsprach dem, was die Polen 1979 erlebt hatten, als Papst Johannes II. sie besuchte"- erinnert sich einer der führenden Fidesz-Aktivisten. „Es herrschte totale Euphorie", fügt er hinzu. Diese Versammlung wurde zu einem Meilenstein in der ungarischen Politik. Sie bestärkte die bürgerliche Einheit. Die Menschen spürten ihre Stärke. Auch, dass eine Art Werteordnung sie verbindet – viel mehr als nur die rein täglichen oder zufälligen Dinge. Am Abend standen sie mit Kerzen nebeneinander auf den Straßen.

Jetzt musste man der Menschenmenge die Richtung weisen. „Wir ließen sie wissen, dass es, wenn jeder seine Bekannten anruft, mit ihnen spricht, sie überzeugt, für den Fidesz zu stimmen, klappen könnte", sagt Csaba Hende, der stellvertretende Vorsitzende des MDF, der sich bald darauf in die Umstrukturierung des Fidesz einschaltete.

Orbán wollte die auf den Straßen sich zusammenballende Spannung im Wahlkampf vor der zweiten Runde ausnutzen. Die Zeitspanne von zwei Wochen war mit intensiver Arbeit erfüllt. Der Fidesz stürzte sich in den Wahlkampf. Orbán reiste von Stadt zu Stadt. Er hielt Reden, trat auf Versammlungen auf, nahm

an Treffen teil. Er mobilisierte und agitierte. Täglich trat er bei
mehreren Veranstaltungen auf. Um den Fidesz zu unterstützen,
kam Helmut Kohl, den Orbán schätzte, nach Ungarn. Er versuchte,
die Führer des Fidesz zu überzeugen, die Wähler um Vergebung
ihrer Fehler zu bitten. Ihnen zu sagen, dass er noch jung sei,
manchmal übereilt handle, womit er sie vielleicht verletzt haben
könnte und jetzt bitte er sie um Verzeihung. „Wenn du sie um
Verzeihung bittest, vergeben sie dir", sagte Kohl angeblich. Aber
das war für Viktor Orbán zu schwer. Er war nicht in der Lage,
das zu tun. Schließlich gab er seinen Mitarbeitern nach und sagt
es am letzten Tag des Wahlkampfs in einem kleinen Dorf an der
Grenze. Aber das hörte keiner mehr.

Die Abschlussrede des Wahlkampfes wollte Orbán vor der
Technischen Hochschule in Budapest halten. Schwerfällig trottete
er die Treppe hoch, man sah ihm an, dass er von dem zweiwöchi-
gen Kampf um Wähler todmüde war. Es gab einen Augenblick, in
dem man meinte, er schaffe es nicht, hinaufzugehen. Dann begann
es, zu regnen. Auf der Leinwand über der Tribüne sammelte sich
das Wasser. Plötzlich brach die Konstruktion ein und auf alle,
die unter der Leinwand standen, ergoss sich das Wasser. Sein
Anzug wurde pitschnass. Er nahm es mit Humor, brachte sich in
Ordnung und sprach weiter.

Die Kampagne selbst brachte ihr Ergebnis: Im zweiten
Wahlgang gewann der Fidesz 75 der 131 individuellen Wahlkreise, die Sozialisten erhielten 56 Mandate. In zehn Wahlkreisen
hätte Orbáns Partei noch gewinnen müssen, um weiter regieren
zu können. Damals ging ihm durch den Kopf, dass der Fidesz
gewonnen hätte, wenn der Wahlkampf noch ein paar Tage länger
gewesen wäre. Aber es kam nicht so. Am 21. April 2002 verlor der
Fidesz die Macht.

An diesem Abend verkündete Orbán: „Wir haben eine wichtige Schlacht verloren, aber wie ich schon sagte, steht die Sache

gut. Stellen wir die Frage aber trotzdem schon jetzt am ersten Abend, obwohl wir damit noch einen Monat warten könnten. Wenn wir schon hier zusammen sind, stellen wir uns die Frage, warum das so gekommen ist. In den nächsten Tagen können wir viele Antworten hören. Jeder wird seine eigene Antwort haben. Analysten können damit die Zeitungen füllen. Wir haben auch eine Antwort, ich habe auch eine Antwort. Ich glaube, dass es einen höheren Sinn gibt, für das, was mit den Menschen passiert. Was dieser höhere Sinn genau ist, das ist mir heute noch nicht klar. Heute spüren wir nur die mit Stolz gemischte Trauer. Zu der Antwort, was der höhere Sinn all dessen war, das heute geschehen ist, nun, zu dieser Antwort braucht man Zeit und die Zeit wird kommen. Der höhere Sinn der Geschichte wird uns dann klar werden.

Etwas wissen wir aber schon jetzt genau, wir wissen, für jeden, in dem Glaube, Hoffnung und Liebe sind, für den werden sich die Schwierigkeiten zu seinen Gunsten wenden. Wir wissen auch – und das wissen wir genau –, dass man nur einen Menschen besiegen kann, der seinen Glauben verloren hat. Wir wissen, was wir geschaffen haben, bleibt, andere werden das weiterbauen, auch wenn es ihn schwerfällt. Sicher wissen wir auch, dass wir in der Opposition auch auf der Seite der Bürger stehen werden."

In den nächsten Tagen ging in ganz Ungarn das Gerücht um, bei den Wahlen habe es Betrug gegeben. In Budapest herrschte eine angespannte Atmosphäre. Nach der Bildung der neuen sozialistisch-liberalen Regierung blockierten Menschen, die eher rechts vom Fidesz standen, die Elisabethenbrücke. Einen Teil der Politiker überkam die Versuchung, diese Aktion auszunützen und die Neuauszählung der Stimmen zu fordern. Der Fidesz und sein Führer schwiegen eine Zeit lang. Innerhalb des Fidesz wurde auch über die Frage diskutiert, aber Orbán verwarf schließlich, die Wahlergebnisse infrage zu stellen.

Der gescheiterte Ministerpräsident und seine leitenden Gefährten analysierten die Gründe der Niederlage. Als grundlegendes Problem erschien die schlechte Organisierung der Partei und die fehlende gesellschaftliche Einlagerung. Der andere Grund war die feindliche Einstellung der Mehrzahl der Medien. Damit begann Lajos Simicska, sich auseinanderzusetzen. Seine Aufgabe war es, Fidesz-nahe private Radio- und Fernsehsender, Internetportale und Presseorgane aufzubauen. Orbán aber machte sich mit seinen Ratgebern an den groß angelegten Umbau der Partei.

Nach 1990 war der Teil der Gesellschaft, der sich nicht in das System Kádár integriert hatte, unorganisiert geblieben. Wie Pilze sprossen nämlich kleine Organisationen und kleine Parteien aus dem Boden, aber keine schlug richtig Wurzeln. Sie hatten kein Vermögen, keine gesellschaftliche Basis. Die Lage war übrigens in allen Ländern Mitteleuropas gleich. András Wermer, Orbáns Spin Doctor brachte die Idee ein, die gesellschaftliche Unruhe, die aufgewirbelten Energien der Wählerschaft zu nutzen, die Gründung von bürgerlichen Kreisen zu organisieren, ein Netz von unabhängigen, gesellschaftlichen Organisationen zu schaffen, in denen sich Durchschnittsmenschen betätigen konnten. Diese Kreise schalten sich nicht direkt in die Politik ein, sondern arbeiten an Lösungen für die Probleme ihrer eigenen Organisation, ihres eigenen Umfelds. In der Zukunft konnte man auf der Basis solcher Organisationen den Hintergrund einer breiten politischen Mitte-rechts-Bewegung schaffen. Parallel dazu könnte der Fidesz beginnen sich, die schon existierenden zahlreichen, kleineren und größeren Mitte-rechts-Parteien und Organisationen einzuverleiben.

Orbán kündigte die nächste Großversammlung für den 7. Mai 2002 an. Auf dieser sagte er: Da das zuständige Gericht die Wahlen für unanfechtbar erklärt hat und auch das amtliche Endergebnis verkündet hat, hat der Fidesz dies akzeptiert.

Der wichtigste Gedanke, den er verkündete, war der folgende: „Mag sein, dass unsere Partei, unsere Abgeordneten im Parlament in der Opposition sind, aber wir, die wir hier auf dem Platz sind, können das nicht sein, werden das nicht sein, weil die Heimat nicht in der Opposition sein kann. Was müssen wir also tun?", fragte er und rief die Menschen auf, Bürgerkreise zu bilden, in denen sich Gleichgesinnte treffen können. Kreise, in denen sie nicht über die große Politik, sondern die eigenen Angelegenheiten, die sie für lösbar halten, beraten. Die Initiative bekam später eine Schlüsselbedeutung für den Fidesz.

Die Wähler reagierten außergewöhnlich agil. Menschen, die sich nicht kannten, aber Orbán mochten, begannen sich zu treffen und zu diskutieren. „Nach 55 Jahren des Schweigens, der Eingeschlossenheit in der Familie kamen die Menschen hervor. Und sahen plötzlich, dass es eine Menge ähnlich Denkender im Lande gab. Sie waren schon immer in der Überzahl gewesen, hatten es aber nie bemerkt. Es veränderte sich ihr Denken, ihre Weltsicht, ihr Selbstbewusstsein. Nach dem zweiten Wahlgang der Niederlage wollten die Menschen nicht die Hände in den Schoß legen", erinnert sich Csaba Hende.

Die Atmosphäre war ähnlich wie 1980 in Polen, als sich die Solidarność gründete.

Die Menschen kamen zusammen, sprachen, diskutierten, sogar nächtelang.

* * *

Die Schaffung der Bürgerkreise führte zu ernsten Auseinandersetzungen in der Partei, weil die Initiative strukturelle Veränderungen vorauswarf, dies jedoch zu unerwünschten Konflikten, Machtkämpfen führte. Orbán wusste schon, dass bei einem Puzzle auch die starke führende Hand eine Schlüsselrolle spielt.

Als Ministerpräsident hatte er – nicht sofort, aber dennoch – die Führung der Partei seinen Gefährten überlassen. Jetzt ging ihm auf, dass er einen Fehler begangen hatte. Er hatte nicht auf die Kampagne geachtet und zu viel Macht anderen überlassen. Von diesem Augenblick an begann der Parteivorsitzende, die Macht immer dynamischer in seine Hand zu nehmen. Orbán war sich im Klaren darüber, wenn er eine große Organisation entstehen lassen will, muss er die Partei mit eiserner Hand führen. Alle wollten ihn wieder als Vorsitzenden. Natürlich willigte er ein, aber er setzte alles auf eine Karte: Gut, ich führe die Partei, aber ihr akzeptiert mein Programm und meine Vorstellungen zur Umstrukturierung. Anfang Juli 2002 legte Zoltán Pokorni den Vorsitz nieder und bis Mai 2003 leitete János Ader den Fidesz als Geschäftsführer. Dann übernahm Orbán formell die Führung des Fidesz.

Orbáns Pläne betrafen den Parteiaufbau, die Veränderungen in der Parteistruktur und die Stärkung der Macht des Vorsitzenden. Viele seiner Mitarbeiter dachten damals, dass eine kleinere, entsprechend geleitete, vertikal von unten nach oben aufgebaute Partei effektiver sei. Nur eine bessere Kampagne müsste man organisieren. Orbán gab aber nicht nach. Er wollte eine große Partei aufbauen, mit einer starken Macht des Vorsitzenden. Er selbst wollte die Struktur formen und auch über die Besetzung der einzelnen Posten bestimmen. Er setzte all seine Ideen durch.

Die Rechte musste konsolidiert und für ihn ein solider Hintergrund geschaffen werden. Die Begeisterung der Menschen musste ausgenutzt werden, ihre Verbundenheit, und vermittels ihrer eine haltbare gesellschaftliche Basis für den Fidesz geschaffen werden. Orbán beschloss, zahlreichen verschiedenen Institutionen ein Kooperationsangebot zu unterbreiten, er wollte eine breite Plattform aufbauen, die sämtliche rechten Bewegungen umfasst. Von Anfang an ging er davon aus, dass eine solche Form der Zusammenarbeit nötig ist, von der jeder profitiert. Auch hier, wie im Geschäftsleben, musste sich das „Win-Win"-Prinzip verwirklichen, das heißt, dass beide Seiten etwas von der Sache haben. Gleichzeitig solle sich jeder autonom fühlen und den Respekt erhalten, der er verdient. Niemand dürfe das Gefühl haben, „gefressen" zu werden.

Orbán begann eine Herkulesarbeit und sprach alle vereinzelten rechten Grüppchen an. Vielen kleinen Gruppierungen und Organisationen bot er Verträge an: Kommt zu uns als Verbündete, ihr behaltet eure eigenen Strukturen. So entstanden innerhalb des Fidesz eine Reihe von Abteilungen: Frauen, Arbeiter, Grüne, Bauern, Gemeinden und noch eine Reihe anderer.

Der Fidesz wurde zu einer Art Hafen, in den verschiedene Schiffe einliefen, die seine Infrastruktur benutzten, ihn verstärkten, alle aber behielten ihre eigene Flagge. Jede neue Organisation, die sich anschließt, wird Teil des Hafens, bleibt aber weiterhin ein Schiff. Kommt mit mir und profitiert von der Zusammenarbeit, aber haltet euch an die Richtlinie und im Gegenzug beschäftigen wir uns mit euren Angelegenheiten und vertreten eure Interessen, so lautete das Angebot. Und diese Strategie stellte sich als sehr nüchterne Idee heraus. Sie erforderte sehr viel Arbeit, brachte aber ein Ergebnis. Noch wichtiger war aber ein zweiter Schritt. Die Einbindung Tausender, die sich bisher niemandem verpflichtet fühlten, in die Aktivitäten der Gemeinschaft, in die gesellschaftliche Aktivität.

Orbán beschloss, die kleine Partei zu einer großen Organisation auszubauen. „Bisher haben die Menschen, die eine neue Organisation geschaffen haben, versucht, mit lauten Reden die Aufmerksamkeit auf sich zu lenken, haben erwartet, dass jemand ihnen zuhört. Sie schrien und spitzten die Ohren, ob ihnen jemand zuhört. Wir auf der anderen Seite waren nicht fähig gewesen, der Gesellschaft zuzuhören, weil wir keine Instrumente dazu hatten", erklärt Csaba Hende.

Es gab im Jahr 2002 Leute, die behauptet haben, der Fidesz sei eine Partei des Anrufbeantworters. Man konnte sie anrufen, aber nie meldete sich jemand. Man konnte eine Nachricht hinterlassen, aber es gab keine Garantie, dass jemand sie abhört und zurückruft. Die Partei war immer noch klein. Sie hatte nicht genügend Aktivisten. Sie war nicht genügend verwurzelt. Es fehlte der gesellschaftliche Hintergrund. Sie hatte einen Ministerpräsidenten, Minister, bekannte Politiker, aber nicht sehr viel mehr. Die Partei sprach und funktionierte. Aber sie hörte nicht die Stimme der anderen.

In Győr mit seinen 130 000 Einwohnern, der zweitaktivsten ungarischen Industriestadt, hatte die Regierungspartei 1998 insgesamt 26 Mitglieder. Es ging ihnen gut. Ein Teil von ihnen gelangte ins Parlament, ein anderer Teil in den Magistrat. Dank der Partei hatte fast jeder von ihnen einen Arbeitsplatz. Nur hatten sie wegen der Partei keine Zeit, zu arbeiten. Die Mitarbeiter der Parteizentrale konnten keine Verbindung mit den Fidesz-Leuten in Győr halten, weil sie nie jemanden im örtlichen Parteibüro antrafen. Während der vierjährigen Regierungszeit des Fidesz wurde die Organisation in Győr stärker, 2002 hatte sie schon 53 Mitglieder. Sie saßen im Bequemen und erwarteten, dass die drei Listenkandidaten wieder gewinnen. Warum auch nicht? Sie hatten ja einen guten Ministerpräsidenten und eine erfolgreiche Regierung. Auch sie waren, wie die anderen, sicher zu siegen. Und an vielen Orten Ungarns war die Situation genau so wie in Győr.

„Wir haben ein Wirtschaftswachstum von 4,5 Prozent erreicht. Neue Arbeitsplätze sind entstanden, neue Häuser wurden gebaut. Erst später stellte sich heraus, dass das alles nicht zählt, sondern nur, wem es gelingt die Wähler in der Kampagne mitzureißen", sagt Csaba Hende.

* * *

Nach der Vollversammlung am 7. Mai 2002 verschwand Viktor Orbán fast zwei Monate. Niemand wusste, was mit ihm los ist. Er kam nicht ins Parlament, trat nicht öffentlich auf. Die feindlichen Medien klatschten, dass er die Wahlschlappe nicht verkraftet habe, in die Psychiatrie gekommen sei und behandelt werde. Ein bekannter Publizist „beerdigte" ihn sozusagen in den Spalten der Népszabadság. In Budapest kreisen bis zum heutigen Tag Legenden.

Einer von engsten Mitarbeiter Orbáns verriet mir die Wahrheit. Von Ende Mai an den ganzen Juni hindurch, gab es von Orbán kein Lebenszeichen, weil er … die Fußballweltmeisterschaft in Südkorea und Japan besuchte. Er tankte auf. So ist er eben.

17. KAPITEL

Viktor Orbán und der Herrgott

> Darüber, wie der kämpferische, antiklerikale Junge zu einem tiefgläubigen Menschen wird, dem der Glaube in den schwierigsten Augenblicken der politischen Kämpfe Kraft gibt

Am späten Abend des 7. April 2002, nach der Verkündigung der Ergebnisse des ersten Wahlgangs, als schon klar war, dass der Fidesz – entgegen der Erwartungen – weniger Stimme bekommen hatte als die Postkommunisten, hielten sich im VIP-Raum des Budaer Millenáris Park nur noch die alten Parteiaktivisten auf, alle in einem Zustand tiefster Erschütterung. Da sagte Orbán: „Lasset uns beten!" Die ehemaligen Antiklerikalen, die früher gegen die Einführung des Religionsunterrichts in den Schulen und die Rückgabe des Kirchenvermögens rebelliert hatten, beteten nun gemeinsam.

Das Verhältnis zu Gott, Glaube und Kirche ist ein weiterer Schlüssel zum Verständnis des Wegs, den Orbán zurückgelegt hat. Einem politischen und seelischen Weg. Er war nicht einfach nur ein Mensch gewesen, der nicht glaubte, der angehende Politiker hatte auch Kämpfe gegen die Kirche geführt.

Fast zwanzig Jahre später, als Ministerpräsident, sprach er öffentlich über den Glauben, in seiner Wohnung aber hängt seit Jahren ein Bibelspruch an der Wand: „Ich aber und mein Haus wollen dem HERRN dienen." Und das ist kein bloßes Mitbringsel von einem Wallfahrtsort.

Orbáns politische Gegner werfen ihm vor, dass die Veränderung, die in ihm vorgegangen ist, nur konjunkturell sei, eine

Art politischer Marketingtrick. In Orbáns Aktivitäten war das Abwägen der Chancen immer kennzeichnend und ist es noch immer. Die Politik gab ihm den Anstoß zur Annäherung an die Kirche.

„Ich habe keinerlei religiöse Erziehung genossen, die Großeltern haben mit zunehmendem Alter Gespräche über Glaubensfragen immer weniger zugelassen. Ich bin in einer ungläubigen Umgebung aufgewachsen", bekannte Orbán auf einem öffentlichen Treffen, wo er darüber sprach, was ihm der Glaube bedeutet.

Er wurde zwar getauft, doch danach riss die Verbindung zum Glauben ab. Weder zu Hause, noch in der Grund- oder Mittelschule hatte man versucht, ihn zu bekehren und sein Interesse für Glaubensfragen zu erwecken. Für Ungarn war nach 1956 die Abschaffung religiöser Strukturen vorherrschend. Kádárs Führung hatte ihr Ziel erreicht.

Während seiner Studienjahre beschäftigten ihn auch keine Fragen in Zusammenhang mit Gott. Er war zwar kein Religionsgegner, aber mochte die Kirche nicht. Anikó Lévai, die er während ihrer beider Studienjahre standesamtlich geheiratet hatte, war schon damals ein tiefgläubiger Mensch und ist es noch heute. Anikó stammt aus einer traditionsbewussten, katholischen Familie. Damals bekam sie Viktor nicht dazu, auch kirchlich zu heiraten. Viktor wollte nicht und fertig. Die jungen Revolutionäre bereiteten den Sturz des Kommunismus vor und dazu sahen sie in den damaligen ungarischen Kirchen keine Verbündeten. Mit Johannes Paul II. war die Lage anders. Er genoss in ungarischen Studentenkreisen großes Ansehen.

1987 machte sich eine siebenköpfige Gruppe von ungarischen Jugendlichen mit einem Lada und einem heruntergekommenen Käfer auf den Weg von Budapest nach Gdańsk, um an einer Papstmesse teilzunehmen. Die Gruppe bestand aus den folgenden sieben Jugendlichen: dem gegenwärtigen Ministerpräsidenten

Ungarns und seiner Frau, dem gegenwärtigen Parlamentspräsidenten und Ungarns gegenwärtigem Staatsoberhaupt, ebenfalls mit ihren Gemahlinnen, und dem ehemaligen Minister für Nationale Entwicklung, beziehungsweise: Viktor Orbán und Anikó Lévai, László Kövér und Mária Bekk, János Áder mit Anita Hercegh und Tamás Fellegi. In Budapest, am Schwarzen Brett an der Universität, hatten sie eine Adresse in Gdańsk entdeckt, die ein polnisches Studentenpaar als Nachtquartier empfahl. Nach einer langen Reise kamen die jungen Ungarn endlich an. Die angebotene Wohnung erwies sich als sehr eng. Acht Leute in einem Zimmer! Doch die polnische Polizei verbesserte die Lage schon eine Stunde nach ihrer Ankunft, da sie den Hausherrn festnahm und alle in der Wohnung versammelten Polen, weil sie oppositionelle Transparente bei sich hatten. Ein Transparent mit der Aufschrift Solidarność konnten sie verstecken. Die Ungarn übernachteten in der Junggesellenwohnung. Am nächsten Tag wickelte sich Anikó das Transparent um den Körper, zog ihr Kleid darüber und schmuggelte es so an den Ort der Messe, in den Stadtteil Zaspa.

„Damals in der Menge von einer Million Menschen in Gdańsk, verschafften wir uns Gewissheit, dass das System am Ende ist", erinnert sich László Kövér. Es war ein großes Erlebnis für sie, dass sie an einem Treffen mit dem Papst teilhaben konnten. Es überraschte sie, dass eine groß angelegte Oppositionsbewegung, die damals noch verbotene Solidarność, mit Hilfe von Gebeten neugeboren wurde. Das behielt Orbán mit aller Sicherheit in Erinnerung und in seiner Seele, aber es brachte ihn nicht auf den Weg in die Kirche. Ihn interessierten die gesellschaftlichen Bewegungen, natürlich auch die Solidarność. Sehr interessant fand er die enge Verbindung zwischen dem Papst und der Arbeiterschaft. In Gdańsk sah und spürte er, was Gemeinschaft ist. Zu jener Zeit hielt die Solidarność-Leute noch für eine politische Gemeinschaft, eine bürgerliche Gemeinschaft, die dem Kommunismus entgegenstand, aber er hielt sie nicht für gläubige Menschen.

Den Glauben wies er weit von sich. Als der Fidesz schon gegründet war, der Kommunismus gestürzt war und die jungen Revolutionäre schon im Parlament saßen, kam öfter die Abneigung von Orbán und seinen Gefährten gegen die Kirche zum Ausdruck. Orbán rebellierte, als die Religionsstunden in den Schulen wiedereingeführt wurden, verweigerte die Zustimmung für das Budget zur Förderung des Religionsunterrichts. Genauso widersetzte er sich der Rückgabe des Kirchenvermögens. Die Fidesz-Leute traten in zahlreichen Fällen öffentlich gegen die Kirchen auf. Charakteristisch, in welcher Tonart, mit welcher Sprache Orbán in einem Artikel in der postkommunistischen Népszabadság, der 1991 erschien, wie schon erwähnt wurde, darüber schreibt, wie die Regierung die Jugend behandelt. „Zweitklassige Menschen sind wir für sie, verglichen mit denen, die erlebt haben, was sie „glückliche Friedenszeit" nennen, die heilige Dreifaltigkeit, Gott, Heimat, Familie. (…) Ihre Botschaft an die Jungen war: ( ) Wichtiger als eure Zukunft, ist, dass bei den nächsten Wahlen in jeder Pfarrei für die Parteien der christlich-nationalen Koalition agitiert wird." Die Fidesz-Leute verspotteten auch vom Rednerpult des Parlaments mehrfach den Glauben und die christdemokratischen und konservativen Politiker, die sich auf die Kirche beriefen.

Die Kirchen in Ungarn – die katholische und die protestantische gleichermaßen – genossen nicht das gleiche Ansehen wie die katholische in Polen. Die Führer der Kirchen, die in den Zeiten des Kommunismus um ihr Fortbestehen kämpften, unterstützten die Opposition nicht. Die Kirchen bedeuteten, im Gegensatz zu Polen, keinen Zufluchtsort für die Rebellen gegen das System. Es gab Geistliche, die Oppositionelle unterstützten, es gab auch illegale Glaubensgemeinschaften, viele Geistliche wurden mit den außergewöhnlichsten Methoden verfolgt, gleichzeitig gab es viele Spitzel unter ihnen, vor allem in den höheren geistlichen Rängen. Die Bischöfe versuchten, neutral zu bleiben, in der Hauptsache achteten sie darauf, mit der herrschenden Macht keine Probleme zu haben. Die verschiedenen Prozesse, Torturen und Leiden, später, nach der Revolution von 1956, die blutigen Abrechnungen, dann aber das Einspannen in den Dienst des kommunistischen Regimes und die zwangsweise Zusammenarbeit sollten das Rückgrat der ungarischen Kirchen brechen.

Erzbischof József Mindszenty, den großen Märtyrer der katholischen Kirche, den auch Orbán selbst sehr hoch schätzte, hatten gegen Ende des 2. Weltkrieges die Pfeilkreuzler inhaftiert. Nach dem Krieg tat dann der Geheimdienst der Kommunisten, der ÂHV, mit ihm das Gleiche. Im Gefängnis wurde er gnadenlos gefoltert. Man verurteilte ihn zu einer lebenslänglichen Haftstrafe. Vom November 1956 an hielt er sich fünfzehn Jahre lang in der amerikanischen Botschaft in Budapest auf, dann durfte er auf Intervention des Vatikans das Land verlassen und ließ sich kurz darauf in Wien nieder. Erzbischof Mindszenty hatte leider keine Nachfolger. In den Augen der rebellierenden, antikommunistischen Generation gehörte die Kirche lange zu den Institutionen, die mit ihr Gefügigkeit, ihrer Unterwürfigkeit, das System Kádár unterstützt hatten. Sie sahen in ihre eine große, aber opportunistische Organisation, die fern von ihrer Welt stand, betrachteten aber insgesamt die Kirche nicht als Feind.

Unter den Vertretern der katholischen Kirche sah Orbán Anfang der 90-er Jahre nur Johannes Paul II. als herausragende Persönlichkeit an. Gerade wegen des polnischen Papstes geriet er zum ersten Mal mit der Wochenzeitschrift „Magyar Narancs" in einen scharfen Konflikt, die anfangs das Blatt des Fidesz gewesen war. Als Johannes Paul II. 1991 Ungarn besuchte, erschienen in der Zeitschrift zahlreiche boshafte und satirische Artikel und Zeichnungen über Karol Wojtyła. Orbán war erzürnt, er meinte, dass dies sehr schädlich sei, und versuchte, den Vertrieb der ominösen Ausgabe zu verhindern. An der Spitze der Wochenzeitschrift stand eine entschlossene links-liberale Gruppe, die dann auch den Fidesz verließ. Zu diesem Zeitpunkt brachen das Blatt und Viktor Orbán beziehungsweise der Kreis von László Kövér endgültig miteinander. Orbán hegte dem polnischen Papst gegenüber tiefsten Respekt und war sich darüber im Klaren, welche Rolle er spielt.

Viktor Orbán begann, sich – durch den Einfluss seiner Frau Anikó und ihres Freundes, des 1990 im Fidesz-Umkreis aufgetauchten Geistlichen Zoltán Balog, der großen Einfluss auf die spätere Entwicklung Orbáns ausübte – zunehmend für Kirchenfragen zu interessieren. Vorläufig war das Interesse nur politischer Natur. Unterschied sich nicht von dem, das er anderen gesellschaftlichen Institutionen entgegenbrachte. Er blieb bei der Angelegenheit ziemlich kühl und pragmatisch. Er suchte Verbündete. Er dachte, da er in Ungarn leben will, aktiv politisieren will, musste er auch die übrigen aktiven Akteure kennen. Dieses etwas berechnende Interesse hatte, wie sich später herausstellte, ernsthafte Folgen.

Die Annäherung begann 1992. Gábor Fodor und Viktor Orbán hatten sich entschlossen, eine Gesprächsreihe mit ungarischen Kirchenvertretern abzuhalten. Zoltán Balog war mit dabei. Für Viktor erwies sich das Treffen mit dem Erzbischof von Eger, dem Vorsitzenden der Ungarischen Katholischen Bischofskonferenz, István Seregély als das bedeutendste. Der Erzbischof sprach zwei Stunden lang über die Bedeutung des ungarischen Katholizismus. Die Fidesz-Leute ließ die lange, weitschweifige Rede kalt. Als der Erzbischof eine Minute Pause einlegte, stellte ihm Fodor sofort die Frage, warum die Kirche sich nicht liberalisiert, während die ungarische Gesellschaft auf Reformen innerhalb der Kirche wartet, warum führen sie die Veränderungen im Sinne des II. Vatikanischen Konzils nicht ein.

Der Geistliche Zoltán Balog hatte großen Einfluss auf die Herausbildung von Viktor Orbáns religiösem Weltbild. Balog, der heute das Ministerium für Bildung, Kultur Gesundheit und Soziales leitet, pflegt eine enge Freundschaft mit dem Ministerpräsidenten. Auf dem Bild vom September 2013 treffen sie gemeinsam auf einer Veranstaltung in der Provinz ein.

Orbán schwieg bis zuletzt. Den Erinnerungen zufolge sagte er: „Von dem, was der Herr Erzbischof gesagt hat, habe ich kaum ein Wort verstanden. Eine Sache aber verstehe ich. In Ungarn ist die katholische Kirche eine sehr wichtige Institution. Darüber bin ich mir im Klaren. Auch habe ich verstanden, dass in unserem Land die Kirche noch lange Zeit bestehen bleiben will und aktiv sein. Auch der Fidesz lange Zeit in Ungarn aktiv sein will. Das verbindet uns. Wenn die Kirche ein wichtiger Faktor ist, müssen wir uns irgendwie einigen." Als Orbán nach dem Treffen mit

Balog alleine war, sagte er ihm: „Ich war mir nicht bewusst, dass die Kirche in Ungarn so wichtig ist, ein so wichtiger Teil des ungarischen Lebens. Ich kann keine gute Politik machen, wenn ich das nicht verstehe."

Die gesamte Fragestellung wirkte stark auf ihn. Es kam zu längeren Gesprächen mit dem Geistlichen Balog über die Bibel, den Glauben, die Theologie und die Kirche. Das Christentum interessierte ihn damals eher als ein Phänomen, das ein Politiker aufmerksam betrachten muss, denn als Teil seines Lebens.

Er folgte in erster Linie seiner eigenen politischen Vision. Im Gegensatz zu Fodor wollte er von Anfang an, dass der Fidesz sich von den Liberalen, vom SzDSz unterscheidet, seine eigene Partei mit eigenständiger Identität wollte er schaffen. Die Liberalen hatten eine noch größere Abneigung gegen die Kirche, die sie für ein Merkmal der ungarischen Provinz und der provinziellen Weltsicht, für ein Symbol der Zurückgebliebenheit und einen Feind der Freiheitsrechte hielt. Orbán wollte sich nicht den Liberalen anschließen. Aber auch nicht dem mächtig konservativen MDF, das auf der anderen Seite stand und die Wichtigkeit der christlichen Traditionen betonte. Orbán beabsichtigte, den Fidesz zwischen den beiden Gruppen zu positionieren.

Er wollte damals den Fidesz nicht an die Kirche gebunden sehen, war sich aber im Klaren, dass er auch nicht antiklerikal sein kann. Während er den Standort der Partei suchte, bemühte er sich, die ungarische Geschichte zu verstehen, die Gesellschaft, die Wähler und ihre Bedürfnisse. Unterschiedliche psychologische Befindlichkeiten und Gemeinsamkeiten gleichermaßen.

Zoltán Balog organisierte für Orbán zahlreiche Treffen mit Kirchenleuten, die Viktor ausfragte, was man gemeinsam unternehmen könne, wie sie die Zukunft sehen. Den Teilnehmern blieben außerordentlich spannende Diskussionen in Erinnerung. Die Kirchenleute fanden in Viktor Orbán einen interessanten

Gesprächspartner. Die Liberalen wollten nicht verhandeln, die Gespräche mit den Politikern des MDF waren ziemlich eindeutig und vorhersehbar. In Orbán lernten sie einen etwas unsicheren, aber der Welt gegenüber aufgeschlossenen Diskussionspartner kennen. Orbán kam der Kirche und dem Glauben innerlich Schritt für Schritt näher. Mit Zoltán Balog verband ihn eine immer tiefere Freundschaft. Der Geistliche verwandelte sich unmerklich zu einem Seelenführer.

Immer häufiger sprachen sie vom Privatleben. Anikó wollte Viktor ständig von einer kirchlichen Trauung überzeugen. Viktor aber sah Differenzen mit dem Konzept seiner Identität. Er nahm die Sache sehr ernst. Er befand sich auf der Suche nach dem Weg, wollte herausfinden, woher er stammt, an welchen Ort und welche Traditionen er sich gebunden fühlt. „Er hielt für wichtig, diese für ihn wichtigen Dinge zu ordnen", erzählt Balog. Er begann, seine Identität im Christentum zu entdecken. Viktor und Anikó hatten beschlossen, die Kinder taufen zu lassen. Sie sollten in den Religionsunterricht gehen und am Leben der religiösen Gemeinschaft teilnehmen.

Orbán dachte gleichzeitig auch über mögliche Parteibündnisse nach. Zu jener Zeit begann er eine öffentliche Gesprächsreihe mit den Vertretern anderer rechter Parteien, an deren Treffen jeweils ein katholischer Pfarrer oder ein evangelischer Geistlicher teilnahm. In ihm reifte die Veränderung. Er verwandelte sich in einen gläubigen Menschen, er fand Gott und nahm das sehr ernst.

Auf dem Weg der Bekehrung zum Glauben bedeutete das Jahr 1997 einen Durchbruch. Anikó und Viktor heirateten kirchlich. Vorher hatten sie sich ein halbes Jahr lang intensiv auf den feierlichen Anlass vorbereitet. Viele, viele Stunden hatten sie mit Zoltán Balog über Gott und Glauben gesprochen.

Damals begann Orbán, regelmäßig Gebetstunden der reformierten Gemeinde zu organisieren, zu denen bis heute einmal im

Monat Politiker verschiedener Parteien und Glaubensrichtungen zum gemeinsamen Gebet zusammenkommen. Auf einem Foto von Symbolkraft, das im Rahmen der Ausstellung Ungarisches Pressefoto einen Preis gewann, springt Viktor Orbán gerade über eine ziemlich große Pfütze vor dem Eingang der Gemeinde.

Als Viktor Orbán 1998 Ministerpräsident wurde, führte ihn eine seiner ersten Reisen in den Vatikan, wo Johannes Paul II. ihn empfing. „Dem Heiligen Vater und dem Erzbischof Sodano sagte ich, dass in Ungarn nicht mehr die Betonung auf der Trennung von Staat und Kirche liegt, denn darüber sind wir hinaus. Notwendig ist vielmehr die Zusammenarbeit aller Menschen guten Willens im Interesse einer besseren Zukunft. Daher werden wir uns auch mit dem Verhältnis zwischen Staat und Kirche beschäftigen, damit wir im Interesse der Nation gut zusammenarbeiten können", sagte der Politiker nach seinem Besuch im Vatikan. Er, der sechs Jahre zuvor noch Gegner der Kirche gewesen war.

In Viktor Orbáns religiösem Leben war das Jahr 2002 die nächste wichtige Station. Seine Regierung veranstaltete Millenniumsfeierlichkeiten von großem Umfang, die an die Staatsgründung Ungarns erinnerten und daran, dass König István I. tausend Jahre zuvor die Krone von Papst Silvester I. erhalten hatte. Mit diesem Akt wurde zu jener Zeit das Land in die christliche Gemeinschaft Europas aufgenommen. In Budapest ließ die Regierung die Heilige Krone, das Symbol der ungarischen Staatlichkeit, feierlich an den Sitz der Landesversammlung und der Regierung, ins Parlament, bringen. Die Bestrebungen des Fidesz bewirkten, dass der Patriarch von Konstantinopel den Heiligen Stephan, den ersten König aus dem Hause Árpád, in die Reihe der Heiligen auch der orthodoxen Kirche aufnahm.

Orbán war reif, einen weiteren Schritt auf dem Weg zu Gott zu tun. Im gleichen Jahr ging er zur Konfirmation, was das Zeichen der christlichen Reife ist, des persönlichen und bewussten

Bekenntnisses zum Glauben und der Zugehörigkeit zu Jesus. Orbán bereitete sich auf dieses Ereignis, genau wie auf seine Hochzeit, lange vor. Länger als ein halbes Jahr ging er einmal in der Woche abends, wenn er seine Regierungsgeschäfte beendet hatte, zu Fuß aus dem Parlament in die reformierte Kirche, wo sein Freund ihn erwartete. Im Allgemeinen unterhielten sie sich anderthalb Stunden lang. Der Politiker, der einen hartnäckigen Kampf gegen die Postkommunisten und Liberalen geführt, als Ministerpräsident von früh bis spät an der Reform des Landes gearbeitet, an den Wochenenden in der Dorfmannschaft eines Fünftligisten Fußball gespielt hatte, konnte auch Zeit dafür finden, mit jemandem einen Meinungsaustausch über den Glauben, Gott und die Werteordnung zu führen.

Die Konfirmation fand, unter Ausschluss der Medien, in einem kleinen Kreis von zehn Personen statt. Seine Freunde behaupten, dass Orbán dieses feierliche Ereignis tief bewegte. Bei der Konfirmation musste er auf die folgende einfache Frage antworten: „Gelobst du, ein wahrer Nachfolger Jesus Christus und ein treues Mitglied der Reformierten Mutterkirche zu werden?" Der Konfirmand muss darauf mit einem kurzen „Ja" antworten. Nur dies und nicht mehr. Viktor Orbán hielt das für zu wenig. Er spürte die Notwendigkeit, Gott, seiner anwesenden Frau, den Kindern und engsten Freunden, etwas mehr als das zu sagen. Er hatte sich schon vorher erkundigt, ob das möglich ist. Der Geistliche hatte zugestimmt.

Zoltán Balog stellte ihm also die übliche Frage. Statt des kurzen „Ja" hörte er aber: „Wenn du mich fragst, warum ich konfirmiert werden will, habe ich drei Antworten: Erstens bin ich damit zu spät dran, zwanzig Jahre zu spät dran. Es war auch immer Bestandteil meines Lebens, ich hatte es vergessen. Ich möchte neu geboren werden. Der zweite Grund: Jesus Christus war in meinem Leben immer gegenwärtig, auch als ich es noch nicht wusste. Dritter Grund: Da Gott in meinem ganzen Leben bei mir war, auch als ich nicht wusste, dass er bei mir ist, möchte ich, dass er auch in Zukunft bei mir bleibt."

Öffentlich sprach er über dieses Ereignis fünf Jahre später bei einem Adventstreffen in Kaposvár, an dem der dortige katholische Bischof, Béla Balás und auch der Geistliche Zoltán Balog teilnahmen. „Ich persönlich habe einen ziemlich langen Weg zurückgelegt, bis ich sagen konnte, dass ich ein gläubiger, christlicher Mensch bin. Aber es hatte einen Moment in meinem Leben gegeben, als ich spürte, dass ich etwas versäumt habe, dass ich das nachholen muss, es in Ordnung bringen. Die Dinge müssen ihre Ordnung haben. Und da ich im reformierten Glauben getauft bin, und das ist auch gut so, denke ich, man muss sein, was man ist, und daher bin ich zur Konfirmation gegangen, als der Augenblick gekommen war. Die Konfirmation ist nach unserer Überzeugung ein Gelöbnis, dass für das ganze Leben Gültigkeit hat, wo man eine klare Antwort geben muss, warum man sich als Christ ansicht. Als meine Konfirmation gekommen war, habe ich das so ausgedrückt, dass ich nicht immer gewusst, aber immer gespürt hatte und heute sicher weiß, dass Gott auch bisher bei mir war – auch wenn ich nicht darauf geachtet habe und es nicht wusste –, und ich deshalb das Gelöbnis ablege, damit sich das nicht ändert, dass er bei mir bleibt, aber nicht nur bei mir, sondern auch bei denen, die mir wichtig sind und die ich liebe."

Wenn er damals politische Entscheidungen traf, dachte er oft in extremen Kategorien. Als beispielsweise 1999 in Verbindung mit der Bombardierung Serbiens die Frage der ungarischen Teilnahme aufgeworfen wurde, rief er Zoltán Balog an, und fragte ihn, wie es in einer solchen Situation für einen Ministerpräsidenten um das Gebot „Du sollst nicht töten" steht.

„Seit der Konfirmation versuche ich, nach dem Vorsatz »zur Ehre Gottes und dem Wohl der Menschen« zu leben und meine

Arbeit zu verrichten. Was ich auch in unseren Fachjargon übersetzen kann, was bedeutet, dass ich das Land aufbauen muss,
einerseits das Land der ungarischen Nation hier auf Erden,
andererseits das Land im Sinne eines Reich Gottes. Und das ist
das höchste Ziel und der Sinn dessen, was ich tue", sagte er.

In der Nacht der Wahlniederlage 2002 hatte er lange mit
dem geistlichen Balog gegrübelt, was die Niederlage im Licht des
Glaubens bedeutet. Da ging ihm auf, wie viel ihm der Glauben
bedeutet. Er kam darauf, dass er ihm Kraft in den schweren Tagen
gegeben hatte. Er sagte, dass „der Mensch dann am stärksten ist,
wenn er sich beugt".

Orbán fragte seinen Freund, was er den Wählern sagen solle.
Balog las ihm einen Auszug aus dem Brief des Apostels Paulus
an die Römer vor: „Das eine aber wissen wir: Wer Gott liebt,
dem dient alles, aber auch wirklich alles zu seinem Heil; denn
dazu hat Gott selbst ihn erwählt und berufen". Am 21. April sagt
Orbán Folgendes zu diesem Bibelzitat im Millenáris Park: „Wer
Glauben, Hoffnung und Liebe in sich trägt, dem werden auch die
Schwierigkeiten zum Heil. (…) Nur einen Menschen, der seinen
Glauben verloren hat, kann man besiegen."

Berufung auf den Glauben, die Religion, die christliche Werteordnung wurden zum festen Bestandteil von Orbáns Redestil.
2003 nahm er in Polen am IV. Akt von Genesen Teil. Dort sagte er
in seiner Ansprache: „Die Wahrheit ist wichtiger als ein Wahlsieg.
Ein christlicher Politiker muss die Wahrheit höher stellen, selbst
über den Wahlsieg, aber die Niederlage ist nicht einfach nur damit
zu erklären, dass die Mehrheit noch unreif ist." Die christlichen
Politiker forderte er auf, gegen den moralischen Relativismus
anzukämpfen. „Die Zukunft unserer Kinder hängt davon ab, ob
wir fähig sein werden, die Werte zu erhalten, die bestimmten
Ausdrucksformen der Politik zu erhalten, oder aber, ob unsere
gemeinsamen Gegner das Christentum als zurückgebliebene,

fremde, klerikale, den modernen Errungenschaften entgegenstehende Welt auffassen werden", sagte ein völlig anderer Viktor Orbán als der, der elf Jahre zuvor noch Antipathie für die Kirche empfunden hatte.

Anikó Lévai, Orbáns Gemahlin, übernahm zu der Zeit – auf Bitten der Ungarischen Katholischen Bischofskonferenz – im Heiligtum der Göttlichen Barmherzigkeit (Communio Sanctorum) im Krakauer Stadtteil Łagiewniki die Schirmherrschaft über die Einrichtung und Ausgestaltung der ungarischen Kapelle. Die Basilika selbst hatte Johannes Paul II. im Jahre 2002 geweiht, daran hatte auch Orbán mit seiner Frau und Töchterchen Róza teilgenommen. Damals trafen sie noch einmal und zum letzten Mal den polnischen Papst.

Es ist schwierig in der zeitgenössischen Politik einen Politiker zu finden, der mit einer ähnlichen Offenheit wie Orbán darüber sprechen würde, welche Rolle in seinen Aktivitäten und seinen politischen Kämpfen der Glauben spielt. Im Gespräch mit Béla Balás, dem Bischof von Kaposvár, brachte Orbán zum Ausdruck, dass die Bürger das Recht haben, zu erfahren, was ihn beim Fällen einer politischen Entscheidung leitet. „Wir müssen die Frage stellen – natürlich sind dem Menschen durch das Gesetz Grenzen vorgegeben, die Macht ist geteilt, aber dennoch Macht – was ist die letzte, äußerste Schranke der Macht?"

Und wie lautet die Antwort von Viktor Orbán, dem ehemaligen antiklerikalen Rebellen, seitdem schon Vorsitzender einer großen Partei, der mit seinen politischen Gegnern pausenlos im Kampf steht? „Die äußerste Schranke ist nichts anderes als die Gottesfurcht."

18. KAPITEL

Rezept zum Bau einer Partei

Darüber, wie innerhalb von zwei Jahren aus einer kleinen
Organisation die größte Gruppierung Mitteleuropas wurde

Einen Monat nachdem Viktor Orbán zur Bildung von Bürgerkreisen aufgerufen hatte, waren 7000 von ihnen entstanden. Sie hatten Mitgliedszahlen bis zu zwanzig Personen. Am Ende des nächsten Monats war die Zahl der Kreise auf 11 000 angewachsen. Die Koordination der Bürgerkreise hatte Csaba Hende inne.

So konnten die Energien, durch die unerwartete Niederlage freigesetzt, kanalisiert werden. Die Menschen wurden aktiv. Der Schüssel zum Erfolg war, dass es sich nicht um formelle Organisationen handelte. Sie unterstanden der Partei in keiner Weise. Niemand musste sich niemals irgendwo eintragen, niemand stellte Mitgliedsausweise aus. Die Aktivität der Menschen aber fokussierte sich, obwohl sie formal nicht mit Orbáns Partei verbunden waren, wirklich auf den Fidesz. „Wir haben diese Organisationen nicht gegründet. Wir haben nur gespürt, dass die Menschen so etwas nötig haben, und haben es ihnen eingeflüstert", sagt Hende.

Sie riefen die Stiftung „Bund für die Nation" ins Leben, welche die Aufgabe erfüllen sollte, die Aktivitäten der Kreise zu unterstützen. Der Gründer war der weltberühmte Architekt und Meister der organischen Architektur, Imre Makovecz, der übrigens auch die Ferenc-Puskás-Fußballakademie in Felcsút geplant hat.

Makovecz, schon ein älterer Mann, hatte in den Grundsätzen der Stiftung verankert, dass die Institution nach seinem Tod auf

Viktor Orbán übergeht. Das war eine eindeutige Nachricht. Ihr formeller Führer wurde Csaba Hende.

Hende beleuchtet mit der folgenden Metapher ihre Ziele: „1948 gab es ein Aquarium voller Fische. Verschiedene, große und kleine Fische schwammen darin herum. Da kamen die Kommunisten, nahmen das Aquarium, kippten das Wasser mit den Fischen in einen großen Kessel und kochten daraus eine Fischsuppe. Wir haben eine scheinbar aussichtslose Sache in Angriff genommen: Wir haben die Menschen aufgerufen, Bürgerkreise zu bilden, mit anderen Worten, wir möchten aus der Fischsuppe wieder ein Aquarium machen, in dem die Fische von Neuem hin- und herschwimmen können."

Nach dem 2. Weltkrieg wurde die bürgerliche Gesellschaft atomisiert. Bevor die Kommunisten endgültig die Macht übernahmen, waren mehr als eine Million Menschen in gesellschaftlichen Organisationen aktiv gewesen. In jedem Dorf gab es ein paar. Die kommunistische Macht löste sukzessive alle selbst organisierten bürgerlichen Institutionen auf, ganz gleich ob sie wirtschaftlichen oder kulturellen Charakter hatten, sogar die örtlichen Blaskapellen wurden aufgelöst. Anders als in Polen lösten sie alle kirchlichen Organisationen, Gebetskreise, Maria-Kongregationen, aber auch solch angesehene Institutionen wie den Landesverband der Katholischen Bauernjugendbewegung (KALOT) auf. Das Rückgrat der katholischen Kirche brach der mit falschen Anschuldigungen geführte Prozess gegen Erzbischof József Mindszenty. Die Kommunisten wollten ihn in dem Schauprozess zuerst zum Tode verurteilen, trauten sich am Ende aber nicht, so weit zu gehen. Aber sie verstreuten die Orden in alle Winde und verstaatlichten Tausende von kirchlichen Schulen.

An die Stelle der aufgelösten, gesellschaftlichen Organisationen trat die Patriotische Volksfront, die Menschen in ihre Strukturen einband, die bereit waren, mit der Staatsmacht zu kooperieren. Unter ihnen gab es auch Pfarrer. Für die Frauen schufen sie den Frauenbund, für die Jugendlichen den Bund Jugendlicher Werktätiger (DISZ) und 1957 den kommunistische Jugendverband KISZ.

„Den Ungarn, denen sie das freie Denken genommen hatten, gaben sie ein wenig Wohlstand. Bei den Polen gab es keinen Wohlstand, aber sie konnten sich freier fühlen", sagt Csaba Hende, der in der zweiten Regierung Orbán Verteidigungsminister wurde. Den Vergleich des Schicksals von Ungarn und Polen beschwört der ungarische Dichter Sándor Petőfi (General Bems Adjutant 1849) in seinen Gedichten »Das Lied des Hundes« und »Das Lied der Wölfe« die Botschaft herauf: „Der satte Hund leckt glücklich seinem Herrn die Hand, der Wolf friert und hungert, aber er ist frei."

Der Fidesz beschloss, die Bürgeraktivitäten wiederzubeleben. Die Menschen zogen bei der Stiftung Erkundigungen ein und ließen ihre Telefonnummern zurück. Oft fragten die Mitarbeiter der Stiftungszentrale nicht einmal nach der Telefonnummer der Anrufer, um sie nicht zu verschrecken. Viele hatten Befürchtungen, was geschehen würde, falls die Kommunisten wieder an die Macht kämen. Die Bürgerkreise schufen gleichzeitig eine neue gesellschaftliche Qualität, die aber, wie sich schnell herausstellte, auch eine politische Qualität war. In Győr beispielsweise, wo 2002 der Fidesz zur Zeit der Wahlen 53 Mitglieder gehabt hatte, waren innerhalb von ein paar Wochen in den verschiedenen Bürgerkreisen schon mehr als tausend Leute aktiv.

Die Organisation der Bürgerkreise empfanden die anderen politischen Parteien bald als Bedrohung und behaupteten, es handle sich um illegale Organisationen, die gesetzlich nicht verankert seien. Sie wollten ihre Tätigkeit verbieten. Nur ist es schwierig, etwas zu verbieten, was formal nicht existiert. Die Kreise wurden auch von kleineren rechten Parteien angegriffen, weil sie ihre Daseinsberechtigung durch sie infrage gestellt sahen. Aber auch viele Fidesz-Aktivisten dachten so, weil sie spürten, dass durch sie ihre Position innerhalb der Partei ins Wanken geraten könnte. Formal gab es aber nichts auszusetzen.

Die Bürgerkreise standen in ständiger Verbindung mit der Stiftung. Ihre Mitglieder berichteten regelmäßig über ihre Aktivitäten, baten um Rat, tauschten Erfahrungen aus. Einige waren auf dem Gebiet der Kultur aktiv, andere auf dem der Wohltätigkeit, wieder andere beschäftigten sich mit Umweltschutz oder Fragen der Bildung. Sie veranstalteten auch Treffen mit politischem Charakter.

Die Kreise bildeten verschiedene Gruppen je nach ihren Aktivitäten. Man stellte eine Liste verbindlicher Regeln auf. Die Stiftung half den Kreisen beim Erfahrungsaustausch untereinander. Zum Funktionieren der Organisation konnte man mit Spenden beitragen. Formal gab es nur die Stiftung, die Kreise jedoch weiterhin nicht. „Die Sozialisten suchten fieberhaft eine Möglichkeit, um die Arbeit der Kreise zu erschweren, fanden aber keinen Ansatzpunkt. An verschiedenen Stellen des Landes trafen sich einfach nur verschiedene Gruppen von Menschen und die waren aktiv", sagt Hende.

Die Bürgerkreise entfalteten innerhalb von zwei Jahren eine intensive Tätigkeit. Die verschiedensten Initiativen bewegten die örtlichen Gesellschaften. Orbán und seine Mitarbeiter waren sich im Klaren darüber, dass in den Menschen ungeheurer Tatendrang wallte. Daraus musste man etwas Konkretes schmieden, mittels dessen man etwas Handfestes schaffen konnte. 2004 wandte sich Orbán an die Bürgerkreise und ermunterte sie, in den Fidesz einzutreten. Das Echo war großartig. Von einem Tag auf den anderen trat eine ganze Armee in die Partei ein. Aus manchen Kreisen traten nur ein paar ein, aber vielerorts traten sie komplett ein. Aber aus manchen Kreisen auch keiner. Alles in allem vereinten sich viele neue, energiestrotzende wertvolle Menschen, die in gesellschaftlichen Aktivitäten bedeutende Erfahrungen gesammelt hatten. Eine schwere Phase im Leben der Partei begann. Zwei, voneinander vollkommen unterschiedliche Formationen verbanden sich. Einerseits der Fidesz, eine geschlossene, kampferprobte, ideell einheitliche, zusammenhaltende, von ihren Aktivitäten profitierende Gesellschaft, die über eine Hierarchie verfügte. Andererseits die Bürgerkreise, eine spontane Menge, die über politische Erfahrungen nicht verfügte, aber vor Arbeitslust glühte. Der Fidesz war klein, die Bürgerkreise gewaltig. So also – da es in der Natur der Sache liegt – kam es in allen Bezirken, Landkreisen und Siedlungen zu Konflikten. Es kam eine Armee von Menschen, denen man eine Arbeit geben musste, potenzielle Konkurrenten um die Listenplätze, mit denen man rechnen musste bei der Verteilung der Posten, die bisher den „alten" Fidesz-Leuten vorbehalten gewesen waren. Für Csaba Hende bedeutete das großen Stress. Er musste Hunderte von Konflikten und Streits lösen. Er und seine Kollegen arbeiteten fleißig wie die Ameisen daran, die Wogen zu glätten, daran, dass schließlich eine einheitliche, starke Organisation entstand.

Den Bürgerkreisen schlossen sich lokal bekannte Persönlichkeiten an. Jene, die unbekannt gewesen waren, wurden bekannt. Sie mobilisierten die Menschen, ermunterten sie zu gemeinsamen Aktivitäten. Sie gingen von Haus zu Haus, von Wohnblock zu Wohnblock. Manche veranstalteten Theatervorstellungen. Andere Wohltätigkeitsaktionen. Einige Kreise griffen Kindern und Jugendlichen aus armen Familien unter die Arme und sammelten Geld für ihre Stipendien. Es gab auch Gruppen, die Fahnen herstellten, um sie später an die Menschen zu verteilen, damit sie sie an ihren Häusern hissten.

Eine Gruppe, gebildet von älteren Menschen hatte die Idee, sich mit der Verbesserung der demografischen Situation des

Landes zu beschäftigen. Sie suchten junge Familien auf, die Kinder erzogen, boten den Eltern an, die Kinderchen übers Wochenende zu übernehmen, sie zu beschäftigen, damit den jungen Eltern mehr Zeit für sich selbst blieb. Die Aktivisten der Kreise wurden allgemein bekannt, was bei den nächsten Wahlen seine Früchte trug. Die gleichen Bürgerkreise, die diese oder jene Hilfe boten, mit verschiedenen gesellschaftlichen Initiativen auftraten, gingen später vor den Wahlen in der Nachbarschaft umher und leisteten Überzeugungsarbeit für den Fidesz. Das Wort von Personen, die allgemeines Ansehen genossen, erwies sich besonders in kleinen Gemeinden als wirksam. Zuerst also belebten sie die bürgerliche Gemeinschaft wieder, dann entwickelten sie sie zu einer Bewegung. Aus den Führern der Kreise wurden lokale Führungspersonen.

Unterdessen veränderte sich der Fidesz vollkommen. Von 1989 bis 1992 war er die liberale Partei der Jugend gewesen. Doch die Jugend war inzwischen herangewachsen, hatte sich niedergelassen, und jene, die in der Partei blieben, waren gestandene Konservative geworden. Schritt für Schritt, sukzessive, veränderte sich die Partei. 2004 aber ereigneten sich erdbebenartige, innere Veränderungen im Fidesz. Die Mitglieder der Bürgerkreise waren reife Konservative, erwachsene Menschen. Sie verfügten über einen höheren gesellschaftlichen Rang. Unter ihnen waren Rechtsanwälte, Ärzte, Schuldirektoren. Zum größten Teil Menschen, die in ihrem Leben etwas erreicht hatten, Karriere gemacht hatten, sich aber politisch nicht verpflichtet hatten. Die bisherigen „Alt-Fidesz-Leute" hatten eine andere gesellschaftliche Einbettung.

Csaba Hende: „Noch vor der Integration war ich in einer Siedlung, auf einem Ball, den der Fidesz und die örtlichen Kreise organisiert hatten. Mehrere Hundert Leute nahmen daran teil. Der Krankenhausdirektor, der Rektor des örtlichen höheren Bildungsinstituts, elegante Damen. Unter ihnen sah ich eine nicht eben gut gekleidete Gruppe. Ich ging zu ihnen. Das waren die dortigen Fidesz-Leute. Ich fragte ihren Leiter, wie viele Mitglieder sie haben. Es schaute mich an und sagte: Wir sind dreißig, genau so viele, wie es Plätze auf der Kandidatenliste gibt. Er fragte mich, ob ich mir vorstellen könnte, dass die Menschen um uns herum Wahlen gewinnen können. Er war sehr selbstsicher. Von diesem Augenblick an war es keine Frage mehr, warum wir die Wahlen 2002 verloren hatten."

2003 änderte die Partei ihren Namen in „Fidesz – Ungarischer Bürgerbund (Fidesz-MPSZ)". Orbán aber veränderte auch die Art und Weise seiner Aktivitäten. Er betonte, es sei nötig, die Menschen anzuhören, und dass nicht nur die Politiker, sondern auch die Kraft der Menschen Veränderungen herbeiführen könne. Er gab dem Fidesz als Strategie vor, den engen Kontakt mit den Wählern zu halten, sie permanent in verschiedene Aktionen einzubeziehen. Ohne Tausende von Menschen, die im ganzen Land aktiv waren, emotional und physisch verbunden, hätte der Fidesz keine Chance gehabt, an die Macht zurückzukommen.

Die Anstrengungen, mit den Wählern eine direkte Verbindung aufzubauen, erwiesen sich als erfolgreich. Es war ein neues Element in der Tätigkeit des Fidesz, dass die Menschen in einem Brief nach ihrer Meinung gefragt wurden. Den Wählern wurden Vorschläge zur Lösung verschiedener Fragen vorgelegt, mit der Bitte, ihre Meinung dazu auszudrücken.

Im März 2004 wandte sich der Fidesz mit „Nationalen Petition" an die Millionen Ungarn und richtete fünf Hauptforderungen an die sozialistisch-liberale Regierung. Nämlich: Die Regierung solle das System zur Schaffung von Wohneigentum weiter unterstützen, die Medikamentenpreise verringern, die Privatisierung der Krankenhäuser sowie die Privatisierung im Allgemeinen beenden, die Energiepreiserhöhungen sollen 5 % im Jahr nicht überschreiten und sie solle die Dotationen für die ungarischen

Bauern erhöhen. Das war kein liberales Programm mehr, dass die Allmacht des freien Marktes verkündete.

Viktor Orbán in der Opposition. Das Bild entstand anlässlich der Gespräche mit dem bayerischen Ministerpräsidenten Edmund Stoiber im ungarischen Parlament im Mai 2004. Zu dieser Zeit war Viktor Orbán der Vizepräsident der Europälschen Volkspartei und seine Partei, der Fidesz, war Partner der CSU und CDU. Orbán ist Träger des Franz-Josef-Strauß-Preises der Hanns-Seidel-Stiftung.

Orbán war sich im Klaren darüber, dass sich nur eine Chance zum Wahlsieg bot, wenn er den Erwartungen der Menschen Aufmerksamkeit zollte, ihre Frustrationen und ihre Antipathie der Regierungsmacht gegenüber ausnutzte. Wenn er schon sämtliche, von den Politikern gerne benutzten Mittel anwendet, sollte er auch vor dem Populismus nicht zurückschrecken. Er meinte, diesen Preis zahlen zu müssen, um an die Macht zu gelangen und die Möglichkeit zu erhalten, sein Programm zu verwirklichen.

Als beredtes Beispiel können wir die Geste erwähnen, die er in die Richtung derer machte, die zur Zeit des Kommunismus durch den Beweis ihrer Loyalität profitiert hatten. 2003 wandte sich Orbán an sie, mit der Aussage, er verstünde ihre Haltung, denn sie haben „nur das Wohlergehen ihrer Familien garantieren wollen". Er fügte hinzu, dass der Fidesz auch ihnen offenstünde. Als Zeichen dieser Öffnung ernannte er Pál Schmitt zu einem der beiden stellvertretenden Vorsitzenden des Fidesz, den Olympiasieger im Florettfechten, der in den 60-er und 70-er Jahren sehr erfolgreich war.

Schmitt war in den 1980-er Jahren Vorsitzender des Ungarischen Olympischen Komitees gewesen und eine Figur, die der kommunistischen Macht nahe stand. Der Sportwelt konnte die Einbindung dieses Stars, den viele, die für das vergangene System nostalgische Gefühle hegten, für eine wichtige Persönlichkeit hielten, als ein starkes Argument erscheinen. Schmitt war für Orbán in politischer Hinsicht ein absolut unschuldiger, unselbstständiger und von dem Fidesz-Vorsitzender hundertprozentig abhängiger Mensch. Orbán machte einen raffinierten Zug, aber nicht alle Fidesz-Aktivisten waren davon begeistert, besonders jene nicht, nicht von Anfang an in der Partei waren. Dieser Zug, das heißt, die Ernennung des Begnadigten des alten Systems, kostete Orbán später viel und schadete dem Ansehen der Partei. 2010 wurde Pál Schmitt Staatspräsident. Anderthalb Jahre später aber stellten sich mehr als 200 von 225 Seiten seiner Doktorarbeit als Plagiat heraus, deshalb musste er zurücktreten. Das war ein Skandal und eine große Schande.

* * *

Aber kehren wir ins Jahr 2004 zurück! Die Nationale Petition wurde ein großer Erfolg. Die Reihe der Parteiaktivisten, ergänzt durch die Mitglieder der Bürgerkreise, machten sich auf, um Unterschriften für das Dokument zu sammeln, gleichzeitig ein Netz von

Verbindungen aufzubauen, mit den Menschen zu reden und sie zu überzeugen, dass es sich lohnt, mit ihnen und der Partei zu gehen. Die Politiker reisten durchs ganze Land, jeden Tag mussten sie an vier, fünf Orten auftreten, Reden halten, den Austausch mit den Menschen pflegen, Flugblätter verteilen. In der Wohnung klingelte das Telefon und aus dem Hörer war eine Aufnahme von Orbáns Rede zu hören, in der er versicherte, wie sehr die Politik der Regierung verfehlt war. Nachdem kaum zwei Monate vergangen waren, verkündete der Fidesz, er habe mehr als eine Million Unterschriften gesammelt. Eine Million Unterschriften in einem Land mit zehn Millionen Einwohnern!

Die Unterschriften selbst brachten kein konkretes Ergebnis, ihre symbolische Wirkung aber war gewaltig: Die Masse von einer Million erwachsener ungarischer Staatsbürger bezog Position gegen die Regierung. Und vor allem: Eine Million erwachsener ungarischer Menschen kamen in unmittelbaren Kontakt mit der Oppositionspartei.

Ein Jahr später verkündete der Fidesz die Nationale Konsultation. Die ersten Menschen der Partei, Intellektuelle, Leiter der Bürgerkreise durchstreiften wieder das Land, um mit den Menschen zu sprechen, sie zu befragen, ihre Meinung anzuhören, sie zu ermutigen, Aufgaben zu übernehmen. Man verschickte Fragebögen und suchte konkrete Lösungen, welche die Menschen für gut befanden. Jeder ungarische Wahlberechtigte bekam einen solchen Brief. Im Rahmen der Nationalen Konsultation antworteten 1,6 Millionen Menschen per Telefon, Brief, in direkten Gesprächen. Es schien, als sei die Aktion des Fidesz ein Volltreffer.

Zur Bestätigung der „richtigen Richtung" boten die Wahlen zum Europaparlament eine Gelegenheit. Die Probe gelang ausgezeichnet. Im Juni 2004 erhielt der Fidesz 47 Prozent, siegte unangefochten und erlangte damit die Hälfte der Sitze für die ungarischen Gruppierungen im Europaparlament (12

Mandate). Der Hintergrund der Partei hatte sich im Vergleich zu 2002 radikal verändert. Eine kleine Partei, die man größtenteils nur aus der ihr unfreundlich gesinnten Presse kannte, breitete sich aus und wuchs heran zu einer bedeutsamen Gruppierung mit einer landesweiten Organisation, die einen guten Kontakt mit den Wählern pflegte. Mit der Zeit wurden auch präzise Wählerverzeichnisse aufgestellt. Heutzutage steht hinter jedem Parteiaktivisten eine ihm anvertraute ziemlich große Gruppe, die er möglichst gut kennen soll, und mit der er einen lebendigen Kontakt pflegen muss.

2002 hatte der Fidesz fünftausend Mitglieder. Dank der Aktionen der Bürgerkreise beziehungsweise infolge derer, schlossen sich ihnen auch andere Organisationen an, die Mitgliedszahlen stiegen zuerst auf 21 000, später kurzzeitig auf 30 000 (gegenwärtig liegt die Zahl der Mitglieder über 40 000). Ein gewaltiges gesellschaftliches Netz entwickelte sich. Eine politische Organisation, die bis in die jüngste Vergangenheit nur im Parlament, den Gemeindeverwaltungen und den Medien existiert hatte, wurde mit einem Schlag eine Massenpartei mit starken gesellschaftlichen Wurzeln. Die Menschen, die sich ihr in so großer Zahl anschlossen, lernten, wie man in der Stadt oder auf dem Dorf Aktivitäten entwickeln muss. In ihrer Umgebung wurden sie bekannte Persönlichkeiten, auf ihr schon früher erworbenes Vertrauenskapital konnten sie aufbauen. Orbán gelang es, alles zu beschaffen, was ihm 2002 noch gefehlt hatte. Zwei, drei Jahre nach den verlorenen Wahlen, als die Partei ihre Schwächen erkannt hatte, war es ihr gelungen, sie zu beseitigen.

Der Fidesz wurde zur größten politischen Partei Mitteleuropas. Erfolgreich hatte sie die Nationale Petition und dann die Nationale Konsultation organisiert und in der Zwischenzeit die Wahlen zum Europaparlament gewonnen. Es schien, dass nunmehr nichts die Dampfwalze aufhalten könne und der Fidesz bei den Parlamentswahlen 2006 an die Macht zurückkehrt. Der Spieler und Trainer, der in einer Person Verbandskapitän und Libero ist, hatte seine Mannschaft vollkommen umgestellt, stürmte vor, um zurückzuschlagen und Revanche für die Niederlage im vorangegangenen Spiel zu fordern.

19. KAPITEL

Das Duell – Erster Teil

> Der spannendste, dramatischste und härteste
> Zusammenstoß, den Ungarn in den letzten zwanzig Jahren
> erlebt hat: Gyurcsány gegen Orbán

Im Herbst 2004 gelangte der Millionär Ferenc Gyurcsány an die Spitze der sozialistischen Regierung. Das hatte eine solche Wirkung auf Viktor Orbán wie das – nomen est omen – rote Tuch auf den Stier. Zwei Menschen standen einander gegenüber, die zur gleichen Generation gehörten, zwei starke Individuen, zwei erfahrene, sehr intelligente und sehr ambitionierte Politiker. Zwei Alphamännchen, jeder der beiden hatte die denkbar schlechteste Meinung vom anderen, und sie vertraten zwei vollkommen gegensätzliche Welten, zwei gegensätzliche Wertordnungen. Sie kannten sehr wohl die Werte und Stärken des Gegners. Ein Kampf auf Leben und Tod begann.

Gyurcsány hatte nach den verlorenen Wahlen zum Europaparlament Péter Medgyessy im Sessel des Ministerpräsidenten abgelöst. Zwischen den Liberalen und den Sozialisten brach ein Konflikt aus. Es war schwierig, sich auf einen Ministerpräsidentschaftskandidaten zu einigen, den beiden Seiten akzeptierten. Die einzige Persönlichkeit, die infrage kam, war einer der reichsten Männer Ungarns, der talentierte, dynamische Geschäftsmann und Postkommunist, der 43-jährige neue Star der Linken, Ferenc Gyurcsány. Der neue Ministerpräsident war ein Mann, der Eindruck machte, der nach seinen Geschäftserfolgen nun nach ernsthaften Lorbeeren in der Politik strebte.

Gyurcsány hatte bis 1989 im Kommunistischen Jugendverband (KISZ) eine ziemlich hohe Stellung bekleidet. 1989 wurde er stellvertretender Vorsitzender des Demokratischen Jugendverbands (DEMISZ), der Nachfolgeorganisation des KISZ. Bald zog er sich aus dem politischen Leben zurück und begann erfolgreiche Finanzaktivitäten. Zuerst nahm er eine Stellung bei der CENTRUM Finanzberatung an, dann bei der Eurocorp Internationale Finanz AG als Mitglied des Verwaltungsrats, dann wurde er Direktor der Altus Invest- und Vermögensverwaltungs-AG. Seine Kritiker beschuldigen ihn, dass er seine Geschäftserfolge, neben seinem Talent, seinen postkommunistischen Verbindungen beziehungsweise der Familie seiner Frau zu verdanken habe. 2002 stand er unter den reichsten Leuten Ungarns an 50. Stelle. Damals beschloss er, zurück in das politische Leben zu gehen. Zuerst wurde er Medgyessys Chefberater, dann der Minister für Sport, Kinder und Jugend in dessen Kabinett.

In einer erhalten gebliebenen Videoaufnahme sagt Viktor Orbán Folgendes über die Bewegung, die damals noch KISZ hieß: „Also im KISZ gibt es keinen normalen, verhandlungsfähigen Menschen, es gibt unter ihnen nur einen einzigen Menschen – den ich kenne – den man ernst nehmen muss, wenn man mit ihm verhandeln will, weil er alle Fähigkeiten auf die Probe stellt. Gyurcsány ist sein Name. Alle anderen kann man nicht ernst nehmen. Tut mir leid lieber Herren des KISZ, das ist meine Meinung. Sie sind schwach. (…) Neben allem anderen fehlen ihnen auch grundlegende Fähigkeiten. Sie haben noch nicht einmal gelernt, was in einer offenen Diskussion notwendig ist, als sie zu Politikern erzogen wurden. Ihnen fehlen grundlegende Eigenschaften, abgesehen von Gyurcsány."

Und genau dieser Gyurcsány wurde der Regierungschef auf der gegnerischen Seite von Orbán. Schwer sich eine größere Herausforderung für einen Politcowboy wie den Fidesz-Chef vorzustellen.

Eine Woche nach der Ernennung des sozialistischen Ministerpräsidenten versammelten sich im Fidesz-Hauptquartier die zehn wichtigsten Menschen der Partei, um eine Strategie zu

entwickeln. Orbán saß in ihrer Mitte. Nur er sprach. Der größte
Teil der Zuhörerschaft staunte, wie er Gyurcsánys politische
Zukunft skizzierte. Schon damals sagte er voraus, dass der neue
Regierungschef eine Persönlichkeit ist, die abgesehen von der
eigenen Niederlage, auch seine Partei in den Untergang mitreißen
würde. Warum? Weil er aus der Geschäftssphäre kommt, den
linken Wählern aber die Staatsunternehmen näher stehen. Weil er
ein reicher Mann ist, die linken Wähler aber im Allgemeinen arm
sind. Weil er aggressiv ist, was die linken Wähler nicht mögen.
Weil er über alle Eigenschaften verfügt, die einen Politiker für
die linken Wähler unmöglich machen. Gyurcsány wird schnell
erreichen, dass seine Partei den Kontakt mit den Wählern verliert.
Er selbst wird den Sturz der Sozialisten verursachen.

Orbán wollte seine Gesprächspartner überzeugen. Die von
ihm entworfene Vision sah recht realistisch aus, aus der Sicht der
anwesenden Fidesz-Leute war jedoch noch wichtiger, dass man
sie für sehr anziehend hielt.

Die Prophezeiung trat ein, allerdings mit einer ordentlichen
Verspätung. Gyurcsány erwies sich als kein leichter Gegner. Aber
durchaus bestätigte er Orbáns Voraussagen ein paar Mal. Schließlich stürzte er mit großem Getöse, wie Orbán es vorhergesagt
hatte, die Wähler begannen ihn zu hassen, und auch seine Partei,
die lange nicht wieder auf die Beine kam. Schließlich trennten sich
Gyurcsány und die Sozialisten voneinander.

Als Gyurcsány Ministerpräsident wurde, wollte er Orbán
erniedrigen. Zu Beginn seiner Tätigkeit als Regierungschef lud
er von allen im Parlament vertretenen Parteien je einen Vertreter
zu einem Privatgespräch, um sie mit den Vorstellungen seiner
Regierung vertraut zu machen. Er redete mit allen gesondert.
Das Treffen musste unter Ausschluss der Medien stattfinden.
Orbán erschien auch zu dem festgesetzten Termin. Vor dem
Arbeitszimmer des Ministerpräsidenten wartete schon eine

Menge von Journalisten! Mikrofone, Fotoapparate, Filmkameras. Die Medien warteten sensationsgierig auf das Zusammentreffen der beiden starken Gegner. Als bestimmte Regierungsbeamte ihnen zugeflüstert hatten, dass Orbán und Gyurcsány sich treffen würden, waren sie mit dem größten Vergnügen an den Schauplatz geeilt. Das war jedoch für Orbán überhaupt nicht angenehm. Er, die Nummer 1 des Fidesz, lungert vor der Tür des sozialistischen Ministerpräsidenten herum!

Die Erniedrigung wurde dadurch gesteigert, dass Gyurcsány sich verspätete. Noch dazu sehr. Orbán wartete vor der Tür im Kreuzfeuer der Kameras. Er wurde immer gereizter. Er wusste nicht, was er mit sich anfangen soll und war sich im Klaren, dass er in eine idiotische Lage geraten war. Was für eine angenehme Überraschung hatte er den ihm feindlich gesinnten Medien verschafft! Der große rechte Politiker wartet demütig vor der Tür des sozialistischen Regierungschefs! Hätte er sich damals wortlos entfernt, wäre es wahrscheinlich noch schlimmer gewesen.

Schließlich öffnete sich die Tür, der lächelnde, lockere Ferenc Gyurcsány erschien und bat Orbán mit einer herrschaftlichen Geste in sein Arbeitszimmer. Das unerwartete Schauspiel war eindeutig entschieden. Gyurcsány hatte Orbán geschlagen. Übrigens nicht zum letzten Mal in ihren Zusammenstößen.

Das Regieren gelang den Sozialisten ziemlich gut. Sie schmissen mit dem Geld nur um sich. Die Ökonomen wussten, dass das alles auf Kredit geschah, dass für diese Geste einst ein hoher Preis zu bezahlen sein würde, aber die Menschen hatten mehr Geld in der Tasche und hörten, dass sie noch mehr bekommen, wenn die Sozialisten an der Macht bleiben. Wie hätte das den Leuten nicht gefallen sollen? Der Fidesz kritisierte die Regierung einerseits wegen verantwortungsloser Verschwendung, andererseits machten auch sie Versprechungen, beispielsweise eine 10-prozentige Senkung einiger Steuern und Abgaben und eine 14. Monatsrente. Der

Wahlkampfslogan des Fidesz 2006 war der folgende: „Wir leben schlechter als vier Jahre zuvor". Ziel dieser Behauptung wäre es gewesen, die elementarsten Bedürfnisse der Wähler anzusprechen. Das Problem dabei war, dass der Durchschnittsmensch das nicht spürte. Mag sein, dass sie die Sozialisten nicht mochten, aber sie lebten absolut nicht schlechter. Eben weil sie höhere Gehälter und staatliche Unterstützung bekamen. Das Wahlduell Gyurcsány – Orbán versprach, spannend zu werden. Orbán wollte den amtierenden Regierungschef hart angreifen. Seine damaligen Berater und Parteigenossen überzeugten ihn aber davon, nicht aggressiv aufzutreten und besonnen zu diskutieren. Wie auch schon 1998 die Ruhe, die Höflichkeit und die Kompetenz Gyula Horn besiegt hatten. Seine Berater erklärten, man könne nicht zulassen, dass man ihm den Stempel des aggressiven Politikers aufdrückt. Die Wähler sollte er mit seinem persönlichen Zauber und seiner Kompetenz für sich gewinnen. Und seine Umgebung schaffte es, ihn zu überzeugen.

In der Diskussion machte Gyurcsany einen großartigen Eindruck, er hatte Geistesblitze, aus ihm strahlte Energie. Orbán sah müde aus, wie jemand, der nicht selbstsicher genug ist, nicht genügend kampfbereit. Der sozialistische Diskutant ging von Anfang an in die Offensive und teilte laufend Schläge auf seinen Gegner aus. Er warf mit Zahlen um sich und zählte die Errungenschaften der Regierung auf. Orbán behauptete, die Lage sei schlimmer, aber die Zahlen zeigten etwas anderes. Auf diesem Gebiet war er nicht glaubwürdig. Der Vorsitzende des Fidesz bewahrte Ruhe und ließ sich von seinem Gegner nicht aus dem Gleichgewicht bringen, war aber nicht überzeugend. Die Zuschauer fassten seine Ruhe als Schwäche auf. Gyurcsány war aggressiv, strotzte vor Energie und verhielt sich wie ein Hai. Wenn beispielsweise Orbán mit statistischen Daten etwas beleuchten wollte, war Gyurcsánys Reaktion: „Larifari, Herr Vorsitzender!"

Der Vorsitzende erinnerte in nichts an den Orbán, der 1998 den sozialistischen Ministerpräsidenten elegant zu Boden warf. „Das war seine schlechteste Diskussion. Er führte sich auf, als wollte er die Wahlen verlieren", sagt ein enger Mitarbeiter. Sein Auftritt war so schwach, dass er Gerüchte beflügelte, nach denen er sich bewusst so verhalten habe, weil er die Wahlen verlieren und damit ermöglichen wollte, dass der sozialistische Regierungschef sich später selbst abschießt. Es war schwer zu glauben, dass der Meister der öffentlichen Auftritte, der fähig war, Millionen mitzureißen, so matt und langweilig sein kann. Gegen den Vorsitzenden der Sozialisten hatte er wieder eine entscheidende Niederlage erlitten.

Die Wahlkampagne des Fidesz erreichte ihr Ziel nicht. Zusätzlich bedeutete es einen weiteren Schlag, dass das MDF nicht zusammen mit dem Fidesz antreten wollte. Das MDF bekam 5 %. Hätte man die Stimmenzahl zu der des Fidesz gezählt, wäre die Situation eine andere gewesen, denn nach dem damaligen Wahlsystem bekamen die größeren Parteien immer mehr Sitze im Parlament. Der Fidesz blieb im ersten Wahlgang nur knapp hinter den Sozialisten zurück. (42,03 %:43,21 % war das Verhältnis.) Nur dass der Koalitionspartner der Sozialisten – der liberale SzDSz – mehr Stimmen bekam als das MDF (der potenzielle Partner des Fidesz), und so hatte die Koalition der Liberalen und Sozialisten schon im ersten Wahlgang die Mehrheit errungen. Die Chancen, das Ergebnis im zweiten Wahlgang zu verändern, waren sehr gering.

Vor dem zweiten Wahlgang verkündete die Vorsitzende des MDF, Ibolya Dávid, dass ihre Partei die Kandidaten des Fidesz nicht unterstützen wird, falls der Chef der nächsten Regierung Orbán sein würde. Der Fidesz reagierte blitzschnell. Um seine eigene Partei und den Sieg zu retten, verzichtete Orbán auf den möglichen Posten des Ministerpräsidenten einer Fidesz-Regierung, und kündigte an, dass er für das Amt des Regierungschefs der Koalition den Ökonomen Ákos Péter Bod nominierte.

Das war der nächste fatale Schritt. Die Anhänger des Fidesz nahmen die vom MDF mit einem Ultimatum erpresste Ankündigung übel und 200 000 von ihnen gingen beim zweiten Wahlgang nicht abstimmen. Sie wollten Orbán.

Das Wahlergebnis fiel ungünstig aus. Die gemeinsame Liste von Fidesz und KNDP erhielt deutlich weniger Stimmen als die MSzP-SzDSz-Koalition. Der Sieg der Letzteren war zwar nicht überwältigend, aber er reichte aus, um bequem zu regieren. Das war die zweite Niederlage für Orbán. Gyurcsány triumphierte.

Den Fidesz bedrückte Frustration. Mehrere Politiker erwogen, sich aus der Politik zurückzuziehen. Eine Gruppe von bekannten Fidesz-Leuten beteuerte nun, dass Orbán überhaupt unfähig sei, Wahlen zu gewinnen. Die Partei drohte zu zerbrechen. Seit Gründung der Partei wurde sogar zum ersten Mal die Eignung des geschichtlich bedeutenden Parteiführers infrage gestellt. Die Parteiorganisation begann, zu rebellieren. Sie verlangten Dezentralisierung, eine Schwächung der Macht des Vorsitzenden. Der Fidesz geriet psychologisch in eine schwierige Situation. Es drängte sich auch niemand nach dem Posten des Fraktionsführers im Parlament. Den Anzeichen nach würde Ferenc Gyurcsány sehr lange regieren, Orbán hatte seine Stärke eingebüßt.

Einen einzigen Menschen gab es in der Partei, der nicht einknickte, und nach seinem Urteil, handelte es sich nur um eine neue Herausforderung. Es gab einen einzigen Menschen, der sofort den Kampf aufnahm. Natürlich Viktor Orbán. Zwar spürte er die Gefahr, aber seine einzige Antwort konnte nur das Handeln sein. Diesmal verschwand er nicht für lange Wochen, wie nach der Niederlage von 2002.

Schon am Tag nach den Wahlen war er im Parlament und entwickelte eine Handlungsstrategie. Einzig und allein er zweifelte keine Minute daran, dass Gyurcsány bald seine Unterstützung verlieren würde. Er wusste, dass die Kampagne des Fidesz schlecht gewesen war, war sich im Klaren darüber, dass er selbst in der Diskussion eine schlechte Figur gemacht hatte, dass der Abfall des MDF bei der Niederlage eine Rolle gespielt hatte, jedoch stellte sich bei seiner Analyse heraus, dass die Anhängerzahlen der Sozialisten zu sinken begannen. Schon damals tauchten die ersten Anzeichen der sich nähernden Wirtschaftskrise auf.

Nur das eine sah Orbán nicht voraus, wie schnell sich die Probleme der Sozialisten einstellen und wie schwer sie sein werden. Man schrieb Mai 2006. Kaum zwei Wochen später schoss Ferenc Gyurcsány ein kapitales Eigentor.

20. KAPITEL

Das Duell – Zweiter Teil

> Darüber, dass für den Ministerpräsidenten Ungarn
> ein „Hurenland" war und in den Straßen Budapest von
> Schlachtenlärm widerhallte

Am 17. September 2006, einem sonnigen Sonntag, hörten die Ungarn die folgenden Sätze des Ministerpräsidenten Ferenc Gyurcsány im Radio: „Wir haben es verbockt, nicht ein bisschen, sehr sogar (…) Offenkundig haben wir die letzten anderthalb Jahre Lügen erzählt. Es war vollkommen klar, dass das, was wir gesagt haben, nicht wahr ist. (…) Wir haben vier Jahre lang nichts gemacht. Nichts! Ihr könnt keine einzige bedeutsame Regierungsentscheidung nennen, auf die wir stolz sein können, außer jener, dass wir zum Schluss die Regierungsarbeit aus der Scheiße gefahren haben. Nichts! Wenn wir vor dem Land Rechenschaft ablegen müssen, was wir in den vier Jahren gemacht haben, was sagen wir dann? (…) Fast wäre ich umgekommen, weil wir anderthalb Jahre lang so tun mussten, als würden wir regieren. Stattdessen haben wir von früh bis spät gelogen", diese ab und zu sogar obszönen Worte erklangen vor den frisch gewählten Parlamentsabgeordneten der sozialistischen Partei in Balatonőszöd auf einer geschlossenen Fraktionssitzung im Erholungsheim der Regierung. Der Ministerpräsident nannte sein Heimatland „dieses Hurenland". Die Fraktionssitzung fand im Mai statt, einen Monat nach den Wahlen. Die Tonaufnahme gelangte erst im September an die Öffentlichkeit und wurde unter anderem auch vom öffentlich-rechtlichen Radio ausgestrahlt.

Die Ungarn, auch diejenigen, die schon lange hinter den Sozialisten standen, schockierte die Rede. Und die Rechten erst!

Es ist etwas anderes, etwas zu denken als es von dem wichtigsten Menschen des Landes zu hören. Diese Worte entfesselten einen gewaltigen politischen Aufruhr. Der Fall hatte eine ähnliche Bedeutung wie die größten Korruptionsskandale der Postkommunisten in Polen zwischen 2001 und 2005, die Affäre Lew Rywin, mit dem Unterschied, dass die Wut der Ungarn größer war, als die Empörung der Polen. Das Erstaunen wurde dadurch gesteigert, dass Ferenc Gyurcsány die Authentizität der Rede anerkannte. Sozusagen wollte er damit die Angelegenheit in Ordnung bringen und das Land auf Reformen vorbereiten.

Viktor Orbán war an dem Tag in Brüssel. Die Führung der Partei geriet in einen Zustand höchster Anspannung. Sie wussten, dass Gyurcsány ein kapitales Eigentor geschossen hatte. Sie wollten sofort handeln. Die Regierung stürzen, ein Übergangskabinett bilden oder die Ausschreibung von Neuwahlen fordern. Die Fidesz-Leute überwanden blitzschnell ihre Frustration. Sie rochen Blut. Handeln wollten sie. Sofort. Die Gelegenheit nutzen.

Als der Fraktionsführer der Partei im Parlament, Tibor Navracsics, Orbán anrief und fragte, was sie tun sollen, hörte er zu aller Überraschung die folgende Antwort: „Immer mit der Ruhe. Vorläufig gar nichts. Wir müssen sehr vorsichtig sein. Wir müssen uns maßvoll und verantwortungsvoll verhalten. Wir müssen gut daraus hervorkommen. Das wird ein scharfer Konflikt, und wenn wir zu weit gehen, dann ist es vorstellbar, dass es schwer wird, die Lage unter Kontrolle zu halten." An diesem Tag ließ der Fidesz nichts verlautbaren. Sie ließen die anderen reden. Sie äußerten sich als Letzte.

Nachdem die Aufnahme veröffentlicht worden war, zogen die Einwohner Budapests auf die Straßen. Die ersten Demonstranten erschienen im Morgengrauen der Nacht von Sonntag auf Montag vor dem Parlament. Bis zum Abend hatten sich auf dem

Kossuth-Platz mindestens zehntausend Menschen versammelt. Anfangs war die Atmosphäre friedlich. Auf einem Podest, das mit schwarzen Schleiern bedeckt war, stellten sie einen Sarg zur Schau, mit der Aufschrift: „Beerdigen wir die Regierung Gyurcsány! Ihr werdet nicht auferstehen!" „Verschwindet!", skandierte die Menge. Männer, Frauen, Kinder, ältere Menschen ließen sich auf dem Platz nieder. Sie saßen da und es sah so aus, als würde das eine Weile andauern. Die Menschen waren wütend, aber sie spürten auch die Verantwortung. Die Polizei sperrte das Gebäude mit einem Kordon ab.

Ein paar Stunden später löste sich aus der Menge eine Gruppe, die radikaler drauf war. Sie zogen hinüber zum Sitz des ungarischen Fernsehens. Die Polizei verstellte ihnen den Weg. Aber noch bevor sie die entsprechende Aufstellung eingenommen hatten, hagelte es Steine und Flaschen auf ihre Köpfe. Jemand schlug das erste Schaufenster ein. Etwas entfernt ging ein Auto in Flammen auf. Der kämpferische Zug rückte weiter vor zum Gebäude des Fernsehens. Und nicht, um dort gegen etwas zu demonstrieren, sondern um es einzunehmen.

Ob in der radikalen Gruppierungen die politischen Demonstranten oder Hooligans von der Straße, die Zoff suchten, in der Mehrheit waren, wie viele mit Unruhestiftung betraute Geheimdienstleute anwesend waren, kam bis heute nicht heraus. In diesem Zusammenhang kreisen Legenden.

Unterwegs rissen sie den roten Stern von einem Denkmal für die „befreiende" Rote Armee 1945, dem einzigen solchen Denkmal aus den alten Zeiten auf einem öffentlichen Platz, das noch an seinen Ort bleiben dürfen hatte. Als die Menge vor dem Sitz des Fernsehens angelangt war, forderte sie, dass ihr Aufruf gesendet würde. Die Forderung wurde abgelehnt. Ein Teil der Demonstranten wollte zurück zum Parlament gehen, der andere Teil beschloss, das Fernsehen zu besetzen. Das Hauptportal bildete kein Hindernis, auch die inneren Türen nicht, obwohl der Eingangsbereich später aussah, als habe eine Granate eingeschlagen. Sie griffen die ratlos herum stapfenden Polizisten an, die keine eindeutige Order hatten, wie sie sich verhalten sollte. Zwei von ihnen hätten sie um ein Haar gelyncht. Die Demonstranten drangen weiter ins Innere des Gebäudes vor. All das geschah blitzschnell, die Polizei konnte nicht reagieren. Die Demonstranten konnten das Haus einnehmen, aber – wie sich herausstellte – verstand niemand etwas vom Betrieb der fernsehtechnischen Einrichtungen, weswegen Funkstille eintrat. Die Redakteure und die Techniker verschwanden, auf den Fluren irrten Menschenmengen herum, die nicht richtig wussten, was sie mit sich anfangen sollten. Einige plünderten die Kantine des Fernsehens. Es verschwanden ein, zwei Computer und ein paar Dutzend Kassetten mit Archivaufzeichnungen des Fernsehens.

Ein paar Stunden später verließen die Demonstranten das Gebäude, ein Teil freiwillig, den anderen führte die Polizei ab. Die Mehrheit kehrte auf den Platz vor dem Parlament zurück. Vor dem Sitz des Fernsehens blieben ausgebrannte Autos zurück. Mehr als hundert Polizisten hatten Verletzungen erlitten.

Gyurcsány verkündete: „Die gestrige Nacht war die längste und düsterste der letzten sechzehn Jahre." Es kam ihm nicht in den Sinn, zu gehen.

Am nächsten Tag setzte sich der Vorstand des Fidesz zusammen. Eine lange und stürmische Diskussion entfachte sich. Greifen wir sofort an? Warten wir ab, bis er von selbst verblutet? Stürzen wir die Regierung und kämpfen wir für vorgezogene Wahlen? Orbán meinte, sie müssen ein maßvolles Verhalten an den Tag legen, und nicht das Feuer schüren, in einem Land, das sich ohnehin im Aufruhr befand. Andere rieten, sofort eine Parlamentsmehrheit zusammenzubringen, Gyurcsánys Rücktritt zu erreichen und eine neue Regierung zu bilden.

Sie befürchten, wenn der Fidesz zu passiv blieb, würde die radikale Rechte erstarken. Jobbik, eine Partei, die des Antisemitismus und Antiziganismus beschuldigt wird, bereitete sich schon auf den Kampf vor. Die Atmosphäre im Land, aber hauptsächlich in Budapest, war sehr gespannt.

Am Dienstag, 19. September 2006, im Morgengrauen glich die Stadt einem Schlachtfeld. Die Stadtreinigung machte sich ans Aufräumen. Sie kehrten die zerschlagenen Fensterscheiben zusammen, transportierten die zerbröselten Bürgersteigplatten ab, Abschleppwagen entfernten die Wracks der ausgebrannten Autos. Die Polizeiführung gab die Beschaffung weiterer Ausrüstungsgegenstände in Auftrag: Gummiknüppel, Schilder, Schutzanzüge, Helme.

Die Demonstrationen gingen weiter. In den Straßen von Pest hingen Tränengaswolken und die Wasserwerfer hielten mit gefärbtem Wasser auf die Demonstrierenden. Dann zerrten die Polizisten diejenigen, an deren Kleidung sie die Farbmarkierungen fanden, aus den Hauseingängen, Läden und kleinen Kneipen und verprügelten sie auf offener Straße mit dem Gummiknüppel. Tatsächliche Demonstranten erwischte es, aber auch zufällige Passanten. An mehreren Orten gingen wieder Autos in Flammen auf. Auch Straßenbahnwagen und Busse wurden zerstört. Die Zusammenstöße dauerten bis in die Nacht an.

Am Abend fand sich eine rebellische Gruppe vor dem Sitz der Sozialisten ein, sie trugen schwarze Skimasken. Die Polizei hatte das Gebäude schon dicht umstellt. Steine und Flaschen flogen. Die Polizei setzte Tränengas ein, die Demonstranten antworteten mit Molotowcocktails. Die Fahrzeuge der Polizei fingen Feuer. Molotowcocktails flogen auch auf den Sitz des Koalitionspartner-SzDSz. Ein Teil des Parketts und der Möbel fing Feuer.

Am Dienstag und Mittwoch wurden bei Zusammenstößen auf den Straßen 19 Polizisten und 158 Zivilisten verletzt. Auch an den folgenden Tagen stellte sich keine Ruhe ein. Regelmäßig versammelten sich Menschenmassen vor dem Parlament. Jede Nacht flammten die Straßenunruhen wieder auf.

Auch das Land außerhalb von Budapest befand sich im Aufruhr. Die Parteibüros der Sozialisten wurden das Ziel von Angriffen. Niemand wusste, wo man das den von der Staatsmacht aufgebrachten und betrogenen Menschen zuschreiben konnte und wo es auf das Konto eingeschleuster Provokateure ging. Gyurcsány beschuldigte den Fidesz, ein Bündnis mit den Rechtsradikalen, Nazis und Hooligans eingegangen zu sein. Für alles machte er die Opposition verantwortlich. Er kündigte an, dass die Polizei entschlossen gegen die Demonstranten auftreten werde. Aber seine Erklärung heizte die kämpferische Atmosphäre nur weiter an.

„Er lügt! Er lügt!", schrien sie auf den Demonstrationen, schrieben sie mit Spraydosen an die Wände, schrieben sie auf die Transparente. Die Demonstrationen und Zusammenstöße dauerten die ganze Woche über an. Budapest, die Perle Mitteleuropas, Anziehungspunkt der westlichen Manager, hatte sich in ein Schlachtfeld verwandelt. Auf den Straßen herrschte Chaos. In den Arbeitszimmern der Politiker aber eine Pattsituation.

Orbán beschloss, die Stimmung nicht anzuheizen, weil er das für sehr gefährlich hielt. Aber er wollte die Aufbegehrenden auch nicht beschwichtigen. „Gyurcsány hat das Vertrauen verloren. Er muss gehen", verkündete der Vorsitzende des Fidesz, stellte sich aber nicht an die Spitze der Demonstrationen.

Er wartete auf den entsprechenden Moment, um einen einzigen, gut platzierten Schuss abzugeben. Er war sich darüber im Klaren, dass der Gegner nicht freiwillig gehen würde. Die Zeit arbeitete jedoch für die Opposition. Die Menschen wurden immer wütender und in ein paar Tagen fanden die Kommunalwahlen statt. Auf den Straßen und Plätzen war ein unerwartet spektakulärer Wahlkampf in vollem Gange, an dem der Fidesz kaum teilnahm, während unterdessen das Wasser auf ihre Mühlen floss.

Am 21. September 2006 fanden in mehreren Städten – Szeged, Pécs, Kecskemét, Zalaegerszeg, Nagykanizsa – Demonstrationen statt. Ministerpräsident Gyurcsány jedoch wiederholte: „Es wird keine Regierungswahl. Wir setzen die Reformen fort." Er wollte unter Teilnahme eines Beauftragten des Staatspräsidenten und den Vertretern aller Parlamentsparteien eine Beratung über die Lage des Landes abhalten. Orbán lehnte den Aufruf ab: „Der Fidesz hält den Ministerpräsidenten für juristisch, moralisch und politisch gescheitert, wir haben mit ihm nichts zu verhandeln". Gleichzeitig blies er die für Samstag anberaumte oppositionelle Großversammlung ab. Ihm lägen Nachrichten über geplante Provokationen vor. László Kövér sagte, sie seien über Pläne für einen Bombenanschlag informiert worden.

Die Masse der Demonstranten stellte sich unabhängig davon in noch größerer Zahl vor dem Parlament ein. Am 23. September versammelten sie sich in friedlicher Stimmung. Einfache Menschen verschiedenen Alters, gut gekleidet, mit verständigen Gesichtern. Rentner, Studenten, Frauen und Kinder. Mit einem weißen Band am Kragen. Als friedliches Zeichen des Protests. An den Häusern, über den Eingängen zu den Kaffeehäusern, an den Autos, über den Pforten der Geschäfte hing die Nationalflagge. Budapest probte wieder den Aufstand. Der Verweis auf 1956 war quasi selbstverständlich. Viele sprachen das aus. Einige riefen auch im Chor: „Sechsundfünfzig! Sechsundfünfzig!"

Die Menschen erhoben sich, weil Gyurcsány Ungarn ein „Hurenland" genannt hatte. Unterdessen war Gyurcsány in Berlin. Nach dem Treffen mit Angela Merkel behauptete er, dass die Frau Kanzlerin sich anerkennend über seine Rede in Balatonőszöd geäußert habe, mit den Worten, das sei eine „mutige Initiative" gewesen. Der Pressedienst der deutschen Regierung stellte jedoch sofort richtig: Die Kanzlerin habe nichts dergleichen gesagt. In Budapest steigerte sich die Stimmung gegen Gyurcsány. „Das Lügen liegt ihm im Blut", hörte man auf den Straßen. „Nieder mit dem Lügner", riefen Tausende im Zentrum der Stadt im Chor. Das Ansehen von Gyurcsánys Politik sank von Tag zu Tag. Mit ihm auch seine Partei. Man dachte allerdings damals, dass er gerade noch einmal ungeschoren davon kommt.

Die Sozialisten und die Liberalen wollten den Fidesz provozieren. Sie rechneten damit, dass man die Oppositionspartei mit den allergrößten Randalierern auf der Straße gleichsetzen könne. Orbán wusste das und sagte aus diesem Grund die geplante Großversammlung ab. Eine Demonstration gab es trotzdem wieder, aber der Fidesz übernahm für sie keine Verantwortung. Gábor Demszky, der liberale Oberbürgermeister von Budapest rief den Fidesz auf, seine Leute von den Straßen zurückzuziehen, weil die Ereignisse außer Kontrolle geraten könnten und eine dramatische Situation die Folge wäre. Und er zählte die „gigantischen" Schäden auf, welche die Stadt bisher schon erlitten hatte. Auf jeden Fall wollte er zeigen, dass der Fidesz dafür verantwortlich ist. Gyurcsány sagte in Berlin, dass die Offensive der „extremen Nationalisten" ganz Europa gefährdet. Aber diese Argumente trafen bei den Ungarn auf taube Ohren. Auf den Straßen von Budapest blieb die Spannung und die Fiesta dauerte an. Nationalflaggen hingen überall, die Menschen trugen Blumen bei sich. Manche verkauften T-Shirts mit dem Porträt des Ministerpräsidenten und der Aufschrift: „Ich habe es verbockt".

Dann tauchten Zelte vor dem Parlament auf. Weitere Verbündete verließen Gyurcsány. Die Presse schrieb, dass im Außenministerium der Brief eines hochrangigen Diplomaten die Runde machte, in dem der Betreffende seinen Rücktritt aussprach und ihn damit begründete, dass er nicht mehr in der Lage sei, Gyurcsány als legalen Regierungschef anzuerkennen. Die Kommunalwahlen standen in ein paar Tagen bevor. Orbán sprach es unumwunden aus: Das wird keine Gemeinderatswahl, sondern „eine Volksabstimmung, bei der zwischen Gaunerei und Verantwortung entschieden werden muss".

* * *

Die Kommunalwahlen gewann der Fidesz mit Leichtigkeit. Um die fünfzig Prozent im Gegensatz zu den knappen 38 %, welche die sozialistisch-liberale Koalition erhalten hatte. Das war nur der Vorgeschmack auf das, was später kam.

Sofort nach den Wahlen beschloss Orbán, Gyurcsány ein Ultimatum zu stellen: Er gab der Regierung 72 Stunden zum Rücktritt. Das verkündete er auf einer Pressekonferenz. Auf der Webseite des Fidesz installierten sie eine Uhr, welche die verbleibende Zeit anzeigte. Es war offenkundig, dass daraus nichts würde, der Ministerpräsident würde einem solchen Versuch des Fidesz, Druck auszuüben, nicht nachgeben. Orbán jedoch war nur wichtig, dass die Atmosphäre ständiger Erwartungen die Sozialisten umfing. Und er hatte noch einen Plan.

Er hoffte, dass, wenn er selbst Gyurcsány ein solches Ultimatum stellte, die Liberalen, die ihn hassen, schon alleine deshalb den Regierungschef in Schutz nehmen. Damals hatten sich in den Augen der Öffentlichkeit Sozialisten und Liberale gleichermaßen in die Affäre verwickelt. Das wollte er ausnutzen. „Er wusste, dass jeder, den die Sache betrifft, auf der Verliererseite steht, deshalb wollte er sie so stark wie möglich zusammenketten, damit sich keiner von ihnen der Verantwortung für die unmögliche Regierung entziehen kann", erklärte mir einer der Berater des Fidesz. „Niemand verstand die Angelegenheit. Sie dachten, dass Orbán sich selbst zum Narren macht, wenn sich nach 72 Stunden herausstellt, dass nichts geschehen ist. Aber er wusste genau, was er tut." Das Ultimatum des Fidesz war auch darin begründet, dass Gyurcsány sofort nach den Kommunalwahlen verkündet hatte, dass er das Ergebnis als Warnung vonseiten der Gesellschaft auffasst, aber nicht zurücktreten werde. Gleichzeitig hatte er im Parlament die Vertrauensfrage gestellt. Das Ultimatum des Fidesz lief am dem gleichen Tag aus, an dem die Sozialisten und die Liberalen Gyurcsány das Vertrauen aussprechen sollten. Orbán war es wirklich gelungen, die Koalitionspartner aneinanderzuschweißen. Die Liberalen haben dafür einen hohen Preis gezahlt.

Nach den verlorenen Wahlen bat Gyurcsány schließlich um Verzeihung für seine vulgären Worte, fügte aber hinzu, dass er nichts von dem bereut, was er gesagt hat, denn er habe auf den schlechten Zustand, in dem sich das Land befindet, hinweisen wollen. „Meine Rede war roh, denn sie war leidenschaftlich. Aus der Leidenschaft rührt die Einseitigkeit her. Und unzweifelhaft: Geleitet von der falschen Illusion, dass unter meinen Leuten, unter uns vielleicht dieser brutale, eines Ministerpräsidenten übrigens nicht würdige Sprachgebrauch, auch erlaubt sei. Es ist begründet, jene, die dieser rohe Stil verletzt hat, um Verzeihung zu bitten. Verzeihung", sagte er.

Mit der Bitte um Verzeihung erreichte er nicht viel. Von diesem Augenblick an standen die Sozialisten unter Dauerfeuer. Bis zum Jahre 2006 war es dem Fidesz gelungen, die ihm nahestehenden Medien auszubauen, die immer stärker wurden, immer bessere Aufdeckungsarbeit leisteten, und immer öfter zweifelhafte Fälle im Haus der Macht aufdeckten. Gyurcsány glaubte noch, er könne sich aus der Affäre ziehen. Dazu hatte er aber keine Chance. Er wirkte wie ein Boxer, der, von einem Schlag in der ersten Runde schwer getroffen, versucht, im Ring bis zu Ende auf den Beinen zu bleiben. Nur dass der andere pausenlos an den angeschlagenen Gegner austeilt. Von Minute zu Minute wurde er schwächer.

Und wieder standen sich zwei intelligente, tüchtige und harte Spieler gegenüber. Nur einer in der Verliererposition. Nach der allgemeinen Überzeugung als Vertreter des Bösen, der kommunistischen Vergangenheit, der Korruption, der Lüge, als Verkörperung der zweifelhaften Angelegenheiten. Er war verantwortlich für den wirtschaftlichen Ruin des Staates. Er stand an der Spitze einer Partei, die sich spalten würde, von der sich nach und nach immer mehr Menschen abwandten, auch ihr Koalitionspartner SzDSz. Gegenüber wartete sprungbereit ein kraftstrotzender Politiker, der seine Erniedrigung nicht vergessen hatte und hinter den sich eine Armee von starken, frisch organisierten, siegeshungrigen Menschen reihte. Orbán wollte das Land nicht ins Chaos stürzen. Er lechzte nach Rache, aber er wollte Gyurcsány nur einen Schlag verpassen, den aber gründlich. Für ein und alle Mal. Wie Charles Bronson im Film, der Mundharmonikaspieler, der Henry Fonda besiegte, den bösen Frank. Nach lange Warten, im passendsten Moment, am passendsten Ort, zur passendsten Zeit. Mit einem gezielten Schuss.

21. KAPITEL

Das Duell – Dritter und letzter Teil

Über den 2006 wieder in Betrieb genommenen Panzer
von 1956 und darüber, wie Orbán, der Cowboy, mit seinem
letzten Schuss den bösen Gyurcsány ins Herz traf

Kaum eine Woche nach den Kommunalwahlen vom 1. Oktober
2006 mussten die Sozialisten einen weiteren Schlag hinnehmen.
Auf einer Versammlung, veranstaltet von der Opposition, schrie
der Fraktionsvorsitzender des Fidesz, Tibor Navracsics unerwartet: „Passt mal auf! Die Regierung hat gelogen, und lügt noch
immer!" Und spielte eine neue Aufnahme vor, die aus Regierungs-
kreisen durchgesickert war. Demnach versicherte die Ministerin
für Gemeinde- und Gebietsentwicklung, Mónika Lamperth, auf
einer geschlossenen Sitzung des Wahlausschusses der MSzP den
Anwesenden, dass sie die Gesetze dergestalt verändern werde,
dass die Opposition, falls sie bei den Kommunalwahlen siegte,
nicht in die Verteilung der Gelder zur Gebietsentwicklung ein-
greifen könne. „Glaubt mir, wir wissen, was wir zu tun haben. Ich
werde nach Abstimmung mit der Fraktion der Regierung einen
Vorschlag unterbreiten, der den Politikern der Regierungspartei
und den sozialistischen Politikern weitreichende Möglichkeiten
und ein Mandat im Gebietsentwicklungsrat gibt." Wie sie sagte,
genüge es, die Kompetenz der Gemeinden zu verringern und damit verfügten die Sozialisten weiterhin über die Verteilung der
staatlichen Gelder. Die Worte der Frau Minister donnerten nur so
auf dem Kossuth-Platz, der voller Menschen war.

„Gyurcsány, hau ab! Gyurcsány, hau ab!", war die Antwort
der Menge. Orbán forderte daraufhin die Protestierenden auf,

sich jeden Nachmittag zwischen 17 und 18 Uhr auf dem Kossuth-Platz zu versammeln, so lange bis die Regierung zurücktritt. Das was ein kraftvoller, aber riskanter Aufruf. Denn war passiert, wenn die Leute nicht auf den Platz kommen? Orbán wollte aber die Bewegung aufrecht erhalten. Seine Leute ließen auf jeder Versammlung verlauten, dass Gyurcsány der Verantwortliche für das gewaltige Loch im Budget, die steigende Arbeitslosigkeit und die moralische Verlotterung sei.

Budapest gedenkt jedes Jahr am 23. Oktober des Aufstands von 1956. Es war allgemein bekannt, dass diesmal mit einer besonderen Gedenkfeierlichkeit zu rechnen war. Einerseits war es ein rundes Jubiläum, und zwar das Fünfzigste. Andererseits hatte es seit mehr als einem Monat im ganzen Land Demonstrationen gegeben und die politische Lage war außerordentlich gespannt. Die Grenzlinien verliefen im Großen und Ganzen ähnlich wie 1956.

Gyurcsány hoffte, dass die Gedenkfeiern zur Beruhigung der Lage beitragen würden. Die Regierung wollte, wie alle anderen auch, den Revolutionären ihren Respekt bezeugen. Sie wollte aber nicht, dass dies in Anwesenheit von Massen geschah. In den Jahren zuvor hatten sich zum feierlichen Gedenken auf dem Kossuth-Platz manchmal Zehntausende eingefunden. Familien mit Kindern, Blumen, Kerzen; eine große, sich alljährlich wiederholende Feierlichkeit war dieser Tag. 2006 fand die offizielle Gedächtnisfeier unter Ausschluss der Öffentlichkeit statt.

Den Kossuth-Platz umgaben Polizeikordons und gewaltige Tafeln, auf welchen die Ereignisse von 1956 abgebildet waren. Die Leere hatte symbolischen Wert. Draußen, vor den Tafeln und Gittern hatte sich nämlich eine große Masse versammelt. Die Menschen hielten den internationalen Delegationen, die zur offiziellen Feier erschienen waren, Transparente hoch. Unter anderem solche: „Liebe Gäste, wir heißen Sie willkommen in Gyurcsánys Land, wo die Lüge der höchste Wert ist."

Im Parlament verließ die Opposition den Saal, als Gyurcsány sich zu seiner Rede erhob. Als der Ministerpräsident anlässlich des Nationalfeiertags staatliche Auszeichnungen verlieh, verweigerten einige Ausgezeichnete demonstrativ den Handschlag, mit dem er ihnen gratulieren wollte. Die betreffenden Personen äußerten sich später der Presse gegenüber, dass der Ministerpräsident genau so die Nation belog, wie die Staatsmacht damals 1956 gelogen hatte. Für den Regierungschef war das ein sehr schmerzliches und erniedrigendes Ereignis.

Die Menge auf der Großveranstaltung des Fidesz zum 50. Jahrestag der Oktoberrevolution von 1956 vor dem Hotel Astoria in Budapest. Auf der Gedenkfeier sprach neben Viktor Orbán auch Wilfried Martens, der Vorsitzende der Europäischen Volkspartei. Auf dem Heimweg von der Gedenkveranstaltung wurden die friedlichen Bürger von der Polizei brutal angegriffen, die ursprünglich eine regierungsfeindliche Demonstration in der Nähe der Fidesz-Veranstaltung hatte auflösen wollen.

Auf dem Platz legten offizielle Delegationen Kränze nieder, die ausgesperrte Menge rief laut im Chor: „Landesverräter!" „Verschwinde!" Eine Blaskapelle schaffte es nicht, die Stimmen der Demonstranten zu übertönen.

Der Fidesz veranstaltete einige Stunden später eine eigene feierliche Großveranstaltung. Insgesamt hunderttausend Menschen erschienen, um der Revolution zu gedenken. Die aufgezählten Ereignisse und Szenen hatten eine tief greifende Wirkung. Aber das war nur der Anfang.

An verschiedenen Punkten in der Hauptstadt war es schon vorher zu kleineren Demonstrationen gekommen, die dann in Ausschreitungen endeten. Unter anderem gab es eine Demonstration in der Corvin Passage, wo 1956 schwere Kämpfe zwischen den Aufständischen und der Sowjetarmee stattgefunden hatten. Radikale demonstrierten auch auf dem Erzsébet-Platz. Der Menge von einigen Tausend verstellte die Polizei den Weg und ließ sie nicht zum Parlament weiterziehen, sondern drängte sie in die entgegengesetzte Richtung zum Veranstaltungsort der gerade stattfindenden Fidesz-Großversammlung.

Die Demonstranten ließen sich das nicht gefallen, wie 1956 leisteten sie Widerstand. Die Polizei setzte Tränengas und Wasserwerfer ein. Die Demonstranten antworteten mit Steinen, schleiften Absperrungen herbei und zündeten Mülleimer an. Die Stadt verwandelte sich wieder in ein Schlachtfeld. Inzwischen war die Großversammlung des Fidesz zu Ende gegangen. Die Polizei versuchte, die Radikalen, die zum Parlament ziehen wollten, zu zerstreuen, drängte sie auf die friedlichen Teilnehmer der Gedenkveranstaltung des Fidesz, die sich auf dem Nachhauseweg befanden und begann ohne Unterschied auf alle mit Gummiknüppeln einzuschlagen. Sie benutzten auch Gummigeschosse. Viele Menschen, die zufällig dort waren, wurden schwer verwundet.

Auf der Elisabethenbrücke wurden auf beiden Seiten aus Steinen und Bodenplatten Barrikaden errichtet. Kreuz und quer standen Autos und Motorräder. In der Mitte gruppierten sich Fahnen schwingende Menschen. Die Polizei attackierte sie von zwei Seiten, sie warfen Steine und Molotowcocktails zurück. Im

Zentrum der schönen, europäischen Hauptstadt wurde um eine Brücke gekämpft. Die Polizei setzte schließlich Räumfahrzeuge und Schneepflüge ein, um die Barrikaden aufzulösen.

Im Kampf mit der Polizei passierte plötzlich etwas Ungewöhnliches, dessen Symbolgehalt alles in den Schatten stellte. Ein 60-jähriger Mann, der die ungarische Revolution von 1956 erlebt hatte, setzte einen sowjetischen T-34-Panzer in Gang, der als historisches Erinnerungsstück aus dem Kriegshistorischen Museum zum Gedenken an den antisowjetischen Freiheitskampf der Öffentlichkeit gezeigt wurde. Die 32 Tonnen schwere Maschine fuhr auf die Polizei los, in Richtung Deák-Platz. Insgesamt legte sie 150 Meter zurück. Die Demonstranten bejubelten sie begeistert. Sie klatschten, schrien, schwenkten Fahnen. Der Panzer rollte vorwärts und warf eine Anzeigentafel um. Die Polizei war verwirrt. Schließlich griffen sie das Gefährt mit Tränengas und einem Wasserwerfer an. Der Panzer drehte einige Ehrenrunden und beendete dann seinen erneuten, kurzfristigen Kampfeinsatz.

Drei Jahre später wurde György Horváth, der den Panzer in Gang gesetzt hatte, von einem Gericht zu einer Gefängnisstrafe von 20 Monaten, die auf vier Jahre zur Bewährung ausgesetzt wurde, verurteilt. Der Pflichtverteidiger versuchte seinen Mandanten damit zu verteidigen, dass er psychisch labil sei und unter dem Einfluss der Stimmungslage der Massen gehandelt habe. Der Angeklagte verkündete jedoch ruhig, er habe vollkommen bewusst gehandelt und habe die Polizeiabsperrungen wegräumen wollen. „Ich wollte den Demonstranten helfen, ähnlich wie man es 1956 getan hat. Ich habe keine Straftat begangen." Er verneinte entschieden, er habe Polizisten überfahren wollen, die Menschen angegriffen haben. Die ganze Angelegenheit ist ein wenig grotesk, aber auch sehr symbolträchtig.

Dieser Tag wurde der Tag von Ferenc Gyurcsánys großer Niederlage.

Der Verfall der Sozialisten, die großen Demonstrationen und die Ergebnisse der Kommunalwahlen festigten den Fidesz und mit ihm zusammen die Position von Viktor Orbán. An die Depression im Frühling, nach den Parlamentswahlen, erinnerte sich niemand mehr. Die Maschine drang unentwegt weiter vor. Tibor Navracsics, der spätere stellvertretende Ministerpräsident, eröffnete unter dem Titel Jövőnk (Unsere Zukunft) eine groß angelegte Diskussionsreihe über die Lage des Landes. Die gründlich vorbereiteten Veranstaltungen bestanden aus zwei Teilen, zu jeder gehörte eine öffentliche Kampagne, und jede endete mit einer Konferenz, auf der erörtert wurde, wie die Lage der jeweiligen Sparte aussieht und was dort zu tun ist. Gerechtigkeit, Lebensqualität, öffentlicher Dienst und Wettbewerbsfähigkeit, dies waren die Diskussionsreihen und die Themenkreise der zusammenhängenden Kampagnen. Der Fidesz zeigte sich als Gruppierung, die sich verantwortungsvoll und kompetent, auf die Machtübernahme vorbereitet hat.

Die Diskussionsreihe ging im Mai 2007 mit dem Beschluss des Programms Unsere Zukunft zu Ende. Im Programm wurde verkündet, dass die Grundwerte – Freiheit, Antikommunismus, bürgerliche Moral, Sicherheit, gesellschaftliche Gerechtigkeit, die nationalen Interessen und die Westorientierung – unverändert bleiben.

Navracsics als Fraktionsführer bewies sich als sehr guter Parlamentsredner, der interessant und auf die Gefühle einwirkend, für die Partei wichtige Themen beleuchten konnte. Obwohl er nur verhältnismäßig kurze Zeit eng mit dem Fidesz verbunden war, gelang es ihm, der Partei ein neues Gesicht zu geben. Orbán wollte zweigleisig fahren. Er wusste, dass er einerseits erkämpfen muss, dass er auf der Rechten keinen Konkurrenten bekommt, andererseits musste er das Zentrum besetzen und auch die Menschen mit liberalen Ansichten ansprechen.

Die öffentliche Meinung entfernte sich mit Riesenschritten von den Sozialisten. Auch die westlichen Medien verwöhnten sie nicht mehr. Der Vertrauensbruch, die Korruptionsskandale, der Nepotismus hatten ein entsetzliches Ausmaß angenommen. Die Lage der Regierung und der öffentlichen Hand wurde immer desolater. Gyurcsány versuchte immer noch, selbstbewusst zu kämpfen, sogar bestimmte Reformen einzuführen. Eine solche Reform wäre die Erneuerung des Gesundheitswesens mit Marktmechanismen gewesen. Als Teil davon wurde der nicht allzu hohe Eigenanteil, eine Praxisgebühr, eingeführt. An solche Reformen wurde auch in Polen gedacht und es gab viele Unterstützer dieser Idee. „Das war eine gute Reform", erklärt ein Mitarbeiter Orbáns. „Zu einer anderen Zeit hätte Orbán sie sicher unterstützt." Nur siegte diesmal die unerbittliche Logik des politischen Kampfes, denn im Wahlkampf hatte Gyurcsány abgestritten, einen Eigenanteil einführen zu wollen.

Als die Regierung ihre Vorstellungen verkündete, spürte Orbán, dass dies der Augenblick war, in dem er dem Gegner den tödlichen Schlag versetzen, ihn niederzwingen konnte.

Er kündigte eine Volksabstimmung über die Politik der Regierung an. Die wichtigste Frage betraf die Gesundheitsreform. Auf den reihenweise vom Fidesz organisierten Demonstrationen forderten die Menschen die Regierung zum Rücktritt auf, diese Demonstrationen brachten aber kein Ergebnis und konnten auch keins bringen – das wusste Orbán wohl –, weil ihre Aufgabe nur war, die Spannung zu schüren. Der Vorsitzende des Fidesz kündigte seinen Anhängern an, dass es noch einen demokratischen Weg gebe, eine letzte demokratische Chance: die Volksabstimmung. So konnte Orbán ohne Prestigeverlust die folgenden Demonstrationen auf den Straßen abblasen, derer die Menschen ohnehin bald müde geworden wären. Im Gegenzug gab er ihnen ein neues Mittel, ihre Unzufriedenheit auszudrücken. Sie konnten Stimmen für die Volksabstimmungspetition sammeln.

Die unter dem Titel „Mit einem JA beginnt die Zukunft" gestartete Kampagne sprach nicht nur die Fidesz-Wähler an, sondern auch jene, die Sozialisten oder Liberale wählten oder sich gerade nicht entscheiden konnten. Orbán wollte, dass die Kampagne eine positive Botschaft bekam, damit die Menschen nicht nur als Gestus gegen die Regierung ihre Unterschrift gaben, sondern auch in der Hoffnung, dass etwas Neues beginnen werde. Und dieses neue Etwas bereitete Orbán vor. Er stellte sieben Fragen im Zusammenhang mit der Politik der Regierung. Die Sozialisten und ihre Juristen behaupteten, dass die Volksabstimmung gegen die Gesetze verstoße, die verfassungsmäßige Ordnung untergrabe, für die Regierungspolitik sei nämlich die bei den Wahlen ermächtigte Regierung verantwortlich. Orbán kritisierte das als neuerliches Ausweichmanöver.

Es entspann sich eine Diskussion über die Bürgerrechte. Haben sie das Recht, sich eine Meinung zu bilden und am demokratischen Prozess aktiv teilzunehmen? In der Diskussion war Orbán obenauf. Er vergab die Chance nicht. Er trat in der Rolle des Schützers der Bürgerrechte auf.

Im März 2008 wurde die Volksabstimmung abgehalten. Die Wähler konnten in drei Fragen ihrem Willen Ausdruck geben: Eigenanteil im Gesundheitswesen, Studiengebühren und Krankenhaustagesgeld. Das Ergebnis kam einem Erdrutsch gleich. Mehr als 82 % der Wähler lehnten die Vorlage der Regierung ab. Ein paar Wochen später verließen die Liberalen die Koalition. Die Sozialisten blieben allein. Sie waren geschwächt durch ständige Angriffe, außerdem verstärkte sich die Wirtschaftskrise immer mehr. Gyurcsány hielt sich noch ein Jahr auf dem Posten des Ministerpräsidenten, doch im Frühjahr 2009 war er gezwungen, zurückzutreten. Es gab keinen Ausweg.

Die Sozialisten erlebten eine Woche der Trauer. Sie fanden niemanden, der bereit gewesen wäre, sich an die Spitze der Regierung zu stellen. Die Politiker fürchteten sich. Sie sondierten bei unterschiedlichen Experten, die alle ablehnten. Es gab keinen Kandidaten, der den Liberalen zugesagt hätte, aber ohne ihre Stimmen konnten die Sozialisten kein neues Minderheitskabinett bilden. In den Medien war ständig davon die Rede. Eine für die Regierung blamablere Situation lässt sich kaum denken. Elf Leuten hatten sie ihr Angebot unterbreitet. Keiner wollte der Ministerpräsident des Landes werden!

Schließlich nahm Gordon Bajnai, der bisherige Minister für Nationale Entwicklung und Wirtschaft, an. Er verkündete, keine politischen Ambitionen zu heben, er wolle die Regierung nur bis zu den Wahlen führen und die katastrophale finanzielle Situation möglichst stabilisieren.

Bajnai wurde Ministerpräsident. Erst in diesen Wochen wurde den Menschen klar, in welch dramatischer Situation sich das Land befindet, wie unfähig die Sozialisten an der Regierung sind, wie viele das sinkende Schiff verlassen, das keinen Kapitän mehr hat. Auch am Horizont war keine Führerpersönlichkeit zu sehen. Bajnai versuchte nur, den Schaden zu begrenzen. Auf der anderen Seite aber lag ein gewaltiges Schiff, mit einem Kapitän an Bord, der mit eiserner Hand steuerte. Der Kontrast war gewaltig.

Das Land befand sich im Aufruhr. Pausenlos folgten Unterschriftenaktionen und Demonstrationen aufeinander. Das Fieber wirkte sich natürlich günstig auf die Aktivitäten des Fidesz und seiner Anhänger aus. Als Ergebnis der allgemeinen Stimmung und der ständigen Aktionen, die sich an die Wähler wandten, meldeten sich beim Fidesz massenhaft neue Mitglieder.

2009 war sich in Ungarn fast jeder darüber im Klaren, dass der Fidesz bald an die Regierung kommt. In zahlreichen staatlichen Institutionen begannen die Männer der Rechten schon ein halbes Jahr vor der Wahl, die Macht zu übernehmen. Jeder wusste, dass sie ohnehin an die Macht kommen, daher zeichneten sie sich manchmal durch Übereifer aus. Geschäftskreise, die sich vom Staat Vorteile erhofften, begannen, sich mit dem Fidesz abzustimmen, sie wussten nämlich, dass sie mit dem verhandeln müssen, der innerhalb kürzester Zeit gewaltige Macht erlangen wird.

Die Stimmung in der Gesellschaft begünstigte Orbán und seine Gruppe. Die ungarische Blogsphäre, die sich gerade in jenen Jahren entwickelte, war eindeutig gegen die Sozialisten eingestellt. Dem Fidesz gelang es, ein ihm nahestehendes Mediennetz aufzubauen, das auf die linke Regierung eindrosch. Auf den Großveranstaltungen zu verschiedenen Anlässen erschienen gewaltige Fahnen schwingende Massen.

Orbán benutzte diese Zeit, um seine Position in der Partei weiter zu verstärken. Alle bisherige Erfahrung lehrte ihn, dass man nur gewinnt, wenn die Partei einheitlich agiert und von starker Hand gelenkt wird. Jede Spaltung, innerer Streit, Desorganisation kann nur schaden. Er kümmerte sich also um alles persönlich, umgab sich mit Leuten, die diszipliniert seine Anweisungen ausführten. Die Diskussionen mit den Experten setzte er fort, er verfügte auch weiterhin über einen ernsten intellektuellen Hintergrund, aber er sorgte auch dafür, da seine politische Macht in der Partei stark war, dass seine Entschlüsse schnell und präzise ausgeführt wurden.

* * *

Der Wahlkampf war einfach. Er basierte auf einfachen Slogans wie „Die Zeit ist gekommen" oder „Nur der Fidesz!" Große Hoffnungen erwachten, Emotionen entflammten, Orbáns direkte Umgebung war aber schon ruhig geworden. Sie wussten, dass die Sozialisten eine gewaltige Niederlage erleiden würden. Alle

Zeichen deuteten darauf hin, dass das Bündnis, das der Fidesz geschlossen hatte, eigenständig eine Regierung bilden wird. Die Frage war nur noch, ob die Zweidrittelmehrheit zustande kommt, damit sie auch Gesetze durchsetzen können, zu denen die Verfassung diese Mehrheit vorschreibt. Und ob man eine neue Verfassung verabschieden kann.

Die Wut auf die Sozialisten und Liberalen war so groß, dass Orbán vor den Wahlen auch Leute gewinnen konnte, die ihm vorher feindlich gesinnt waren. Übrigens war er von unglaublicher Überzeugungskraft, er konnte sich voll und ganz in die Versammlungsteilnehmer, in die Stimmung der Gemeinschaft, versetzen. Die Budapester Hochschule für Theater und Filmkunst besteht aus links-liberal denkenden Menschen. Mit einer kleinen Gruppe der Elite – deren Mitglieder, um es vornehm auszudrücken, nicht gerade für ihn schwärmten – hielt Orbán ein Treffen ab. Mehrere von ihnen hatten früher Gyurcsány unterstützt. Alle erschienen im legeren Anzug, maximal distanziert, bereit einen für sie exotischen Gast zu empfangen. Als Orban ankam und sich verhielt wie sie, so sprach wie sie, brach sofort das Eis und der Kontakt kam zustande. Er sprach in der Sprache des Publikums, zählte Probleme auf, gab seine Vorstellungen, seine konkreten Lösungsvorschläge kund. Die Atmosphäre lockerte sich ein wenig. Die Anwesenden begannen, Orbán über seine Pläne auszufragen, was er zu tun beabsichtige; fast das ganze Gespräch drehte sich um die Wirtschaft. Am Ende waren einige sehr erstaunt: „Das ist ein fantastischer Kerl. Das war klasse."

* * *

Am 11. April 2011 erhielt das Parteienbündnis Fidesz – KDNP schon im ersten Wahlgang 52,7 %. Die Sozialisten 33,4 % weniger! Das war ein wahres politisches K.O. Im zweiten Wahlgang schnitt der Fidesz noch ein bisschen besser ab. Viktor Orbán erreichte mit seiner Partei mehr als zwei Drittel der Sitze im Parlament (68,1 % der Mandate). Er erlangte die absolute Macht. Das Ergebnis nahm die Mehrheit der Ungarn mit großer Hoffnung, der Großteil Westeuropas jedoch mit Besorgnis auf.

Orbán unterhielt sich gern mit den Leuten, er kam leicht mit ihnen in Kontakt. Schwierig jemanden zu finden, der besser als er genau erklären könnte, was die Regierung tut. Besonders weil – zur allgemeinen Überraschung – die Kommunikation der schwächste Punkt bei den Aktivitäten der Regierung war. Mit dem stürmischen Tempo der Gesetzgebung kamen selbst die Politologen nicht mit, deren primäre Aufgabe es gewesen wäre, zu verfolgen, was im Parlament vorgeht.

Das Duell Orbán – Gyurcsány endete mit einem fantastischen Ergebnis. Orbán hielt nicht damit zurück, was er über seinen Rivalen denkt. „Gerne würde ich die Vernichtung der Linken als meinen eigenen Erfolg verbuchen", bekannte er in einem Interview mit der Frankfurter Allgemeinen Zeitung. „Sie ist aber nur zum Teil mein Verdienst. Die heutige ungarische Opposition, die vor mir acht Jahre regiert hat, beging Selbstmord. Ich habe sie nicht getötet. Nicht in meiner Hand war das Messer."

22. KAPITEL

Revolution

Über die von der neuen Regierung in den ersten Jahren eingeführten Änderungen sowie über die vehementen Angriffe der westlichen Medien und der westlichen Politiker

Das Tempo und der Schwung, mit dem der neue Ministerpräsident den Staat umzubauen beabsichtigte, kam einem Erdbeben gleich. Mitten in dem eher nach Links tendierenden und politisch korrekten Europa kommt ein erfahrener und entschlossener Politiker an die Macht, der eine konservative Revolution durchsetzen will, der dem Land seine ursprüngliche Stärke zurückgeben will und anbietet, die Mittelschicht wiederaufzubauen und die Wirtschaft wieder auf die Beine zu stellen. Die Ungarn, die ungarischen Familien, die ungarische Mittelschicht, die ungarischen Unternehmer gerieten ins Zentrum der Aufmerksamkeit.

Orbán, der ein relativ gemäßigter, aber ambitioniert seine Ziele verfolgender und radikal handelnder Politiker ist, machte nicht nur Tag für Tag radikale Schritte, sondern verletzte regelmäßig die in Europa akzeptierten, ungeschriebenen Gesetze. Den Namen Gottes wollte er wieder in die Präambel der Verfassung aufnehmen. Er meinte, dass das einheimische Kapital einen Heimvorteil genießen muss, die internationalen Organisationen Partner, aber keine übergeordneten Organe sein können, denen man sich, ohne Widerstand zu leisten, unterwerfen muss.

„Weder der Internationale Währungsfonds noch die Europäische Union sind meine Chefs. Jedes Land ist für seine Wirtschaft selbst verantwortlich", verkündete er in einer seiner ersten Pressekonferenzen. Solche Worte hatte Europa lange nicht gehört.

Er wies darauf hin, dass er die Stärkung der ungarischen Mittelschicht und der einheimischen Unternehmen für seine vordringliche Aufgabe hält, und nicht die Erleichterungen für Großkonzerne. Als das endgültige Wahlergebnis bekannt gegeben wurde, verkündete der zukünftige Ministerpräsident: „Am heutigen Tage bestätigte sich eine geschichtliche Lehre, die Lehre aus zwanzig Jahren, die Lehre der Wende, die lautet: Das System kann man nicht verändern, das System kann man nur zu Fall kommen lassen oder man muss es stürzen. Stürzen und an seiner Stelle ein neues aufbauen. Das ist heute geschehen. Die Ungarn haben das System gestürzt und ein neues System begründet. Die ungarischen Menschen haben am heutigen Tag die Oligarchie gestürzt, die ihre Macht missbraucht hat, und an ihrer Stelle haben sie ein neues System, das System der nationalen Zusammenarbeit begründet." Und sofort machte er sich an die Arbeit.

Er folgte dem gleichen Muster wie 1998. So weit wie möglich vorpreschen, so radikal und schnell wie möglich, um so viel wie möglich zu erreichen, wenn auch nicht alles. Den Ungarn wollte er ihre Würde zurückgeben, ihren Stolz. Die Lebensqualität wollte er verbessern. Mit seinen ersten Amtshandlungen löste er je nach Standort Begeisterung, Hass, Respekt oder Entsetzen aus. Und Orbán war nicht nach Scherzen zumute.

„Wir waren uns im Klaren, dass wir zehn Jahre zuvor nicht so viel erreichen können hatten, wie wir gerne erreicht hätten. Damals haben wir die Veränderungen präzise ausgeführt, alles vorher erfasst und koordiniert. Und vier Jahre später mussten wir einsehen, dass wir keine Gelegenheit haben, alles zu beenden. Viktor wollte jetzt alles so schnell wie möglich regeln", sagt ein enger Mitarbeiter des Ministerpräsidenten.

Und die Maschine lief an.

Zuerst verringerte er die Anzahl der Minister auf acht. Der neue Ministerpräsident ließ auch verlauten, dass er die Zahl der

Parlamentsmandate um etwa die Hälfte verringern wolle. Diese Veränderungen gefielen allen (die Parteiaktivisten ausgenommen). Aber die weiteren Schritte lösten schon scharfe Proteste und Angriffe aus. Es begann mit der Verfassung. In Ungarn war das alte Grundgesetz aus 1949, das im Kommunismus seine Wurzeln hatte, in Kraft. Im Laufe der Zeit war es Flickwerk geworden. Orbán konnte jetzt mit einem Federstrich alles verändern. Und er tat es auch. József Szájer, einer der Gründer des Fidesz, später Fraktionsführer und Parteivorsitzender, ab 2004 Abgeordneter im Europaparlament, bereitete die Vorlage für das neue Grundgesetz vor. Darin kam auch die Präambel vor, die weltweit so viele Kommentare hervorrief. Jeder sprach davon, aber wahrscheinlich ohne sie vorher gelesen zu haben, deshalb zitieren wir sie hier:

Gott segne die Ungarn![17]
NATIONALES BEKENNTNIS

WIR, DIE MITGLIEDER DER UNGARISCHEN NATION, erklären zu Beginn des neuen Jahrtausends, in der Verantwortung für alle Ungarn Folgendes:

Wir sind stolz darauf, dass unser König, der Heilige Stephan I., den ungarischen Staat vor tausend Jahren auf festen Fundamenten errichtete und unsere Heimat zu einem Bestandteil des christlichen Europas machte.
Wir sind stolz auf unsere Vorfahren, die für das Bestehen, die Freiheit und die Unabhängigkeit unseres Landes gekämpft haben.
Wir sind stolz auf die großartigen geistigen Schöpfungen ungarischer Menschen.

---

[17] Die erste Zeile der ungarischen Nationalhymne *(Anm. des Verlages).*

*Wir sind stolz darauf, dass unser Volk Jahrhunderte hindurch Europa
in Kämpfen verteidigt und mit seinen Begabungen und seinem Fleiß
die gemeinsamen Werte Europas vermehrt hat.*
*Wir erkennen die Rolle des Christentums bei der Erhaltung der Nation
an. Wir achten die unterschiedlichen religiösen Traditionen unseres
Landes.*

*Wir leisten das Versprechen, dass wir die geistige und seelische
Einheit unserer in den Stürmen des vergangenen Jahrhunderts in
Stücke gerissener Nation bewahren. Die mit uns zusammenlebenden
Nationalitäten sind staatsbildender Teil der ungarischen politischen
Gemeinschaft.*
*Wir verpflichten uns, unser Erbe, unsere einzigartige Sprache, die
ungarische Kultur, die Sprache und Kultur der in Ungarn lebenden
Nationalitäten, die durch den Menschen geschaffenen und von der
Natur gegebenen Werte des Karpatenbeckens zu pflegen und zu be-
wahren. Wir tragen die Verantwortung für unsere Nachfahren, deshalb
beschützen wir die Lebensgrundlagen der folgenden Generationen
durch den sorgfältigen Umgang mit unseren materiellen, geistigen
und natürlichen Ressourcen.*
*Wir glauben, dass unsere Nationalkultur einen reichhaltigen Beitrag
zur Vielfalt der europäischen Einheit darstellt.*
*Wir achten die Freiheit und die Kultur anderer Völker und streben eine
Zusammenarbeit mit allen Nationen der Welt an.*

*Wir bekennen uns dazu, dass die Würde des Menschen die Grundlage
des menschlichen Seins ist.*
*Wir bekennen uns dazu, dass sich die individuelle Freiheit nur im
Zusammenwirken mit anderen entfalten kann.*
*Wir bekennen uns dazu, dass der wichtigste Rahmen unseres Zu-
sammenlebens Familie und Nation, die grundlegenden Werte unserer
Zusammengehörigkeit Treue, Glaube und Liebe sind.*

Wir bekennen uns dazu, dass die Grundlage der Kraft der Gemeinschaft und der Ehre des Menschen die Arbeit und die Leistung des menschlichen Geistes sind.

Wir bekennen uns zum Gebot der Unterstützung der Hilfsbedürftigen und der Armen.

Wir bekennen uns dazu, dass das gemeinsame Ziel des Bürgers und des Staates die Vervollkommnung des guten Lebens, der Sicherheit, der Ordnung, der Wahrheit, der Freiheit ist.

Wir bekennen uns dazu, dass die wahre Volksherrschaft nur dort existiert, wo der Staat seinen Bürgern dient, sich ihren Angelegenheiten mit Billigkeit, ohne Missbrauch oder Voreingenommenheit widmet.

Wir halten die Errungenschaften unserer historischen Verfassung und die Heilige Krone in Ehren, die die verfassungsmäßige staatliche Kontinuität Ungarns und die Einheit der Nation verkörpern.

Wir erkennen die infolge der Besetzung durch fremde Mächte eingetretene Aufhebung unserer historischen Verfassung nicht an. Wir lehnen die Verjährung der gegen die ungarische Nation und ihre Bürger während der nationalsozialistischen und kommunistischen Diktatur begangenen unmenschlichen Verbrechen ab.

Wir erkennen die kommunistische Verfassung aus dem Jahre 1949, die die Grundlage einer Willkürherrschaft bildete, nicht an. Daher erklären wir ihre Ungültigkeit.

Wir stimmen mit den Abgeordneten des ersten freien Parlaments überein, die in ihrem ersten Beschluss deklariert hatten, dass unsere heutige Freiheit unserer Revolution von 1956 entsprungen ist.

Für uns gilt die Wiederherstellung der am 19. März 1944 verloren gegangenen staatlichen Selbstbestimmung unserer Heimat ab dem 2. Mai 1990, von der Bildung der ersten frei gewählten Volksvertretung an. Diesen Tag betrachten wir als Beginn der neuen Demokratie und verfassungsmäßigen Ordnung unserer Heimat.

Wir bekennen uns dazu, dass nach den zur moralischen Erschütterung führenden Jahrzehnten des zwanzigsten Jahrhunderts unsere seelische und geistige Erneuerung unbedingt notwendig ist.

Wir vertrauen auf die gemeinsam gestaltete Zukunft, auf das Engagement der jungen Generationen. Wir glauben, dass unsere Kinder und Kindeskinder mit ihrem Talent, ihrer Ausdauer und ihrer seelischen Kraft Ungarn wieder zu seiner würdigen Größe verhelfen.

Unser Grundgesetz ist die Grundlage unserer Rechtsordnung: ein Vertrag zwischen den Ungarn der Vergangenheit, der Gegenwart und der Zukunft. Ein lebendiger Rahmen, der den Willen der Nation, die Form, in der wir leben möchten, zum Ausdruck bringt.

Wir, die Bürger Ungarns, sind dazu bereit, die Ordnung unseres Landes auf die Zusammenarbeit unserer Nation zu gründen.

Der Text war ziemlich lange für die Einleitung einer Verfassung, aber er spiegelt gut wider, wie Viktor Orbán und die Fidesz-Leute über den Staat, über die Rolle der Geschichte, über die Gemeinschaft und den Begriff des Staatsbürgers denken.

Die Regierung führte einen einheitlichen Steuersatz von 16 % ein, der Familien mit Kindern wesentliche Vergünstigungen verschaffte. Für jedes Kind konnte man monatlich 10 000 Forint (ca. 35 Euro) von der Steuer (nicht der Grundsteuer) abschreiben. Praktisch zahlte eine Familie mit drei Kindern und einem durchschnittlichen Einkommen fast nur eine symbolische Steuer.

Die Regierung schuf für die kleinen und mittelständischen Betriebe einen Steuersatz von 10 % und gewährte Firmengründern steuerliche und andere Vergünstigungen. Orbán ließ eine Reform des Bildungs-, Gesundheits- und Verwaltungswesens verlautbaren. Er begann mit der Überprüfung der Berechtigung der Frührente und erklärte, dass er das Rentenalter um drei Jahre hoch setzt, was die Mehrheit der Bevölkerung betreffen wird.

Er beschränkte die Möglichkeit eines vorgezogenen Ruhestands für die Beschäftigten der waffentragenden Organe.

Das Tempo und der Schwung, mit dem der neue Ministerpräsident den Staat umzubauen beabsichtigte, kam einem Erdbeben gleich. Orbán, der ein relativ gemäßigter, aber ambitioniert seine Ziele verfolgender und radikal handelnder Politiker ist, machte nicht nur Tag für Tag revolutionäre Schritte, sondern verletzte regelmäßig die in Europa akzeptierten, ungeschriebenen Gesetze.

Parallel dazu setzte er eine Krisenabgabe für die vier Branchen Energie, Telekommunikation, Banken und Versicherungen sowie den Sektor der kleingewerblichen Warenhausketten fest. Die größte Diskussion aber löste die Verstaatlichung der privaten Pensionskassen aus. Diese Entscheidung führte zu einer gewaltigen Welle der Kritik von fast allen Seiten. Die Regierung übernahm de facto 14 Milliarden Dollar Ersparnisse von den Staatsbürgern und konnte damit das Haushaltsdefizit ein wenig reduzieren. Natürlich übernahm er die Garantie dafür, dass er in Zukunft die Bezüge aus dem Staatssäckel bezahlen wird.

Das war eine Methode das Budget von Ausgaben zu entlasten beziehungsweise sie zu verringern, denn er wusste, dass die ungarische Öffentlichkeit darauf scharf reagieren würde. Orbán wusste, dass die Ungarn den Gürtel nicht mehr enger schnallen können und man – mit der Senkung der Einkommenssteuer und der Einführung der Familienförderung – alles tun muss, um Wirtschaftsaktivitäten freizusetzen.

Parallel dazu verringerte die Regierung die öffentlichen Ausgaben. Sie begann die Reduzierung der Kommunalbehörden, da selbst die kleinste Gemeinde eine eigene Verwaltung mit zahlreichen Angestellten hatte. Verkündet wurde auch die Absicht, die Zahl der höheren Bildungsinstitute zu verringern, derer es unverhältnismäßig viele gab. An vielen Stellen sollten die Ausgaben durch Rationalisierung gesenkt werden.

In die Verfassung wurden mehrere Passus eingefügt, welche die Macht der Exekutive verstärkten, beispielsweise wurde der Wirkungskreis der ungarischen Verfassungsgerichtsbarkeit begrenzt, weswegen die Regierung von mehreren Seiten scharf kritisiert wurde. Viel Streit entzündete sich auch daran, dass es den außerhalb der Landesgrenzen lebenden Ungarn erleichtert wurde, die ungarische Staatsbürgerschaft zu erlangen. Dies führte zu Spannungen, in erster Linie im Verhältnis zur Slowakei. Diese Maßnahme bedeutete den Menschen und ihren Nachkommen eine geschichtliche Rechtfertigung, die damals – infolge des Friedensvertrags von Trianon – ihre Heimat verloren haben und sich bis zum heutigen Tage als Ungarn fühlen, in Verbindung zum Mutterland stehen, deren Verwandte und Freunde dort leben.

Orbán wollte auch die Stellung der Zentralbank schwächen. Direktor der Nationalbank war András Simor. Niemand im Fidesz sprach unumwunden aus, dass man Simor für Orbáns großen Rivalen hielt, der versuchen würde, mit all seinen Entscheidungen die Tätigkeit der Regierung zu behindern.

Den tollwütigen Zorn der Linken löste die Verfassungsänderung aus, die besagt, dass die Ungarische Sozialistische Partei als

Rechtsnachfolgerin der Ungarischen Sozialistischen Arbeiterpartei „die Verantwortung für alles, was der Staatspartei anzulasten ist" trägt. In der Verfassung kommen auch solche Formulierungen vor: „Der heutige ungarische Rechtsstaat kann nicht auf die Schuld des kommunistischen Systems aufbauen. (…) Die von der Ungarischen Sozialistischen Arbeiterpartei und ihren Rechtvorgängern, sowie die im Zeichen der kommunistischen Ideologie zu ihren Diensten aufgebauten verschiedenen politischen Organe waren verbrecherische Organisationen, deren Führer eine nicht verjährbare Schuld tragen für die Aufrechterhaltung eines Unterdrückungssystems, seine Lenkung, die begangenen Straftaten und den Verrat an der Nation."

Daraus leiteten die Linken und Liberalen die Schlussfolgerung ab, dass die Sozialisten – als Erben der kommunistischen Partei – außerhalb der Gesetze gestellt werden. Nichts dergleichen geschah aber.

Protest erhob sich, als die von den Mitgliedern der kommunistischen Partei geforderte Verjährung der begangenen Straftaten gestrichen wurde, die Linken in ganz Europa schlugen Alarm, es stehe eine Welle von politischen Prozessen bevor. Die Befürworter der rechtlichen Modifikationen erklärten, dass mit ihnen einfach die Möglichkeit eröffnet wird, bisher nicht geklärte Fälle zu untersuchen und die Verantwortlichen des vergangenen Systems vor Gericht zu stellen.

Halb Europa empörte die Herabsetzung des Pflichtrentenalters für eine bestimmte Berufsgruppe – die Richter – von 70 auf 62 Jahre. (Schließlich wurde die Rechtsvorschrift dergestalt geändert, dass die Richter und Rechtsanwälte mit 65 in Rente gehen, nach dem Erreichen des 62. Lebensjahrs aber keine Führungsposition mehr bekleiden dürfen.) Die Maßnahme hatte zwei Gründe: Erstens arbeiteten die ungarischen Gerichte mit außergewöhnlicher Langsamkeit, waren nicht auf der Höhe der Zeit und viele

Menschen waren schon lange der Meinung, dass sie „frisches Blut" brauchten. Der zweite Grund, über den man nur leise sprach, war der, dass die oberste Schicht der Richter in großer Zahl aus Leuten des alten Systems bestand, beziehungsweise ihm Nahestehenden bestand. Diese Maßnahme war also Bestandteil des Kampfes gegen den Postkommunismus.

Die Veränderungen wurden im Schnellzugtempo durchgesetzt. Daher durchliefen die von Experten der Thinktanks vorbereiteten Gesetzespläne nicht eine gründliche Regierungsprozedur, sondern wurden in Form von Vorschlägen von Abgeordneten unterbreitet. Diesem Verfahren ist zu verdanken, dass die Bestimmungen schnell umgesetzt wurden, allerdings fehlte die nötige Koordination und Verifikation. Teilweise wurden widersprüchliche Bestimmungen verabschiedet. Man konnte den Eindruck nicht vermeiden, dass Chaos herrschte. Es war schwer in Budapest jemanden zu finden, der genau hätte erklären könne, was die Regierung tut. Besonders weil – zur allgemeinen Überraschung – ausgerechnet die Kommunikation der schwächste Punkt bei den Aktivitäten der Regierung war. Mit dem stürmischen Tempo der Gesetzgebung kamen selbst die Politologen nicht mit, obwohl alles, was im Parlament geschieht, ihre primäre Zuständigkeit berührt.

Orbán meinte, je schnell die Veränderungen, desto größer die Chance, dass die neuen Dinge sich festsetzen und umso wirksamer kann man den Postkommunismus liquidieren, der in fast jedem ungarischen Amt, in fast allen Paragrafen der ungarischen Gesetze, in den wirtschaftlichen Verflechtungen und im Bewusstsein der Menschen gegenwärtig war. Er war sich im Klaren, dass der Postkommunismus eine sehr starke Kraft ist und nur mit starken Handstreichen zerbrochen werden kann.

* * *

Orbáns Gruppe hatte sich damit auseinanderzusetzen, wie sie die ungarische Wirtschaft aus dem ruinösen Zustand, in den sie die Regierung Gyurcsány gebracht hatte, befreien konnte. Das neue Kabinett konnte jedoch nicht vorhersehen, dass die Räuberwirtschaft ihrer Vorgänger noch von der Weltwirtschaftskrise übertroffen würde, die sich über Ungarn mit zweifacher Kraft ergoss. (Wobei man hinzufügen muss, dass sich die Übergangsregierung von Gordon Bajnai, von 2009 bis 2010, bemüht hatte die Schäden in Grenzen zu halten.)

Das Überwinden der Krise war schwieriger und qualvoller, als gedacht, denn die internationalen Märkte brachen ein. Die finanzielle Lage des Staats rutschte wieder in den Abgrund, den Staatsbürgern ging es noch schlechter, schon allein wegen des Wechselkurses für den Schweizer Franken, der viele ungarische Familien in die Pleite stürzte. Die Ungarn verschuldeten sich mehr als die Polen durch die Aufnahme von Krediten auf der Grundlage des Schweizer Frankens. Im Donaugebiet waren fast 300 000 Familien betroffenen, fast eine Million Menschen im ganzen Land.

Die zweite Schwierigkeit, mit der Orbáns Leute ebenfalls nicht gerechnet hatten, war der Frontalangriff des Westens. Das erste Flächenbombardement der gegnerischen Medien und politischen Gegner begann zu Beginn der ungarischen EU-Ratspräsidentschaft 2011. Statt darüber zu schreiben, welche Chancen sich in diesem Zusammenhang den Ungarn eröffnen – wie sie es im Fall der Polen, deren EU-Ratspräsidentschaft folgte, taten – kritisierten die Politiker vieler Länder und die führenden Medien die ungarische Regierung wegen des Mediengesetzes, das – ihrer Meinung nach die Zensur einführt und die Pressefreiheit tötet. Die Gesetzesvorschrift enthielt tatsächlich nicht sonderlich abgewogene Partien, die geschürte Hysterie aber war unverhältnismäßig. Das Mediengesetz bot einen idealen Vorwand. In Ungarn erscheinen selbstverständlich bis zum heutigen Tag oppositionelle Zeitungen, kann die Opposition Internetportale, Fernsehkanäle und Radiostationen (allerdings gab es bei einer einzigen Konzessionsverlängerung Probleme) betreiben. Es war klar, dass die Sozialisten und Liberalen mit aller Macht ihre Positionen schützen würden. Es war kein Geheimnis, dass der innere Kampf – der für alle sichtbare und der hinter den Kulissen – sehr scharf wird. Orbán fürchtete diesen Kampf nicht, im Gegenteil, er mag solche Situationen. Es folgte aber ein Kampf andere Art, einer mit dem er nicht gerechnet hatte.

Ein Krieg entbrannte mit den mächtigen westlichen Medien und einem bedeutenden Teil der europäischen und nicht nur europäischen politischen Klasse. Es stellte sich heraus, dass sich die Europäische Kommission und der Internationale Währungsfonds zu den Gegnern zählten. Dass in der Reihe der Kritiker seiner Maßnahmen nicht nur die Journalisten ultralinker Blätter zu finden sind, sondern auch solch ausgezeichnete Autoren wie Anne Applebaum und Francis Fukuyama, und dass sogar die Außenministerin der USA, Hillary Clinton zum Schutz der Demokratie einen Brief an Orbán schrieb.

Die Probleme, die sich durch die internationalen Public Relations aufgetürmt hatten, konnte Orbáns Mannschaft nicht bewältigen. Das bedeutete eine Katastrophe. Die Regierung erlitt eine schmerzhafte Niederlage auf dem Gebiet der Propaganda.

Die westlichen Journalisten, Geschäftsleute und Politiker waren nicht bereit, zur Tagesordnung überzugehen, weil in dieser europäischen Stadt mit ihren eleganten Straßen, fantastischen Kneipen und Luxushotels, wo den westlichen Managern die größten Vergünstigungen gewährt werden, plötzlich eine Revolution ausgebrochen ist. Eine Revolution, die ihre Interessen verletzte.

Als Orbán entscheiden musste, woher er Geld besorgt, war eins klar: nicht mehr von den Staatsbürgern. Die waren ohnehin schwach und erschöpft. Den Bürgern musste man helfen, auf die

Beine zu kommen, dachte er und reduzierte trotz der unglaublich schwierigen Lage die Steuern. Das fehlende Geld musste woanders herkommen. Er beschloss also eine Krisensteuer für vier Branchen, von denen er annahm, sie würden es verkraften. Und da die in diesen Sektoren tätigen Firmen zum Großteil zu westlichen Konzernen gehörten, waren ihre Manager aufgebracht. Aufgebracht, weil sie genau wussten, dass diese Steuer sie persönlich trifft. Denn wenn die Steuern einer Firma steigen, verringert sich ihr Profit. Wenn der Profit sich verringert, dann werden auch die Prämien der Manager geringer. Ihr Zorn ist nicht schwer zu verstehen. Ähnlich scharf reagierte der gesamte Versicherungssektor, dem die eingeführten Maßnahmen eindeutige Verluste brachten.

Die Manager und die von ihnen beeinflussten Diplomaten äußerten sich darüber gern den westlichen Journalisten gegenüber, deren Mehrheit sich prinzipiell allem widersetzt, das etwas mit Konservativismus zu tun hat. Orbán mochten sie schon aufgrund seines konservativen Charakters nicht, denn er trat für den Schutz des ungeborenen Lebens ein und berief sich in der Präambel der Verfassung auf Gott.

Aus alledem folgerten solch ausgezeichnete Intellektuelle wie der Bulgare Ivan Krastev, dass Orbán die Fundamente des freien Marktes untergräbt. Die Anhänger der Regierung versuchten zu erklären, dass genau das Gegenteil der Fall ist, dass Orbán versucht, eine Chancengleichheit der Wirtschaftsfaktoren herzustellen und der Marktwirtschaft für ihr Funktionieren einen festen Rahmen zu geben. Aber die Journalisten, Geschäftsleute und Politiker erwähnten immer wieder die Geburt einer Diktatur und werteten die Maßnahmen der Regierung als gegen den Markt gerichtet.

Die Texte und Meinungen zeugten davon, dass sie die Umgebung nicht kennen, in der sich die Fidesz-Regierung bewegt und sie keine Ahnung von den Reformplänen der Regierung insgesamt haben.

Die westlichen Medien verweisen bis heute nicht gern auf die Aktivitäten der Regierung Gyurcsány, welche die ungarische Wirtschaft in den Abgrund und die Ungarn in tiefe Frustration gestürzt hatten. Sie schreiben nicht über die allumfassende Korruption, den Filz und die Lügen, die sich unter der vorangegangenen Führung als Last auf die Gesellschaft gelegt hatten. Sie erinnern nicht daran, wie brutal die Polizei 2006 gegen die von den Worten des sozialistischen Ministerpräsidenten Demonstranten vorgegangen war aufgebrachten. Sie erwähnen nicht die stark um sich greifende Armut, die in Ungarn immer mehr zum Problem wird. Sie berühren nicht das Thema, dass die Sozialisten das Geld mit vollen Händen verteilt hatten und das Land bis zum Hals in Schulden gestürzt haben.

„Viktor Orbán hat Ungarn ruiniert. Der Staatsbankrott droht", lautete die Schlagzeile des Warschauer Blattes Dziennik Gazeta Prawna vor Weihnachten 2011. „Infolge der Maßnahmen des Regierungschefs verlassen die Investoren panikartig das Land, den internationalen Organen kommt es nicht in den Sinn, Ungarn zu helfen. Das Land steht am Rand der Pleite", schrieb ein übrigens erfahrener polnischer Journalist.

„Ungarn ist keine Demokratie mehr", verkündete in einer Talkshow des polnischen Fernsehens ein Prominenter des politischen Journalismus. In einer deutschen Unterhaltungssendung schwatzten zwei Moderatorinnen anlässlich der Eurovision Song Contest über die Qualität der Nummern. Sie waren bestürzt darüber, wie eine ganz gut angesehene ungarische Musikgruppe in einem Land auftreten kann, wo es immer weniger Freiheit gibt und schon fast keine Demokratie mehr …

Als die Fidesz-Regierung ihren Vorgängern wegen der fatalen Handhabung der Staatsfinanzen Strafverfolgung in Aussicht stellte, schrieb die deutsche konservative Tageszeitung, die Frankfurter Allgemeine Zeitung: „Wenn Orbáns Sprecher die Politik der ehemals Regierenden als 'politisches Verbrechen' charakterisiert, offenbart dies ein Denken, das nur sehr Wohlwollende noch mit Demokratie in Einklang bringen können."

Der österreichische Standard sprach von einer „diktatorischen Politik", die man eindämmen müsse. „Die kruden Methoden und die blanke Gewalt aus der Mitte des 20. Jahrhunderts kann man in Europa nicht wiederholen, das weiß auch Viktor Orbán. Er will stattdessen einen legalen Putsch, eine gesteuerte Demokratie, in der die politischen Gegner nicht umgebracht, aber mundtot gemacht und notfalls unter Vorwänden ins Gefängnis geworfen werden." Und das ist nicht der schärfste Artikel, der erschien.

Viel größere Hysterie entfesselte der linke französische Philosoph Bernard-Henri Lévy, der auf den Seiten des amerikanischen Internetportals Huffington Post, das über eine große Leserschaft verfügt, was in Ungarn geschieht, einen „despotischen, antieuropäischen und faschistoiden Aufstand" nannte. „Nun gibt es heute mitten in Europa ein Land, dessen Regierung die Medien knebelt, das Sozial- und Gesundheitssystem demontiert, Arme kriminalisiert und Rechte infrage stellt, die man für längst etabliert hielt, wie etwa das Recht auf Abtreibung. Es gibt ein Land, das den stumpfsten Chauvinismus, den abgetretensten Populismus und immer offener den Hass auf Sinti, Roma und Juden wieder aufleben lässt. Diese werden wie in den dunkelsten Stunden der Geschichte des Kontinents zu Sündenböcken für all das gemacht, das nicht mehr funktioniert. (...) Bei diesem Land handelt es sich um Ungarn. Und dieses Mal sagt Europa nichts", schrieb der Philosoph. „Wir dürfen die Auffassung nicht außer Acht lassen, die aus der nationalen Gemeinschaft ein göttliches Geschöpf macht, eine quasi mythische Entität, ein einheitliches Wesen, das von sich selbst getrennt ist und dessen verlorene Reinheit dringend wiedergefunden werden muss, nein, niemand kann darin die Steigerungsform eines Gedankens verkennen, der seit den Dreißigerjahren den Kern sämtlicher Formen des

Faschismus ausgemacht hat." Diese Stimme spiegelt wirklich die emotional übersteigerten Reaktionen Zustand wider, die in Ungarn eingeleitete, gemäßigte, aber konservative und souveräne Politik ausgelöst hat. Wegen des entschlossenen Kämpfers aus Budapest nahm die gesamte europäische Linke plötzlich Schlachtordnung ein.

▌ Das Überwinden der Krise war schwieriger und qualvoller, als gedacht, denn die internationalen Märkte brachen ein. Die finanzielle Lage des Staats rutschte wieder in den Abgrund, den Staatsbürgern ging es noch schlechter, schon allein wegen des hohen Wechselkurses für den Schweizer Franken. Die Probleme mit den Krediten auf Grundlage des Schweizer Franken betrafen fast 300 000 Familien, fast eine Million Menschen im ganzen Land.

„Die EU-Kommission erpresst uns", sagte Orbán den Ungarn. Seine Anhänger sahen den Menschen in ihm, der sich einst dem Sowjetreich entgegen gestellt hatte, nun aber den Mut hatte, sich den gewaltigen Mächten entgegen zu stellen, denen die konservative Revolution im Lande nicht schmeckt.

* * *

Anfang 2012 setzte das Europäische Parlament eine Diskussion zur Lage der Demokratie in Ungarn auf die Tagesordnung. Orbán wusste, dass die Abgeordneten des Europäischen Parlaments ihn aller vorstellbaren Schandtaten beschuldigen würden. Er beschloss, sich dem entgegen zu stellen. Das staatliche Fernsehen übertrug die Diskussion live. Eine Woche vorher hatte der für seine spitze Feder bekannte Bayer, einer der Gründer des Fidesz und Freund Viktor Orbáns, sich auf einer Großversammlung hinter den Ministerpräsidenten gestellt. Dieses Ereignis fand drei Tage nach der Straßburger Diskussion statt. Die Diskussion wurde schärfer geführt, als man gedacht hätte. Die europäischen Liberalen und Sozialisten beschuldigten Orbán mit harschen Worten, den Geist der Demokratie zu zerstören und das Land in ein totalitäres Regime zu führen.

Den schärfsten Angriff führte der Veteran der 1968-er Revolution, der berüchtigte Vertreter der radikalen Linken, Daniel Cohn-Bendit: „Nun, Viktor Orbán, Sie auf dem Wege, sich in einen europäischen Hugo Chavez zu verwandeln, in einen Fidel Castro. Sie sagen uns, Sie haben alles im Interesse der Verfassungsänderung getan. Nämlich, dass wir eigentlich wahnsinnig sind, dass wir ein Land in die EU aufgenommen haben, in dem so ein Grundgesetz in Kraft war."

Orbán wurde alles, was nur möglich war, vorgeworfen. Er antwortete auf die Vorwürfe, in Wahrheit aber wandte er sich an die Ungarn, welche die Liveübertragung im Fernsehen sahen: „Das Mediengesetz kann und muss man natürlich kritisieren und das nehme ich als selbstverständlich an. Aber man kann eine Nation nicht verletzen. Ich möchte klar machen, dass es das ungarische Volk verletzt, wenn man seine und die demokratische Verpflichtung in Zweifel zieht. Und gestatten Sie mir, auf den Kommentar zu verweisen, im dem Ungarn beschuldigt wurde, dass es sich auf dem Weg in die Diktatur bewegt. Was ist das, wenn keine Beleidigung für das ungarische Volk? Und das muss ich noch sagen: Mein Heimatland Ungarn werde ich hier immer verteidigen. Das ist keine Frage des Mediengesetzes."

Womit Orbáns Leute nicht gerechnet hatten, war der Frontalangriff des Westens. Das erste Flächenbombardement der gegnerischen Medien und politischen Gegner begann mit dem Beginn der ungarischen EU-Ratspräsidentschaft 2011. Der ungarische Ministerpräsident wurde in den Tagen, als er eigentlich in den Salons Europas strahlen sollte, plötzlich sehr einsam.

Als er seine Gegner zum Abendessen einlud, bat Cohn-Bendit wieder ums Wort: „Sie haben uns zum Abendessen eingeladen, Herr Orbán, aber Sie haben mir den Appetit verdorben. Ich esse nicht mit Ihnen!" Diese Worte lösten in Budapest Wut aus.

Zum Abschluss der Debatte gab Orbán eine harte Antwort: „Meinesgleichen und unsere politische Gemeinschaft muss zur Kenntnis nehmen, dass die Ideen, die wir vertreten, in diesem Hause nicht von der Mehrheit geteilt werden. Zweifellos sind unserer Ideale christlich, wir bauen auf die Verantwortung des Individuums, wir halten das Nationalgefühl für wichtig und positiv, und die Familie betrachten wir als das Fundament der Zukunft. Mag sein, dass viele darüber anders denken, aber das ist dennoch ein europäischer Standpunkt. Mag sein, dass wir mit ihm eine Minderheit darstellen in Europa, aber das ist dennoch ein europäischer Standpunkt und wir haben das Recht ihn zu vertreten. Mag sein, dass Sie mit dem, was ich jetzt zitieren werde, nicht übereinstimmen, ich persönlich aber teile Schumanns Standpunkt, dass die europäische Demokratie entweder christlich sein wird, oder gar nicht sein wird. Das ist ein europäischer Standpunkt, sehr verehrte Damen und Herrn!"

Im Jahre 2012 schrieb die europäische Presse über Orbáns „diktatorische Politik", die man „eindämmen müsse". Von einem „despotischen, antieuropäischen und faschistoiden Aufstand" schrieb Bernard-Henri Lévy in dem amerikanischen Nachrichtenportal Huffington Post. „Viktor Orbán hat Ungarn ruiniert. Der Staatsbankrott droht." „Ungarn ist keine Demokratie mehr!", verkündeten deutsche, österreichische und polnische Medien.

Orbáns Worte lösten in Ungarn einen Begeisterungssturm aus. Die Wirkung der Debatte war in Ungarn nicht alltäglich. Drei Tage später brachte der Friedensmarsch, der zur Verteidigung von Orbán ausgerufen worden war, fast eine halbe Million Menschen zusammen.

Friedensmarsch in Budapest, zur Verteidigung Viktor Orbáns Politik. Fast eine halbe Million Menschen. In einem Land mit zehn Millionen Einwohnern eine halbe Million. Das ist so, als gingen in Polen zwei Millionen für die Regierung auf die Straße. Oder in Washington 12 Millionen oder in Deutschland 4 Millionen.

Neben Bayer war László Csizmadia einer der Hauptveranstalter des Friedensmarsches. „Wir trugen ein Transparent mit der Aufschrift: „Wir werden nie eine Kolonie!" Orbán sagte mir dann, dass für ihn das Ganze sehr wichtig gewesen war, weil es er dank der Demonstration bei den späteren Zusammenstößen in Brüssel leichter hatte", erzählt er. Der emeritierte Professor der Ökonomie, János Horváth, der Alterspräsident des ungarischen Parlaments, der lange Zeit in den USA verbracht hat, erläutert die Situation folgendermaßen: „Orbán ist in einer Zwangslage. Er ist sich im Klaren, dass er einerseits hart auftrete, sich aber andererseits kompromissbereit zeigen muss. Er ist Berufspolitiker und weiß das genau. Er muss hart sein, weil man das von ihm erwartet, gleichzeitig kompromissbereit, weil die internationale Lage das erfordert. Jetzt muss er dem Westen erklären, dass nur er in der Lage ist, den Frieden und die Stabilität in Ungarn zu garantieren." Aber auch unter Orbáns Anhängern finden sich Unzufriedene: „Das Chaos ist vollkommen. Täglich ändert er seine Entscheidungen. Die Kommunikation des Ganzen ist fatal schlecht. Orbán benutzt diese harte Sprache vergebens. Mit Absicht macht er sich Probleme im Ausland, denn viele Unannehmlichkeiten wären vermeidbar gewesen, wenn er sich bedachter aufgeführt hätte", sagt ein junger Fidesz-Mann. Und 2012 steht er mit dieser Meinung im Kreise der Parteiangehörigen nicht allein.

23. KAPITEL

Die Medien und die Partei
(die eine oder auch die andere)

Darüber, wie die Zeitungen und Fernsehsender anfangs auf Orbán eindroschen, wie er dann sein eigenes Medienreich aufbaute sowie darüber, wie es in Ungarn für wahrhaft unabhängigen Journalismus keinen Ort gab und auch nicht gibt

Nach 1989 trat keine starke Bestrebung zur Veränderung der Medien zutage. Die Rechte war damals miserabel auf die neue Situation vorbereitet, die Liberalen aber fanden relativ schnell einen gemeinsamen Ton mit den alten Kadern. Die illegale Presse war in Ungarn bei Weitem nicht so entwickelt wie in Polen. Es gab nicht genug fähige Leute, um all die Stellen neu zu besetzen.

In der Ära Kádár dienten die Medien, wie im ganzen kommunistischen Block, treu der Macht. Sie logen, fälschten die Geschichte, ließen zahlreiche Fakten außer Acht, und wenn es sein musste, verleumdeten sie Menschen, die den Machthabern unbequem waren. In der zweiten Hälfte der 80-er konnte man manchmal – vorwiegend in Blättern mit kleiner Auflage – Texte lesen, die auch ein wenig Wahrheit über die Wirklichkeit enthielten. Sie berührten allerdings keine politischen Fragen. Im Allgemeinen kann man sagen, dass in Ungarn die Medien nicht von einem solchen Misstrauen umgeben waren wie in Polen. Die Konflikte und Spannungen waren in den beiden Ländern nicht gleich. Die Ungarn hatten den Gulaschkommunismus akzeptiert und mit ihm zusammen teilweise auch die sogenannte Gulaschpresse.

Kurz nach dem Sturz des Systems konnte man ein wenig Widerstand vonseiten der Journalisten spüren. Am 14. Januar

1988 unterschrieben mehr als 200 Personen – mehrheitlich noch Mitarbeiter der kommunistischen Medien – einen Aufruf zur Einrichtung eines Öffentlichkeitsklubs (Nyilvánosság Klub). Innerhalb kurzer Zeit schlossen sich noch 400 weitere an. Sie forderten Freiheit bei der Gründung und dem Betrieb von Zeitungen. Über die Verletzungen der Medienfreiheit beabsichtigten sie, eine Liste zu führen. Die Staatsmacht war nicht erfreut, aber die Unterzeichner wurden nicht belangt. Ganz im Gegenteil, im Oktober entstand der Öffentlichkeitsklub und nahm seine Arbeit auf. Die beteiligten Journalisten wollten jedoch eher grundlegende Reformen und nicht den Sturz des Systems.

In den Medien kam es weder nach den Gesprächen am Runden Tisch im Sommer und Frühherbst 1989 noch nach den im nächsten Jahr abgehaltenen freien Wahlen zu revolutionären Veränderungen. Die Journalisten, die in den kommunistischen Blättern publiziert hatten, blieben auch nach der Wende auf ihren Posten. Sie verkündeten, dass sie sich als unabhängig betrachten, das Niveau heben würden, aber sie blieben weiter die gleichen Menschen. Als man einige Blätter an westliche Konzerne verkaufte, wurde vertraglich vereinbart, dass die Redaktion noch eine Weile nicht umbesetzt wird. Die Veränderungen, die in Polen in dieser Richtung unternommen wurden, waren ungleich stärker.

In der ungarischen Presse kam es bald zur Privatisierung, schon 1988, noch unter der Herrschaft der Kommunisten, kam es zu Privatisierungsverhandlungen. Unter den neuen Umständen einigten sich die westlichen Konzerne ziemlich schnell mit den alten Redaktionen, weil die sich als bequeme, ziemlich entgegenkommende Partner herausstellten. Die Journalisten aber waren glücklich, dass sie weiter arbeiten konnten.

Einige besonders kompromittierte Medienpersönlichkeiten zogen sich aus ihren Führungspositionen zurück, nur stammten ihre Nachfolger aus den gleichen Kreisen. Hinsichtlich der Abbildung der Wirklichkeit gab es keinen radikalen Wandel. Infolge der Parteistreitigkeiten blieb das staatliche Fernsehen eine Weile ohne Führung, aber in der Zeit kam es zu keinen Erschütterungen. Nachdem 1990 die vom MDF geführte Koalition an die Regierung kam, begann sie einen neuen Kampf um die Medien. Sie tat es aber sehr ungeschickt Als ersten Schritt verkündete einer der radikalen Führer der Partei, István Csurka, man müsse in der Presse und dem Fernsehen einen „Frühlingsputz" abhalten, aber dann machte sich niemand an den „Frühlingsputz". Die Journalisten, die von Anfang an Csurka und seiner Partei feindlich gegenübergestanden hatten, behandelten, als sie sahen, dass seine Worte leere Drohungen waren, den Regierungspolitiker mit noch größerer Ablehnung. Das MDF schloss schließlich einen Pakt mit den SzDSz, der nur eine einzige Konsequenz hatte, nämlich, dass die Liberalen noch größeren Einfluss in den Medien gewannen. Als dies dann die linken Politiker ändern wollten, nannten die Journalisten, die Jahrzehnte lang dem Kádár-System gedient hatten, die Kämpfe um ihre eigene Position einen Kampf für die Meinungsfreiheit.

Es kam zu einem Streit, wem die populäre Zeitung Magyar Nemzet (Ungarische Nation) zugesprochen werden solle. Ministerpräsident József Antall wollte, dass anstelle eines linken schwedischen Verlags, der konservative Verlag des Le Figaro das Blatt aufkaufte.

Das gelang auch, obwohl Hersant mit Le Figaro nach ein paar Jahren wieder ausstieg und den Magyar Nemzet dem ungarischen Staat überließ. Große Veränderungen brachte er bei dem Blatt nicht zustande.

Der Mangel an Veränderungen führte unter anderem dazu, dass die Presse einseitig blieb. Sehr oft verteidigte sie die alten Verhältnisse. Von Anfang an griff sie in scharfem Ton die konservative Regierung Antall an. Die politischen Sympathiebezeugungen der

Journalisten waren für die regierenden Konservativen sehr belastend. Von den Mitgliedern des Ungarischen Journalistenverbandes (MÚOSZ) unterstützten insgesamt 6 % die MDF-Regierung. Großer Popularität erfreute sich hingegen der damals noch liberale Fidesz, der Anfang 1992 als das Lieblingskind der Medien galt. Vergessen wir nicht, dass man den Fidesz damals für eine liberale Partei hielt, die der rechten Regierung scharf entgegensteht. 38 % der Journalisten waren auf seiner Seite, 13 % unterstützten die Sozialisten, also die Postkommunisten also, 12 % den liberalen SzDSz. Fast alle Journalisten vertraten links-liberale Prinzipien. Auch die Besitzer der Medien waren von Anfang an den Postkommunisten und Liberalen gegenüber herzlicher eingestellt, die ungarischen und die ausländischen gleichermaßen.

Zur Zeit der linken Regierung waren nur die linken Zeitungen voller Anzeigen. Nach der Wahl 2010 kehrte sich die Lage um. Die rechten Zeitungen leben ziemlich gut, die linken stecken in der Krise. Die Mehrzahl der Staatsbetriebe, aber auch die Privatfirmen wissen sehr gut, wo man inseriert und wo nicht. Bis 2010 stand das Staatsfernsehen Orbán und seiner Partei unverhohlen feindlich gegenüber. Nach dem Sieg des Fidesz änderte sich die Situation schnell. Die den Sozialisten gegenüber loyalen Journalisten wurden durch Fidesz-treue Journalisten ersetzt. (auf dem Bild: Viktor Orbán mit dem Chefredakteur György Szöllősi in der Redaktion des Fußballmagazins FourFourTwo)

Die Rechte bemühte sich, eigene Presseorgane zu schaffen, aber es gelang ihr nicht. Der Aufbau gelang schon, aber etwas Wesentliches fehlte. Es steckte kein Geld dahinter. Und kein geschäftlicher Hintergrund. Die Medien aus dem alten System aber wurden auf Schritt und Tritt unterstützt. Ihnen halfen auch die Vertriebe wie die Unternehmer, die gern in ihnen inserierten und damit die ihnen nahestehende Gruppierung unterstützten. Die rechten Blätter wurden von den Geschäftsleuten boykottiert.

* * *

Orbán hielt es für Antalls größten Fehler, dass er die Rechte ohne finanzielle Absicherung gelassen hatte. „Nach vierzig Jahren linker Regierung entstand als Ergebnis rein historischen Glücks – denn dafür halte ich es – eine Mitte-rechts-Regierung in Ungarn. (…) Dieses Glück nicht beim Schopf zu packen, war ein nicht wieder gutzumachender Fehler. Es gibt kein Blatt. Den größten Teil der Blätter hat man geklaut. Hat er sie sich unter der Nase wegstehlen lassen, andererseits hat er sie im Staatsbesitz belassen. Es gibt weder ein Radio noch ein Fernsehen. Nicht ein einziges. (…) Man kann schon schlecht regieren, aber eine politische Richtung ohne Erbe zu lassen, ohne materielles Erbe, dass wir nur von dem geistigen Erbe leben, das geht nicht", sagte der Vorsitzende des Fidesz Mitte der 1990-er Jahre.

Dann setzte er die Einschätzung Antalls wie folgt fort: „Er hätte acht bis zehn Großunternehmer finden müssen, die Ungarns Großkapitalisten werden. Und die hätte er unterstützen müssen. (…) Mit diesen acht bis zehn Großkapitalisten hätte er sich einigen müssen. Und auch wenn er nur die Hälfte von ihnen als Unterstützer halten kann, auch dann, wenn er vor der Niederlage steht, dann tut er etwas Großes. (…) Das hätte er tun müssen. Den Bankern klar machen, dass dies unsere acht bis zehn Leute sind.

Und dann hätte die Logik des Geschäfts schon das ihre getan."
Orbán meinte, dass Pragmatismus und Prinzipientreue einander
nicht ausschließen. „Der Pragmatismus steht dem Doktrinarismus
gegenüber. Wir gehen immer davon aus, dass man die Probleme
des Alltagslebens lösen muss und dabei gewisse Prinzipien nicht
verletzen darf."

Ein Bild aus der zweiten Amtsperiode: Ministerpräsident Viktor Orbán trifft 2012
mit seiner Gemahlin Dr. Anikó Lévai bei der Eröffnung der Regensburger Thurn
und Taxis Schlossfestspiele ein.

Das materielle Übergewicht der Postkommunisten war damals
gewaltig. Sie hatten Geld, Organisationen, Gebäude, Medien. Der
Fidesz hatte nichts. Orbán war sich im Klaren, dass er seine Partei
nicht ohne finanziellen Hintergrund aufbauen kann. Wenn er kein
Geld auftreibt, keine Verbindungen in der Geschäftswelt und in
den Medien aufbaut, dann bringt er es zu nichts. Er begann so
methodisch daran zu arbeiten, wie er es an seiner Identitätsfin-
dung und ihrer Ausformulierung getan hatte. „Das Bürgertum

muss auch wirtschaftlich auf die Beine gestellt werden", sagte er in einem Interview. „Wir können nur auf uns selbst zählen, wir haben nur das, was wir für uns erreicht haben. Nicht so wie unsere Gegner, die sich in den vergangenen vierzig Jahren bereichert haben, Vorräte für schwere Zeiten angelegt haben oder ihre gegenwärtige Regierungsposition ausnutzen, um sich ein wirtschaftliches Fundament zu schaffen. Wenn wir mit ihnen nicht konkurrieren können, können wir unsere Vorstellung nicht zum Wähler gelangen lassen. Wir werden keine Publikationen haben, keine Büros und Angestellten und da hilft uns auch das beste Programm nicht. Da werden wir unterliegen."

In der knallharten Welt der Politik kann man mit Prinzipien allein nicht gewinnen. Die Schaffung eines wirtschaftlichen Hintergrunds für die Partei sah Orbán als eine Frage auf Leben und Tod an.

* * *

Mit dieser Aufgabe betraute Orbán seinen Freund aus Schul- und Universitätszeiten, Lajos Simicska, der ein nicht alltägliches Geschäftstalent an den Tag legte. Simicska wurde die bunteste und bedeutendste Figur Ungarns in den letzten zwanzig Jahren. Ein sehr intelligenter Mensch, der im Hintergrund blieb; im Allgemeinen zurückgezogen, unscheinbar, der auf den ersten Blick keinen guten Eindruck machte. Im Bibó-Kolleg war es vorgekommen, dass er im Trainingsanzug und Schlappen zu den Vorlesungen erschienen war. Er sah nicht so aus wie einer, der sich im Geschäftsleben gut zurechtfindet. Viele, die mit ihm in Kontakt gekommen sind, behaupten von ihm, dass er ein wahres Geschäftsgenie sei. Er denkt anders als viele Fidesz-Leute. Auf den Zusammenkünften hört er die übrigen zu Ende an und sagt erst dann seine Meinung. Er lebt ziemlich bescheiden, obwohl er als reichlich wohlhabend gilt. Wenige kennen ihn, er zeigt sich selten in der Öffentlichkeit. Heute ist Simicska Besitzer von Großbetrieben, die zahlreiche staatliche Ausschreibungen gewonnen haben. Seine Kritiker halten ihn für einen neuen ungarischen Oligarchen. Bevor er dahin gelangte, baute er lange seine Macht auf, noch dazu mit Methoden, die viel Antipathie auslösten.

Viele möchten ihn nicht. Als sie Orbán vorwarfen, dass er sich mit solchen Leuten umgibt, wiederholte der Fidesz-Vorsitzende, dass solche Leute an Bord gebraucht würden. Simicska wurde zunächst Berater der Parteiführung, dann der Chefökonom der Partei. Als der Fidesz 1998 die Wahlen gewann, ernannte Ministerpräsident Orbán Simicska zum Chef der Finanzbehörden (APEH). Zu Beginn seiner Tätigkeit brachten ihn die Gegner der Regierung mit zwei Skandalen in Zusammenhang: dem Verkauf von defizitären Firmen, die allgemein als Fidesz-nahe bezeichnet wurden, an ausländische Privatpersonen beziehungsweise die angebliche illegale Datenbeschaffung bei APEH. Obwohl keine Untersuchung belegte, dass Simicska verwickelt war, musste er wegen der ständigen Angriffe ein Jahr später von seinem Amt zurücktreten. Er hatte den Ruf eines widersprüchlichen Geschäftsmanns.

In Ungarn konnten die Parteien auch wirtschaftliche Aktivitäten entfalten, was dazu führte, dass es in ihrem Umfeld viele unklare Fälle gibt. Dieses Problem berührt nicht nur den Fidesz, sondern auch die ganzen übrigen Parteien. Simicska selbst sagte 1994 in einem Interview – damals gab er noch welche, denn später blieb er für die Medien unerreichbar –, dass „die Finanzierung der Partei so gewährleisten musste, dass der Fidesz nicht von äußeren Quellen abhängt. (…) So mussten wir an eigene Quellen kommen."

Simicska beschaffte Anteile an der privatisierten Werbefirma MAHIR. Anfangs war sie das einzige Unternehmen, das die Partei unterstützte. In Ungarn ist es ein allgemeines Phänomen, dass man über die Gemeindeverwaltungen mit den Geschäftskreisen in Verbindung kommen kann. Das Verfahren ist sehr einfach. Bestimmte Firmen bekommen von den Gemeinden Aufträge, im Gegenzug schalten sie Anzeigen in den Medien, die der Partei nahe stehen. Mit der Zeit machte der Fidesz sich das zunutze.

1997 gründeten sie Napi Magyarország (Ungarn Tag für Tag), eine rechte Tageszeitung, deren finanzielle Absicherung von der Postabank stammte und von Simicska beschafft worden war. An den Geschäftsbesprechungen hatte auch Orbán teilgenommen. Die Postabank, konkret ihr Chef Gábor Princz, dachte, dass es sich auszahlt, eine Partei, die ständig stärker wird, zu unterstützen. Niemand verheimlichte, dass die neue Tageszeitung dem Fidesz nahe stehen und die Partei unterstützen wird. Man wusste auch, dass die Finanzmittel nur für die Zeit des Wahlkampfs ausreichen. Danach würde dann über das weitere Schicksal von Napi Magyarország entscheiden, ob der Fidesz gewinnt. Wenn ja, dann sucht man neue Mittel für den Erhalt der Zeitung. Der Fidesz gewann zwar die Wahlen, die Zeitung wurde aber nach einiger Zeit eingestellt, formell verschmolz sie mit dem anderen rechten Blatt, dem Magyar Nemzet.

* * *

Orbáns erste Regierung verkündete eine Politik, die das Gleichgewicht der Medien herstellen sollte. Eine Umfrage in Kreisen der ungarischen Journalisten im Jahre 2000 zeigte, dass 29 % der Journalisten die Sozialisten gewählt hatten, 24 % die Liberalen und nur 22 % die Parteien der Regierungskoalition, Fidesz, MDF und die kleinen Landwirte. Die linken Parteien wurden also von mehr als zweimal so viel Beschäftigten in den ungarischen Massenmedien unterstützt. Dieses Verhältnis spiegelte bei Weitem nicht das Bild der Gesellschaft wider. Vergessen wir nicht, dass von einer Zeit die Rede ist, als der Fidesz an der Regierung war. Während seiner Regierungszeit hatte Orbán erfahren, was der Gegenwind der Medien bedeutet. Die Journalisten attackierten ihn pausenlos, obwohl er in den Fernsehsendern und Radiostationen, die unter seiner Kuratel standen, personelle Veränderungen durchführte.

Er machte sich mit intensiver Arbeit daran, private Medien ins Leben zu rufen, um die staatlichen und in Privatbesitz befindlichen Zeitungen und Fernsehsender, die den Block der Sozialisten und Liberalen unterstützten, auszugleichen. Die Politiker des Fidesz erwähnen voller Stolz, dass sie in ihrer ersten Regierungszeit begonnen hatten, die Fundamente ihrer eigenen Medienunternehmen zu legen.

Als ersten Schritt nach der Wahlniederlage des Fidesz schufen 26 Geschäftsleute unter der Leitung von Lajos Simicska, nach dem Muster von CNN, das konservative Hír TV („Nachrichten TV"). Sein Chef wurde der ehemalige Sportjournalist Gábor Borókai, der bis 2002 in der Regierung Orbán die Stelle des Pressesprechers bekleidet hatte.

Noch im Jahre 2000 gründeten sie eine gemeinnützige Stiftung zur Förderung eines Buchverlags und verschiedener verlegerischer Aktivitäten. Die gemeinnützige Stiftung bekam als Starthilfe 100 Millionen Forint (ca. 300 000 Euro) von der Regierung Orbán, was im Falle eines Medienunternehmens keine allzu große Summe ist. Ihr Vorsitzender wurde István Elek, Orbáns enger Bekannter und einer seiner Hauptberater. Der erste Schritt der Stiftung war die Schaffung des Organs Heti Válasz („Wöchentliche Antwort"). Ein Jahr später bekam sie eine weitere, diesmal bedeutendere Förderung vonseiten der Regierung, eine schöne Villa als Sitz der Zentrale. Trotzdem kam sie nicht recht klar. 2004 stand Heti Válasz am Rande der Pleite und die Regierung – nun das sozialistisch-liberale Kabinett – beschloss den Verkauf. Fidesz-nahe Firmen kauften Heti Válasz auf. Chefredakteur wurde der bisherige Chef von Hír TV, Gábor Borókai.

Unter seiner Leitung kam Heti Válasz langsam auf die Beine. Die Zeitschrift hing nicht direkt vom Fidesz ab, sympathisierte aber mit der Partei. 2010 kaufte ein enger Mitarbeiter von Lajos Simicska, Zsolt Nyerges, den man für eine Schlüsselfigur in den Geschäftskreisen hält, die den Fidesz unterstützen, das Blatt auf. Zwei Geschäftsleute kauften den Konzern Közgép auf, der seit 2010 der Reihe nach den verschiedenen Ausschreibungen der Regierung, in erster Linie solche in Verbindung mit Straßenbau, gewinnt und zu einer der mächtigsten ungarischen Firmen wird. „Heti Válasz, Hír TV, Lánchíd Rádió und Magyar Nemzet, das sind sicher Fidesz-Konzerne, das lässt sich nicht bestreiten", sagt ein Journalist. „Aber sie weisen uns nicht an, was wir zu schreiben haben. Wenn etwas sehr Wichtiges passiert, dann sagen sie nur, dass wir jetzt vorsichtig sein sollen. Wenn sie Druck auf uns ausüben, dann sehr dezent. Wir sind Konservative, daher ist unsere Sympathie für die Regierung unausweichlich."

Der zweite rechte Konzern entstand im Zusammenhang mit der Tageszeitung Magyar Hírlap, die 2005 von einem der reichsten Geschäftsleute Ungarns, Gábor Széles, aufgekauft wurde. Der neue Besitzer veränderte die frühere liberale Ausrichtung des Blatts radikal und schuf parallel dazu den Konkurrenten für Hír TV, die rechte Fernsehstation Echo TV. Széles wäre gern auch Regierungsmitglied geworden, Aber er bekam kein Angebot von Orbán. Echo TV steht weiter rechts als Magyar Hírlap, Hír TV und Magyar Nemzet.

Durch die beiden Mediengruppen sowie die Unterstützung der sich immer besser entwickelnden und unabhängigeren Nachrichtenportale wurde die Stimme des Fidesz für die Wähler vernehmbarer. Für Hír TV brachte das Jahr 2006 die Möglichkeit, sich einen Vorsprung zu verschaffen.

Als im September die Massen das Gebäude des öffentlich-rechtlichen MTV stürmten, übertrug nur Hír TV das Ereignis live. Der Berichterstatter vor der Zentrale des Fernsehens wiederholte, dass der Sturm auf das Gebäude eine richtige Revolution sei, so eine wie 1956. Diese Übertragung verfolgten damals insgesamt eine Million Menschen und das machte sofort auch den Kanal bekannt.

Als die Sozialisten 2002 wieder an die Macht kamen, gingen sie brutal gegen die rechten Medien und die Journalisten vor, die nicht mit ihnen an einem Strang zogen. Es kam zu regelrechten Massenentlassungen. Beim öffentlich-rechtlichen Rundfunk wurden die Entlassungsschreiben vor der Eingangstür verteilt. Damals protestierte die große, weite Welt jedoch nicht! Die linke Regierung würdigte diese Vorgänge bei den rechten Zeitungen keines Wortes.

„Ministerpräsident Gyurcsány hat einmal gesagt, dass Magyar Nemzet für ihn nicht existiert. Auf unsere Fragen bekamen wir nie eine Antwort, er behandelte uns mit aller Härte", erzählt Gábor Stier, der Leiter des Ressorts Außenpolitik des Magyar Nemzet.

Die Regierung Gyurcsány legte den Staatsbetrieben in einem Rundschreiben nahe, nicht in rechten Medien zu inserieren. Die linken Zeitungen Népszabadság und Népszava blühten auf, sie waren voller Anzeigen. Magyar Nemzet und Magyar Hírlap hatten dagegen ihre Not.

Es entstand eine Situation wie nach der Wahl 2010. Nur umgekehrt. Die rechten Zeitungen leben ziemlich gut, die linken stecken in der Krise. Ministerpräsident Viktor Orbán musste schon keine Instruktionen mehr geben. Die Staatsbetriebe, aber auch die Mehrheit der Privatfirmen wussten sehr gut, wo man inserieren muss.

Bis 2010 stand das Staatsfernsehen Orbán und seiner Partei offen feindselig gegenüber. Nach dem Sieg des Fidesz änderte sich die Situation schnell. Anstelle der den Sozialisten gegenüber loyalen traten Fidesz-treue Journalisten. Intendant eines Kanals des von der Opposition als „königlich" verspotteten öffentlichen Fernsehens wurde jemand, der früher die Parteiversammlungen des Fidesz moderiert hatte.

In Ungarn gibt es auch unter den Fidesz-Anhängern kaum jemanden, der bestreiten würde, dass das ungarische Mediensystem durch und durch politisiert ist und es praktisch keine unabhängigen Medien gibt. Meine Fidesz-Gesprächspartner quittieren das Phänomen entweder mit höflichem Schweigen oder erklären, dass sie gezwungen waren, eine Alternative zu den Mediennetzen aufzubauen, die ihre Partei angriffen.

Einer von Viktor Orbáns jungen, sehr intelligenten und gut gebildeten Beamten erzählte mir, dass er an einem beachtenswerten, neuartigen Medienprojekt arbeitet. Nach seinen Vorstellungen müsste man eine Plattform schaffen, wo auch kritische Stimmen gegen die Regierung und den Fidesz zu hören sein sollen. „Wir möchten ernsthafte Auseinandersetzungen. „Für Propaganda gibt es das öffentliche Fernsehen", sagte er ohne Umschweife.

In Privatgesprächen geben die rechten Journalisten zu, dass sie vom Fidesz abhängen. Als Orbáns Partei die Wahlen gewann, wurden die Gehälter der Journalisten bei Magyar Nemzet um 40 % erhöht.

„Die Journalisten in Ungarn betreiben Selbstzensur. Im Allgemeinen wissen sie, was und wo man es schreiben kann", sagt mir ein bekannter ungarischer Publizist. „Könnt ihr den Ministerpräsidenten kritisieren?", frage ich. „Manchmal, wenn er uns ein Interview gibt, können wir ihm kritische Fragen stellen", lautet die Antwort.

Die Kritiker der Regierung, wie Kornélia Magyar, die Direktorin des Progressziv Intézet (Institut Progressiv), einer Firma für politische Analyse, behauptet, dass die Sozialisten fast vollkommen aus dem öffentlich-rechtlichen Fernsehen verschwunden sind. „2008 untersuchte ich, wer in den öffentlich-rechtlichen Medien präsent ist. Trotzdem die Sozialisten in der Überzahl waren, war auch der Fidesz präsent. Jetzt ist nur noch der Fidesz präsent", sagt sie.

Das Kabinett Orbán löste 2010, am Anfang seiner zweiten Regierungszeit, einen gewaltigen Sturm aus, als es das Mediengesetz mit seinen Maßnahmen, die ziemlich anfechtbar sind, in Kraft setzte. Halb Europa und die Fidesz-kritischen Medien protestierten gleichermaßen gegen das Gesetz. In Budapest organisierten die Liberalen und die Linke Demonstrationen.

Nach dem Gesetz wurde, nach Abschaffung des Vorgängerorgans, ein neues Organ geschaffen: der Medienrat. Die Kritiker warfen der Regierungsmehrheit vor, dass der Medienrat voll und ganz vom Fidesz ins Leben gerufen wurde. Das entspricht der Wahrheit, denn das Parlament stimmte über ihn ab und da ist der Fidesz in der Mehrheit.

Vorsitzende des Medienrats wurde die kürzlich verstorbene Annamária Szalai, die dreizehn Jahre im Fidesz tätig gewesen war, bevor sie zum Mitglied der Országos Rádió és Televízió Testület (Landeskörperschaft für Radio und Fernsehen – ORTT) gewählt wurde.

Die übrigen Mitglieder des Medienrats waren nicht direkt an eine Partei gebunden. Den größten Widerstand löst aus, dass die Mitglieder auf neun Jahre verpflichtet werden. Die Beschuldigung, dass der Fidesz damit langfristig seine Herrschaft über die Medien sichern will, ist schwer zurückzuweisen.

Als ich im Sommer 2011 Annamária Szalai beim Medienrat aufsuchte und sie fragte, wie sie sich im Besitz einer so gewaltigen Macht fühlt, antwortete sie: „Ich weiß nicht, was die gewaltige Macht sein sollte. Wir unterstehen dem Parlament, im Gegensatz zu vielen anderen Ländern, wo solche Körperschaften als Regierungsorgane fungieren. Wir können nichts dafür, dass die Menschen das Parlament so gewählt haben, dass eine Partei dominiert. Ich war auch in der ersten Amtsperiode Mitglied im Vorläufer des Medienrats – als Fidesz-Vertreterin – und damals bedeutete das kein Problem. Und jetzt schon? Ich führe nicht die Weisungen anderer aus. Eben deshalb bin ich für neun Jahre gewählt, um unabhängig zu sein, damit ich nicht die Weisungen von irgendjemandem ausführe. Wenn in dreieinhalb Jahren eine neue Regierung kommt, dann werde ich in der Opposition sein."

Es bedeutete eine Veränderung, dass das neue Gesetz es ermöglichte, Druck- und Onlinepresse, Radio- und Fernsehsender zu bestrafen, wenn sie beispielsweise die Vorschriften bezüglich ausgewogener Berichterstattung nicht erfüllen, wenn sie die Menschenwürde verletzen, zu drastisches Material veröffentlichen, zu wenig ungarische Musik spielen, oder zu viele Kriminalfälle bringen (das neue Gesetz gibt das Verhältnis von Musik- und Prosasendungen beziehungsweise der verschiedenen Thematiken zueinander vor).

Am Anfang machte es das Gesetz auch möglich, einen Journalisten zu verpflichten seine Quellen offen zu legen, wenn es das Staatsinteresse verlangt. Diese Verordnung wurde später geändert.

Wobei man sagen muss, dass die Möglichkeit, Medien zu bestrafen, auch in anderen Ländern wie auch in Polen gegeben ist. In Großbritannien wird der Chef der BBC direkt von der Regierung ernannt.

Die Gesetzgeber argumentieren, dass die Fälle, in denen eine Strafe verhängt werden kann, streng reguliert sind und man gegen die Strafe gerichtlich vorgehen kann. Weiterhin behaupten sie, dass die Maßnahmen in erster Linie wegen der sensationsgierigen Boulevardpresse erlassen wurden, die oft entsetzliche Bilder, mit

Gewaltdarstellungen zeigten beispielsweise Aufnahmen von sterbenden Menschen.

Dem Fidesz warf man vor, der Medienrat zentralisiere die Lenkung der öffentlich-rechtlichen Medien. Annamária Szalai erklärte mir, dass früher in verschiedenen Körperschaften insgesamt fünfhundert Personen an der Leitung beteiligt waren. Korruptionsfälle zählte sie auf, erzählte von den großen Profiten einiger Direktionen, der Ausschüttung gewaltiger Summen und den gewaltigen Kostenvoranschlägen interner Aufträge. „Für alles gab es Geld, nur nicht für die Produktion von Programmen", behauptete sie.

Um das Gesetz wurde unglaublicher Lärm geschlagen. Durch die Nachrichten ging, dass es in Budapest keine freien Medien mehr gibt und dass der Fidesz die Redefreiheit mit Füßen tritt. In Ungarn hatte es nie vollkommen unabhängige Medien gegeben. Immer hingen sie von der politischen oder wirtschaftlichen Sphäre ab. Die Medien, die sich in Gegnerschaft zu Orbán befinden, existieren bis auf den heutigen Tag und es geht ihnen recht gut. Regierungskritische Presseerzeugnisse bekommt man in jedem Geschäft, an jedem Zeitungsstand, ihre Werbung hängt an jeder Litfaßsäule. In Ungarn wird jeden Tag der Fidesz kritisiert und dafür wird keinem ein Haar gekrümmt. Die Medienkonzerne funktionieren, sie haben keine Probleme. Die Kritiker führen an, dass 2011 die Konzession des regierungskritischen Klubrádiós nicht verlängert worden war. Die Zuständigen argumentierten, dass die Konzession des Klubrádiós abgelaufen war und die Ausschreibung einfach ein anderer Sender gewonnen habe. Der Fall erinnert ein wenig daran, wie das katholisch-nationale Trwam TV in Polen vor kurzem bei der Ausschreibung einer digitalen Frequenz unterlag. Mit der Begründung, dass der Sender keiner einzigen Voraussetzung entsprochen habe, viele aber glauben, das sei ein reiner Vorwand, der Hauptgrund sei das kritische Verhältnis des Fernsehkanals zur gegenwärtigen polnischen Regierungskoalition und deren führender Partei. Die offizielle Begründung ist in beiden Fällen formal, aber in beiden Fällen scheinen auch die politischen Motive durch. Das Klubrádió ist ein Einzelfall, noch dazu inzwischen gelöst und sendet frei. Die übrigen oppositionellen Medien funktionieren auch ohne Schwierigkeiten.

* * *

Inzwischen haben sich an der Medienfront zwei Parteien etabliert, was im Vergleich zum früheren Zustand ein Fortschritt ist: Sie ist pluralistischer geworden. In Budapest wirken sowohl rechte als auch linke Medien gleichermaßen. Alle hängen mehr oder weniger von bestimmten Kreisen der Politik oder Wirtschaft ab. Ein Journalist kann sich gegen die Regierung stellen, aber dann muss er sich dem Oppositionslager anschließen. Menschen, die sich keiner Seite anschließen wollen, welche die Unregelmäßigkeiten beider Seiten aufdecken wollen, haben heutzutage keinen Platz in der ungarischen Medienlandschaft.

Ein trauriges Beispiel dafür gibt der Fall des sehr guten, investigativen Journalisten Tamás Bodoky. Er wurde bekannt für seine genauen Beschreibungen der brutalen Polizeimethoden bei den Ausschreitungen im Herbst 2006. Er konnte zahlreiche, aufrüttelnde Berichte und Dokumente beschaffen. Es erschien auch ein Buch über die Vorfälle. Zu der Zeit war er häufiger Gast bei Hír TV. Man hielt ihn in Fidesz-Kreisen für einen bedeutenden Journalisten. Als er jedoch ihre Geschäftsverbindungen und die Angelegenheit der Fidesz-nahe Firmen zu untersuchen begann, nahm seine Karriere ein jähes Ende. Vorher waren ihm die sozialistisch-liberalen Medien verschlossen, nun aber auch die Fidesz-Medien. Er unterrichtet an der Universität, gründete eine Stiftung und betreibt ein investigatives Internetportal. Als Journalist aber wird er in Ungarn nicht eingesetzt. Bodoky verlor seinen Arbeitsplatz in der Redaktion des bekannten, liberalen Portals index.hu, weil er nicht einverstanden war, dass die Redaktion sich in einen seiner investigativen Artikel einmischte. Der Chef hatte ohne sein Wissen einen Teil gestrichen, der von dem Zusammenspiel von Investoren und Politikern handelte. Bodoky war nicht geneigt, solche Methoden hinzunehmen. Er erzählte viele ähnliche Fälle, in denen Artikel nicht erscheinen konnten, weil eine bekannte Firma Einspruch eingelegt hatte.

Kürzlich bot ein Fidesz-Politiker Bodoky Arbeit an, die er nicht annahm. Der Politiker hatte gute Absichten, aber es ist bezeichnend, dass das Angebot nicht vom Redakteur einer Zeitung oder eines Fernsehkanals kam, sondern direkt von einem Politiker.

Der ungarische Markt ist nicht besonders groß, die Akteure des Geschäftslebens stehen in engem Kontakt mit den Zeitungsverlegern. Die Zeitungen sind jedoch zu schwach, dem Druck, der auf sie ausgeübt wird, standzuhalten. Bodoky erzählte einen Fall, in dem in einer der größten Zeitungen entlarvendes Material über eine bekannte, große Firma hätte erscheinen sollen. Der Artikel erschien nicht, an seiner Stelle brachte die Zeitung eine ganzseitige Reklame der Firma. Dieses Problem betrifft linke und rechte Blätter gleichermaßen.

Dass die ungarischen Medien von der Geschäftssphäre abhängen, bestreitet auch Annamária Szalai nicht, die von Orbán (beziehungsweise der Mehrheit des Parlaments) an die Spitze des Medienrats gewählt wurde. „Auf die Medien hat die Geschäftswelt, haben die Konzerne einen größeren Einfluss als die Politik. Sehr oft beeinflussen sie, was in den Zeitungen erscheint oder nicht erscheint", sagt sie. „Ich kenne viele Fälle, aber es ist schwer, sie an die Öffentlichkeit zu bringen, weil sie mit dem bloßen Auge nicht erkennbar sind."

Journalisten erzählen, dass es in ihren Redaktionen Listen gibt, welche Firmen Freund und welche Feind sind. Über die „freundlichen" Firmen, die bei ihnen inserieren, erscheinen einfach keine Artikel in kritischem Ton. Und diese Situation hat auch die Regierung Viktor Orbán nicht viel verändert, obwohl Orbán einige Änderungen unternahm. Die Medien sind heutzutage einiges pluralistischer, als sie es früher waren. Beide Seiten kommen zu Wort. Aber die Medien beider Seiten hängen von ihren politischen Auftraggebern ab und nehmen am politischen Krieg teil. Daraus macht niemand einen Hehl. Bei einigen Organen arbeiten natürlich auch Journalisten, die versuchen, sich von beiden politischen Richtungen fernzuhalten. Viele von ihnen unterstützen die Regierung nicht deshalb, weil es ihnen jemand befohlen hätte, sondern weil sie einfach ihren Gefühlen folgen.

Zu ihnen gehört ein enger Freund von Viktor Orbán, einer der Gründungsmitglieder des Fidesz, der bekannte Journalist Zsolt Bayer. Er ist kein Politiker, unterstützt aber Orbán nach Kräften. Den Friedensmarsch zur Verteidigung von Orbán hatte er organisiert, als der ungarische Ministerpräsident in Straßburg schwer angegriffen wurde. „Wir sind Freunde", gesteht Bayer in seinem kleinen Büro, das er mit zwei Personen teilt und das mit Exemplaren der Magyar Hírlap gefüllt ist. „Und das bedeutet, wenn er sagt, zieh mit mir in den Krieg, dann ziehe ich mit ihm. Ich vertraue ihm."

24. KAPITEL

Macht und Mission

> Darüber, wie ein sympathischer Typ Konflikte sät, dann
> Frieden stiftet, sich dann eine große Organisation unterwirft
> und darüber, wie er auch das größte Kreuzfeuer übersteht

Als klar wurde, dass Ferenc Gyurcsánys Tage als Ministerpräsident gezählt sind, verstärkte Viktor Orbán seine Position in der Partei noch weiter. Persönlich entschied er darüber, wer in welcher Stadt für den Fidesz kandidieren darf, wer für einen Sitz im Parlament, wer Fraktionsführer wird und wer Staatsoberhaupt. Am Ausbau des Postens des Parteivorsitzenden arbeitete er seit der Niederlage des Fidesz im Jahre 2002. „Viktor verlor damals sein Vertrauen in die Menschen", sagt jemand aus seiner Umgebung. Nach der nächsten Wahlschlappe 2006, besonders als man schon Stimmen hörte, dass man eventuell etwas an der Spitze des Fidesz ändern müsse, verstärkte sich der Prozess weiter.

„Viktors Überzeugung ist es, dass er eine Mission erfüllt, dass er für Ungarns Schicksal verantwortlich ist, er glaubt, dass nur der Fidesz in der Lage ist, den Staat in Ordnung zu bringen

Seine politischen Gegner sagen, dass Orbán die Macht krankhaft liebt. Einen Diktator nennen sie ihn, titulieren ihn als „Führer". Sie hängen ihm die extremsten Etiketten an. „Ihn motiviert nur, dass er alle beherrschen will. Das ist eine gefährliche Sache", sagen sie. „Viktator" ist noch der mildeste Ausdruck, mit dem ihn seine Gegner belegen.

Was passiert mit der Partei, die so stark von ihrem Vorsitzenden abhängt, wenn er plötzlich die Politik hinwirft oder von seinem Posten zurücktritt? Da Orbán die Partei nun schon mehr als zwanzig Jahre führt, glauben viele, dass bald die Zeit für den politischen Ruhestand gekommen ist. Nur dass der Vorsitzende noch immer als ziemlich junger Politiker gilt und er nicht im Traum daran denkt, sich zurückzuziehen. (auf dem Bild: Viktor Orbán und Igor Janke)

Orbán hat wirklich bedeutende Macht an sich gebunden. Dahinter steckt seine Absicht, denn er war sich im Klaren darüber, dass er ausschließlich darüber seine Träume verwirklichen kann. „Viktor ist überzeugt, dass er eine Mission erfüllt, dass er verantwortlich ist, für Ungarns Schicksal, er glaubt, dass der Fidesz nur in der Lage ist, den Staat in Ordnung zu bringen", sagt einer der wichtigsten Fidesz-Leute, der nicht leugnet, dass Orbán gegenwärtig über außergewöhnliche Macht verfügt.

Wir dürfen aber nicht vergessen, dass Orbán keinen Moment zögern würde, die politische Macht einem anderen zu überlassen, wenn er sieht, dass es seinen politischen Plänen dient. Nach dem schlechten Wahlergebnis des Fidesz trat er vom Vorsitz zurück und stellte sich dem Urteil seiner Partei, erst danach kandidierte er wieder bei der Wahl zum Vorsitzenden. Als er aber 1998 Ministerpräsident wurde, gab er nach einer gewissen Zeit den Posten des Vorsitzenden an László Kövér weiter, den Zoltán Pokorni und später János Áder ablösten. Knapp drei Jahre waren es, in denen nicht Orbán die Partei führte. Und als 2006 die Vorsitzende des potenziellen Koalitionspartners MDF, Ibolya Dávid, verkündete, dass sie im zweiten Wahlgang den Fidesz nicht unterstützen würden, wenn der Chef der nächsten Regierung Orbán würde, war er sofort bereit, zurückzutreten. In Interesse der guten Sache kann er also der Macht abschwören.

Jedes Mal wenn er die Macht abgab, konnte er sich davon überzeugen, dass der Fidesz damit nur verliert. Er kam zu dem Schluss, dass nur eine starke Hand die Partei zum Erfolg führen kann. Und diese Überzeugung bestätigte die Realität. Im Jahre 2010, als er alles in der Hand hielt, gewann er mit einem solch imponierenden Vorsprung die Wahlen, wie es in der jüngsten Geschichte Ungarns noch keinem gelungen war.

Er hatte auch persönlich entschieden, wer in den Wahlkreisen in den Fidesz-Farben antritt. Vor den Wahlen lud er die Kandidaten in sein Haus in Felcsút ein, wo er in persönlichen Gesprächen ihre Eignung feststellte.

Er entschied fast alle wichtigen Kaderfragen. Es war seine Idee, Pál Schmitt für den Posten des Staatsoberhaupts zu nominieren. (Pál Schmitt, der im Frühjahr 2012 zurücktreten musste, nachdem sich erwiesen hatte, dass seine Doktorarbeit ein Plagiat war.) Er gab das Zeichen zur Ablösung von Pál Schmitt und er nominierte auch János Áder.

Orbán versammelte ein Heer von 100 %-ig treuen Mitarbeitern um sich. In dieser Umgebung bewegt er sich außerordentlich geschickt. Innerhalb des Fidesz stellt niemand seine Führernatur infrage. Es gibt keine Fraktionsbildung und keine Verschwörung gegen ihn. Jene, die das vor ein paar Jahren versucht haben, tun heute alles, seine Gnade wiederzuerlangen. Orbán arbeitet nämlich minutiös daran, keine wertvollen Menschen zu verlieren, aber diesmal achtet er auch darauf, dass ihm niemand über den Kopf wächst und eine starke Position erlangt. (auf dem Bild: Viktor Orbán im Kreise der Regierungsmitglieder.)

Wenn jemand zu viel Einfluss gewinnt, verschiebt Orbán wie ein Schachspieler die Figuren auf dem Brett, um die Position des Betreffenden zu schwächen und ihm einen Konkurrenten zu schaffen. So geschah es im Frühsommer 2012 mit dem stellvertretenden Ministerpräsidenten Tibor Navracsics, der gleichzeitig Minister für öffentliche Verwaltung und Justiz war. In einem bestimmten Augenblick übertrug Orbán einen Teil von Navracsics' Vollmachten auf János Lázár, den damaligen Fraktionsführer, den er zum Leiter des Ministerpräsidentenamts machte. Es kam natürlich zu einem Zusammenstoß der beiden Politiker. Die Mehrheit bewertete den Schritt schon als eine Schwächung von Navracsics, nicht aber als seine Vernichtung. Andere betrachteten ihn als Schritt zur Beschleunigung der Reformen. Navracsics blieb auf seinem Posten, man sah ihn als sehr effizienten Minister und einen Getreuen Orbáns an, obwohl er nicht zu der sogenannten „Bibó-Kolleg-Garde" gehörte. Navracsics ist einer der wenigen Spitzenleute der Regierung und des Fidesz, die Verbindung mit der Außenwelt halten und auch Bekannte auf der anderen Seite der Barrikade haben, was in Ungarn nicht alltäglich ist.

János Lázár, der als Staatssekretär im Amt des Ministerpräsidenten die Aufgabe erfüllt, politische Aufsicht über die Ressorts auszuüben, erhielt größere Befugnisse auf diesem Posten. Dazu kam, dass ein Teil von ihnen dem stellvertretenden Ministerpräsidenten Navracsics entzogen worden waren. Ähnliches widerfuhr 2012 György Matolcsy, damals Wirtschaftsminister, und dem frisch ernannten Leiter der Verhandlungen mit dem IWF, Mihály Varga, Minister ohne Geschäftsbereich, dem früheren Kabinettchef des Ministerpräsidenten. „Allerhöchstens grüßen sie sich", sagt ein Fidesz-Mann. „So was gehört zu Orbáns Lieblingszügen. Ausgezeichnet geht er mit Konflikten um. Er sät sie selbst, konfrontiert Menschen miteinander. Wenn die Situation bis zum Platzen gespannt ist, erscheint er auf der Bühne, löst die Probleme, glättet die Wellen, stiftet Frieden. Dafür liebt man ihn dann", sagt einer der Analysten über die Aktivitäten des ungarischen Ministerpräsidenten.

Orbáns alter Freund, Géza Szőcs, sagt: „Ich habe ihn in zahlreichen Situationen erlebt. Er geht Konflikten nicht aus dem Weg. Eher sucht er sie. Und wenn er versucht, die Konfliktsituation zu klären, dann kommt er zum allerbesten Zeitpunkt." Dann fügt er hinzu. „Die Machtausübung geht mit vielen Konflikten einher, selbst in der allernächsten Umgebung des Menschen." Géza Szőcs versteht seinen Chef, der auch sein Freund ist, sehr gut. Kaum zwei Wochen nach unserem Gespräch löste ihn sein Freund Viktor von seinem Posten als Staatssekretär im Ministerium für Nationale Ressourcen ab.

Nach der verlorenen Wahl 2002 wählte sich Orbán einen neuen Spin Doctor in der Person von Árpád Habony. Habony war ehemals einfacher Tischler und später Museumsrestaurator gewesen, man hält ihn für einen Selfmademan. Um seine Person kreisen Legenden, aber nach denen zu urteilen, die ihn kennen, hat er ein ausgezeichnetes Gespür dafür, was die Gesellschaft empfindet. Die parteiinternen Spielregeln sind für ihn nicht bindend, und er betrachtet die Wirklichkeit ausschließlich aus dem Blickwinkel der Interessen seines Auftraggebers, des ungarischen Ministerpräsidenten. Was Habony Orbán rät, welche Entscheidungen seinen Ratschlägen folgen, weiß niemand, weil sie meist unter vier Augen miteinander sprechen. Andere Politiker, die Regierungsmitglieder inbegriffen, kommen nicht in seine Nähe.

Ähnlich ist es mit einer Reihe von Meinungsumfragen, die verschiedene Thinktanks für Orbán erstellen. Die von ihnen gefertigten Analysen und Erhebungen gelangen ausschließlich auf Orbáns Schreibtisch.

Im Parlamentsbüro der Partei am Donauufer versammeln sich regelmäßig die führenden Politiker des Fidesz, um die wichtigsten Staatsangelegenheiten, die Politik der Regierung und die Angelegenheiten der Fraktion und anderer Institutionen zu besprechen. An diesen Treffen nehmen in der Regel sechs bis sieben Leute teil. Die Atmosphäre ist sehr locker, die Kleidung sportlich. Es wird gescherzt. Orbán versucht überhaupt nicht, die Diskussion zu beherrschen, aber das letzte Wort hat er schon. Meist beharrt er auf seinem Standpunkt, obzwar er sich manchmal auch von seinen Kollegen überzeugen lässt. Auf diesen Treffen erweckt er nicht den harten, schonungslosen Eindruck des Führers. Mit Interesse hört er die Meinungen seiner Gesprächspartner an. Gleichzeitig ist er bemüht, das Gespräch unter Kontrolle zu halten. Wenn er in einer Diskussion siegen will, ist er unermüdlich dabei, zu zeigen, dass seine Argumente überzeugender sind als die der anderen.

In den Gesprächen mit Experten stellt er ständig Fragen, lotet die Tiefe aus, drängt sie in die Ecke. Dann analysiert er und fällt schließlich alleine die Entscheidung. Er weiß, wann man eine Diskussion beenden muss. Auch nach seiner eigenen Meinung ist es einer seiner vorteilhaften Züge, dass er das Wesen des Problems erkennen, es beim Namen nennen und den Augenblick abpassen kann, in dem die Argumente ausgehen.

„Es gibt nicht noch einen Politiker in Mittel- und Osteuropa, der soviel erlebt hätte und noch immer an der Macht wäre. Er hat Siege und Niederlagen erlebt. Und wurde nie schwach. Er wird immer nur stärker. Aus allem schöpft er Kraft, sogar noch aus der Niederlage. Und er gab nie nach, arbeitete nie mit den Postkommunisten zusammen, wie es fast alle anderen getan haben, obwohl sich die Gelegenheit dazu geboten hätte. Schwer zu glauben, dass er noch immer an der Spitze der Partei steht."

Von Kompromissen hält er nicht viel. Er plant eher eine gute Entscheidung. Strategien und Taktiken arbeitet er aus. Er weiß, welcher der erste, zweite, dritte und vierte Schritt sein muss.

Berater A: „Wenn du zu ihm gehst, um eine Frage mit ihm zu besprechen, musst du dich hundertprozentig vorbereiten.

Fast immer beginnt er damit, zu verwerfen, was du sagst. Fast immer hast du das Gefühl, dass er gegen dich ist. Aber wenn er weiter Fragen stellt, bedeutet das, dass ihm das Problem wichtig ist. Wenn du bei ihm rauskommst, fühlst du dich ausgepresst und meinst, er habe nichts von dem akzeptiert, was du ihm gesagt hast. Dann trifft er sich mit einem anderen und dort benutzt er deine Argumente."

Berater B: „Sehr oft lässt er Meinungen aufeinanderprallen. Du weißt nie, wie viele andere an einer ähnlichen Sache arbeiten wie du. Einmal habe ich ihm bis zum Morgen an einem Redeentwurf gesessen. Kaum zwei Stunden später musste er sie halten. Auf seinen Schreibtisch gelangten drei Entwürfe für diese Rede. Aus drei unterschiedlichen Quellen. Schließlich wählte er die Beste von ihnen und korrigierte sie noch, nachdem er sie gehalten hatte."

Berater C. „Jede deiner Thesen musst du auf hundert Arten verteidigen, ich kenne keinen anderen, der die Menschen so in die Ecke drängen, in einem solchen Maße auspressen könnte wie er. Das macht er genial, aber es ist schrecklich anstrengend und manchmal auch frustrierend."

Orbán spielt viele Spiele mit seinen Untergebenen und liebt es, sie in eine Wettbewerbssituation zu bringen. Das hat manchmal zum Ziel, ihre Positionen zu schwächen, bei anderer Gelegenheit, sie zu effektiverer Arbeit anzuspornen. Er verhält sich ihnen gegenüber loyal. Niemals – das betonen unglaublich viele – verletzt er jemanden. Er erniedrigt keinen, bringt niemanden in peinliche Situationen. Ohne Notwendigkeit macht er sich in seinem eigenen Umfeld keine Feinde. Davon hat er genügend außerhalb der Partei.

„Wenn zwei Aktivisten in Streit geraten, was nicht selten er verursacht hat, sorgt er dafür, dass derjenige, der auf der aufsteigenden Bahn sich befindet, sich nicht zu stark fühlt, derjenige, der sich auf dem absteigenden Ast befindet, nicht spürt, dass er hart fällt", erklärt ein alter, enger Mitarbeiter. Derjenige, der avanciert, bekommt eine Menge Aufgaben gestellt und dazu sofort ein paar „Bleischuhe", damit er nichts übereilt und nicht zu hoch hinaus will. Wer gerade die Absicht hat, sich zu entfernen, dem versichert er in der Regel, dass er weich fällt. Für begangene Fehler kann Orbán harte Strafen verhängen und den Betreffenden an die Peripherie drängen. Aber das bedeutet nicht unbedingt, dass er ihn aus der Politik ausschließt. Nach einer Zeit – in der Quarantäne verbracht – und dem Verbüßen der Strafen kann der Delinquent damit rechnen, neue Aufgaben zu bekommen.

Die Strafe aber ist nicht immer ernsthaft und verletzend. Ein gutes Beispiel ist der Fall János Áder. Der Politiker war seit der Gründung eine Schlüsselfigur der Partei, gehörte zum innersten Kreis des Ministerpräsidenten. Orbán meinte, dass auch Áder für die Fehler im Wahlkampf 2002, die zur Niederlage des Fidesz führten, verantwortlich sei, andererseits hatte Áder nach der Wahlschlappe auch zum Ausdruck gebracht, dass die Partei mit Orbán an der Spitze nie wieder in der Lage sein würde, zu siegen. Orbán stellte Áder schließlich kalt. Zur „Strafe" – obwohl es so scheint, dass Áder nichts dagegen gehabt hat – dann … setzte er ihn auf die Kandidatenliste für das Europaparlament und gab ihm damit die Chance 10 000 Euro Bezüge im Monat einzustreichen, von anderen, vielleicht noch bedeutenderen Zuwendungen ganz zu schweigen. Im Frühjahr 2012 jedoch, als schnell jemand für den Posten des Staatsoberhaupts gefunden werden musste (anstelle des kompromittierten Pál Schmitt), bat Orbán ausgerechnet Áder, der das Angebot auch annahm.

Er bringt die Menschen gern zum Staunen. Selten verhält er sich wie ein großmächtiger Führer. Jeder, der die Gelegenheit hatte, länger mit ihm zusammen zu sein, versuchte die Überzeugung zu belegen, wie falsch das Bild ist, das die Medien, die nicht mit ihm sympathisieren, geschaffen haben, das des Autokraten mit blutigen Händen.

Dieser Parteiführer mit der harten Hand, der Staatsmann mit dem Zukunftsbild und Parteimensch ist gleichzeitig ein normaler und direkter Kerl. Er macht gern Scherze. Ist unglaublich intelligent, hat ein ausgezeichnetes Gedächtnis und kombinatorische und logische Fähigkeiten.

In Theaterpausen stellt er sich beispielsweise diszipliniert in die Schlange vor dem Büfett und erlaubt nicht, dass man ihm den Vortritt lässt. In Felcsút plaudert er mit seinen Nachbarn, als ob er kein Regierungschef und der Leiter einer starken Partei wäre. Auf den Klassentreffen seines Gymnasiums in Székesfehérvár, das stattfand, als er zum zweiten Mal Ministerpräsident wurde, setzte er sich in die Bank und verhielt sich wie vor dreißig Jahren. Er unterschied sich nicht von den übrigen.

In Restaurants kommt es vor, dass er den Kellner zu sich winkt und selbst die Rechnung bezahlt, obwohl neben ihm der Pressesprecher oder der Assistent saß, die das hätten erledigen können. Wenn ihn jemand anspricht, bleibt er stehen und unterhält sich mit dem Betreffenden, lässt sich auf die Schulter klopfen und fotografieren. Zu unserem verabredeten Treffen in einem eleganten Restaurant erschien er in einem T-Shirt mit kurzen Armen, obwohl er eine Stunde zuvor noch einen öffentlichen Auftritt, eine Pressekonferenz, gehabt hatte. Er kam allein, ohne Leibwächter, die – wie sich später herausstellte – trotzdem anwesend waren, sich aber sehr diskret betrugen. Er bewegt sich unter Menschen, unterhält sich mit Kellnern. Wenn sein Gesicht nicht so bekannt wäre, glaubte niemand, dass ein sehr wichtiger Politiker dort aufgetaucht ist.

In sein Familienheim in den Budaer Bergen nimmt er die Politik nicht mit. Dort gibt es weder einen Schreibtisch noch einen Aktenschrank. Zu Hause existieren für ihn nur die fünf Kinder und seine Frau Anikó. Sie ist diejenige, die dafür sorgt, dass im Heim der Familie alles normal läuft (das Bild entstand in der 90er Jahren).

* * *

Der dreißigjährige Analyst Márk Szabó, der seit einigen Jahren für den Fidesz arbeitet: „Es gibt nicht noch einen Politiker in Mittel-

und Osteuropa, der soviel erlebt hätte, und noch immer an der Macht wäre. Er hat Siege und Niederlagen erlebt. Und wurde nie schwach. Er wird immer nur stärker. Aus allem schöpft er Kraft, sogar noch aus der Niederlage. Und er gab nie nach, arbeitete nie mit den Postkommunisten zusammen, wie es fast alle anderen getan haben, obwohl sich die Gelegenheit dazu geboten hätte. Schwer zu glauben, dass er noch immer an der Spitze der Partei steht."

Géza Szőcs: „Er hat etwas von den Fähigkeiten Tarzans in sich. Seinen nicht alltäglichen Kräften ist zu verdanken, dass er fähig ist, im Dschungel zu überleben. Als ich einmal gelesen habe, dass jemand in einem kleinen Boot die Magellanstraße in einem Sturm überquert hat, da fiel mir Orbán ein. Orbán war schon mit zwanzig ein harter Bursche. Damals war er zweimal so stark wie ein Durchschnittsmensch. Jetzt ist er so stark, als wäre er gar kein Mensch. Die Macht machte ihn so."

Die Fidesz-Politiker stellen sich von Zeit zu Zeit die Frage: Was wird sein, wenn es Viktor nicht mehr gibt? Was passiert dann mit der Partei, die so stark von ihrem Führer abhängt, wenn er plötzlich die Politik hinwirft oder seinen Posten niederlegt. Da Orbán die Partei nun schon mehr als zwanzig Jahre führt, glauben viele, dass bald die Zeit für den politischen Ruhestand gekommen ist. Nur dass der Führer noch immer als ziemlich junger Politiker gilt und er nicht im Traum daran denkt, sich zurückzuziehen. 2012, als dieses Buch entstand, war Viktor Orbán noch nicht einmal fünfzig. Und er hat noch viele Pläne und Träume.

25. KAPITEL

Viktor Orbáns Europa und Ungarn

Über die Freiheit, die Verantwortung, die nationale Souveränität, die Rolle der Führer – Details aus einem Gespräch über Ungarn, Polen und Europa, geführt mit Viktor Orbán auf der Terrasse eines Budapester Restaurants

Warum tun Sie das alles? Was ist das Ziel Ihrer politischen Aktivität?

Zunächst einmal gibt es ein durchgehendes Element in meinem Tun, das wichtig war sowohl Ende der 80-er Jahre als auch am Anfang der 90-er Jahre und es ist auch jetzt noch aktuell. Es ist die Wiedererlangung der Souveränität des Vaterlands. Die Souveränität ist nicht etwas für immer und ewig Gesichertes. Andererseits geht mir immer ein Gedanke durch den Kopf, nämlich, dass die mitteleuropäischen Länder, unter ihnen Ungarn, eines Tages so stark werden, wie sie es heute sein könnten, wenn es nicht zum 1. Weltkrieg gekommen wäre. Mit anderen Worten, sie könnten entwickelter sein als der westliche Teil des Kontinents. Ich möchte, dass Ungarn eins der wettbewerbsfähigsten Länder der Welt wird. Ungarn als solches hat eine schwere und komplexe Struktur. Aber das, worüber wir Ungarn verfügen, macht uns sehr stark und wettbewerbsfähig. Unsere Geschichte, unsere Fehler, unsere gut organisierten Gegner haben unsere Entwicklung eingedämmt. All diese Faktoren haben uns die Möglichkeit verschlossen, einen starken Staat zu schaffen. Mein Ziel ist also, die Wiedererlangung der vollen Souveränität und die Eröffnung von Entwicklungsmöglichkeiten und ich möchte die Chance garantieren, dass die Ungarn ihre Talente verwirklichen. Ich möchte Autobahnen bauen, auf denen die Ungarn vorwärts jagen können. Aber das Hauptproblem ist leider nicht die Frage der Souveränität.

Ungarn ist also ihrer Meinung nach kein souveränes Land?
Wir Ungarn glauben an die europäische Einheit, die europäische Zusammenarbeit. Wir betrachten es als großen Wert, dass wir Mitglied der Europäischen Union sein dürfen. Mehr als 70 % unseres Exports geht in Länder der EU, 70 % unseres Imports stammt aus der EU. Die ungarische Regierung verfügt innerhalb der Union über einen gewissen Spielraum. Sie hat die Möglichkeit, die Organe der Union zu beeinflussen und will das auch. Die oberste Regel in der Europäischen Union ist die Pflicht zur Zusammenarbeit. Ungarn will diese Zusammenarbeit. Es ist aber keine einfache Aufgabe, da wir mit 27 Mitgliedsländern zu tun haben. (Seit 2013: 28 – Anm. des Verlages). Die Interessen der einzelnen Länder weichen nicht selten voneinander ab, daher sind wir gezwungen, zu diskutieren. Der Spielraum ist so groß, wie ihn das jeweilige Land für sich erkämpfen kann. Ungarns Spielraum ist stark eingeengt durch die vorangegangene sozialistisch-liberale Regierung, dann brach die Weltwirtschaftskrise herein, in deren Folge die Europäische Union strenge finanzielle und ökonomische Maßnahmen einleitete. Ziel unserer Regierung, die über ein Votum von mehr als zwei Dritteln verfügt, ist es, die ungarischen Interessen zu formulieren und diese konsequent zu vertreten. Die ungarische Regierung hat klare Ziele und ist nur bereit über Methoden zu verhandeln, die der Zielerreichung dienen. So sieht die wahre Vertretung der nationalen Interessen aus. Wir müssen die Werte Ungarns schützen, in der gegebenen Situation weise verhandeln oder direkt in den harten Kampf ziehen. In den letzten zwei Jahren ist es uns gelungen, den Spielraum in Brüssel zu erweitern.

Viktor Orbán in Brüssel mit György Szapáry (Szapáry ist seit 2011 Botschafter von Ungarn in Washington)

Was bedeutet die Souveränität im 20. Jahrhundert?

„In Europa haben diejenigen das Übergewicht, die meinen, dass man eine Richtung »über den Nationen« einschlagen müsse, über der Souveränität und dem Nationalgedanken. Die ungarische Regierung vertritt einen anderen Standpunkt. Wir denken anders über die Zivilisation und die Kultur. Für uns bedeutet die beste europäische Tradition, dass wir die Souveränität in Ehren halten und dass wir ein Europa der starken Nationen als unser Ziel betrachten. Das starke Europa ist nur so, für sich genommen, nicht möglich. Es ist reine Fiktion. Nur mittels starker Nationen ist zu erreichen, dass unser Kontinent wieder erfolgreich wird. Ausschließlich auf diesem Weg können wir eine starke Europäische Union schaffen."

Welche Rolle kommt heutzutage Mitteleuropa zu? Ist es vorstellbar, die momentane Krise wie eine Krankheit zu behandeln, die den Organismus nicht vernichtet, sondern stärkt?

„Ohne das Christentum hat Europa kein Herz. Und auch keine Seele. Europa ist heute ein System, das seine Seele verloren hat. Es vertritt keine Werte, die aus der menschlichen Seele entspringen. Die Charta der Grundrechte der Europäischen Union ist ein wichtiges Dokument, aber es kommt in ihr keine »Sursum corda« vor. Man kann das Dokument lesen, aber sein Text reißt nicht mit, erhebt nicht die Seele. Man muss Europa seine Seele zurückgeben." (auf dem Bild: Viktor Orbán mit Pfarrer András Pajor und István Tarlós, dem Oberbürgermeister von Budapest in der Heiligen Geist Kirche in Budapest, Herminamező.)

„Wir erleben schwere Zeiten, aber eine leuchtende Zukunft liegt vor uns. Vor hundert Jahren hatte Europa nicht die Möglichkeiten, die es heute hat. Darauf deuten die makroökonomischen Daten hin. Aber am wichtigsten ist das historische Argument. Die gegenwärtige Krise bedeutet, dass die Menschen anders und mehr arbeiten müssen, damit sie eine Chance zur Entwicklung bekommen. Wir, hier in Mitteleuropa, sind schon ziemlich daran gewöhnt. Wir machen seit hundert Jahren nichts anders. Der Westen hat in den vergangenen 50 Jahren ziemlich an Schwung und Kampfeslust verloren. Die momentane Krise schwächt uns nicht, sondern stärkt uns eher. In letzter Zeit habe ich einige gute Bücher über Mitteleuropa gelesen. Ich habe analysiert, wie in den letzten 500 Jahren die Polen, Deutschen, Ungarn und Österreicher über diesen Teil des Kontinents gedacht haben, bei den Letzteren auch die Habsburger inbegriffen. Ich würde vorschlagen, dass die Polen sich auch einen Überblick darüber verschaffen. Die Fragen in diesem Kontext werden bald sehr wichtig, besonders, wie unser Mitteleuropa aussehen soll.

Aus dem Blickwinkel der Wirtschaft sind die ehemals kommunistischen Länder weiterhin viel schwächer.

Mitteleuropa ist weniger verschuldet als der Westen. Die Tschechen und Slowaken schaffen es, ihre Staatsverschuldung unter 50 % zu halten. Obwohl die der Polen sich in letzter Zeit um 57 % bewegt, werden sie sicher fähig sein, sie zurückzuschrauben. Und auch Ungarn wird seine Verschuldung von 78 % auf 50 % zurückfahren. Die baltischen Staaten halten sich gut. Bulgarien steht sehr gut da. Unsere Region erweist sich als immer wettbewerbsfähiger gegenüber Asien, inklusive China; mit diesem Teil der Welt werden wir bald die Verbindungen stark ausbauen. Wir werden unser Bankensystem umgestalten, sodass mindestens 50 % der Banken mit ungarischem Kapital arbeiten. Bald werden wir in der Lage sein, die Entwicklung des Landes mit eigenen Ersparnissen finanzieren zu können. Es kommt der Augenblick. Von außen betrachtet, aus der Perspektive der großen, weiten Welt, ist es die wettbewerbsfähigste Region Europas, nur sieht man das vorläufig noch nicht. Über Polen können wir unsere Region mit den baltischen Staaten verbinden, über Ungarn mit einem Teil der Balkanländer.

Wie sieht die Europäische Union Ihrer Träume aus?

Ministerpräsident József Antall sagte einmal im Parlament: „Wer kein guter Ungar ist, kann kein guter Europäer sein." Das sehe ich auch so. Eine gute Union bedeutet gute Franzosen, gute Deutsche, gute Polen, gute Madjaren, deren nationale Identität in Ordnung ist und die Europa mit ihren Augen sehen. Polen, Ungarn, Deutschland oder Franzosen: Sie alle sehen Europa etwas anders und das ist das Interessante dabei. Es ist an der Zeit, den europäischen Universalismus zu verwerfen, der uns alle dazu zwingen will, Europa durch die gleiche Brille zu betrachten. Jeder hat dazu seine eigene Brille. Wir müssen stolz auf unsere abweichenden europäischen Identitäten sein, darauf, dass wir uns unterscheiden. Und diese Vielfalt müssen wir in den verschiedenen Lebensbereichen zum Ausdruck bringen. Die Polen haben damit keine besonderen Probleme. Als ich in Polen war, habe ich gespürt, dass ich dort bin, und nicht anderswo. Dass die Menschen stolz sind auf ihre Zugehörigkeit. Polen ist voller Polen, die so denken: Wir sind Polen und wir sind stolz auf unser Polentum. Als Polen und gleichzeitig als Europäer ernten wir Erfolge. Wenn ich ein wenig Zeit habe, setzte ich mich dort hin, in Polen, und schaue mir an, wie die Menschen umhergehen. Die Polen gehen auf eine gute Weise, sie haben einen guten Gang. Sie geben den Anschein von Menschen, die wissen, dass sie eine Aufgabe auf dieser Welt haben, die eine Menge für sie wichtige Dinge wollen und sie auch umsetzen können. Wenn ich mir die Polen ansehe, dann sehe ich Menschen, die denken: Wir haben eine Zukunft, wir sind erfolgreich und unsere Erfolge helfen auch Europa. Schauen Sie sich die Ungarn an. Die Mehrheit schreitet einher, als ob sie nicht sicher wäre, ob sie in die richtige Richtung gehen. Sie sinnieren, ob es wirklich einen Sinn hat, dorthin zu gehen, wohin sie unterwegs sind. Sie sind unsicher und müde. Das sieht man an ihren Bewegungen. Es steht ihnen ins Gesicht geschrieben, dass sie nicht an ihre Zukunft glauben.

Aber der Anblick ist jetzt viel besser als vor zwei Jahren. Wenn Sie gesehen hätten, wie sie vor zwei Jahren gingen, hätten Sie einen schockierenden Anblick vor Augen gehabt. Aber wir sind immer noch weit entfernt davon, dass es gut ist.

Ministerpräsident Viktor Orbán auf einer Sitzung des Europaparlaments am 2 Juli 2013. Rui Tavares, Vertreter der portugiesischen Grünen, Orbáns Opponent, verfasst einen Bericht zur Lage des ungarischen Rechtsstaats. Orbán hatte sich – schon zum zweiten Mal – entschlossen, den Abgeordneten persönlich Rede und Antwort zu stehen. In seiner Antwort wies er im Namen Ungarns und seiner Regierung den Inhalt des Tavares-Berichts zurück. Die linke Mehrheit des Europaparlaments stimmte dennoch für das Dokument.

Viele, insbesondere die westlichen linksliberalen Medien werfen Ihnen vor, dass Sie die Freiheit einschränken wollen. Was bedeutet für Sie die Freiheit?

Seit der Aufklärung bildet das Ideal der Freiheit in unserem Denken eine zentrale Rolle. Sowohl in Ungarn wie auch auf der ganzen Welt herrschen zwei Denkweisen, und diese sind genauso präsent bei den politischen Führern, den Intellektuellen und den

Bürgern. Im heutigen Europa nähert man sich also auf zwei Arten der Frage der Freiheit. Ich bin kein Philosoph und will keine Hausmacherphilosophie verbreiten. Ich betrachte diesen Problemkreis als Politiker und nicht als Philosoph. Die Freiheit ist nichts anderes als die Verpflichtung, die sich aus der Lage ergibt, in dem einen Menschen sich befindet. Bestimmte Dinge entscheiden sich schon im Augenblick unserer Geburt. In meinem Fall bedeutete das, dass ich ein Mann bin, Ungar und Christ. All dem entspringen, meiner Meinung nach, konkrete Verpflichtungen.

Viktor Orbán ist ein ganz anderer Typ Politiker als die Mehrheit der Politiker, die wir kennen. Er empfiehlt Lösungen, die allem entgegenstehen, was momentan in Europa en vogue und akzeptiert ist. Er benutzt eine Sprache, wie sie heute in den großen Hauptstädten unseres Erdteils überhaupt nicht populär ist. Ohne Umschweife spricht er aus, was andere sich nicht zu sagen trauen. Orbán nennt die Dinge beim Namen. Er bezieht sich auf fundamentale Prinzipien. Er sieht sowohl das Gute als auch das Böse. Wie in einem guten Western.

Die Freiheit, die ich vom Herrgott im politischen System bekommen habe, muss ich dazu ausnutzen, um das Beste zu leisten, zu dem ich mit meiner Geburt verpflichtet bin. So verstehe ich die Freiheit. Als Verpflichtung. Sagen wir, ich bin der Typ A. Aber es gibt auch den Typ B, der die Freiheit vollkommen anders versteht. Der europäische Typ B meint, die Freiheit bedeutet, dass er die Verpflichtungen abschüttelt, die seit seiner Geburt auf seinen Schultern lasten. Der Typ B definiert die Freiheit so, dass er an dem Zustand, den seine Geburt bestimmt, nicht festhalten muss. Ein solcher Typ B denkt: Obwohl ich als Mann geboren bin, als Ungar und Christ, habe ich die Freiheit nicht Mann, Ungar und Christ zu sein. In der europäischen Politik bildet heutzutage der Typ B die Mehrheit.

Wenn ich Sie recht verstehe, wollen Sie sagen, dass in Europa das verantwortungslose Betragen das Übergewicht hat.

Ja. Und grundsätzlich ist das die Ursache, warum wir uns in der Krise befinden. Die Wurzeln der gegenwärtigen europäischen Krise müssen wir darin suchen. Weil das nicht nur eine Finanzkrise ist, sondern auch die Krise der Grundlagen. Daraus ergibt sich, dass Europa schlecht gesteuert wird. Unter den europäischen Führern ist der Typ A immer seltener. Wenn wir uns die Lösungen vornehmen, die heutzutage Reformen genannt werden, dann sehen wir, dass die Mehrheit der Führer nicht in der Lage ist, zu sagen, in welche Richtung die Reformen weisen, was ihr Wesen ausmacht. Wir sind nicht fähig, zu bestimmen, wie Europa nach der Krise aussehen soll. Wie die Gesellschaft aussehen soll, welches die Grundbedingungen des Lebens sein sollen. Im Falle Ungarns spreche ich nicht nur von ökonomischen Reformen. Ich spreche davon, was wir tun müssen, damit die Menschen sich nicht von ihren Verpflichtungen lossagen, dass sie sie sehr wohl erfüllen wollen, dass sie sich verantwortungsvoll verhalten. Das ist eine kulturelle und mentale Frage. Das ist die Reform, die ich durchführen will.

„Eine gute Union bedeutet gute Franzosen, gute Deutsche, gute Polen, gute Madjaren, deren nationale Identität in Ordnung ist und die Europa mit ihren Augen sehen. Jeder von uns sieht Europa etwas anders, und das ist das Interessante dabei. Es ist an der Zeit, den europäischen Universalismus zu verwerfen, der uns alle dazu zwingen will, Europa durch die gleiche Brille zu betrachten. Wir müssen stolz darauf sein, dass wir abweichende europäische Identitäten haben, uns unterscheiden. Und diese Vielfalt müssen wir in den verschiedensten Gebieten ausdrücken."

Sie würden also das Wesen der heutigen europäischen Probleme darauf konzentrieren, dass es einen Mangel an Verantwortungsgefühl gibt?

Europa hat heutzutage zwei Probleme. Allem voran hat es kein Herz. Es gibt einen weisen Satz, nach dem Europa ohne das Christentum kein Herz hat. Auch keine Seele. Europa ist heute ein System, das seine Seele verloren hat. Es vertritt keine Werte, die aus der menschlichen Seele entspringen. Die Charta der Grundrechte der Europäischen Union ist ein wichtiges Dokument, aber kommt in ihre keine »Sursum corda« vor. Man kann das Dokument lesen, aber sein Text reißt nicht mit, erhebt nicht die Seele. Wir Europäer hätten ein Bedürfnis danach, aber Europa will das nicht zur Kenntnis nehmen. Ginge jemand in diese Richtung, dann würde man ihm anhängen, er sei „Urchrist" und vertrete altmodische Dinge. Doch man muss Europa seine

Seele zurückgeben." Europas zweites Problem ist, dass es aussieht wie ein Museum, es lebt nämlich in der Vergangenheit. Trotzdem ist es ein gutes Museum und ich würde gern Touristen darin herumführen, aber ich bin mir nicht sicher, ob man in dem Museum auch leben kann. Während wir die antike Fassade erhalten, muss die Technik im Innern neu sein. Die alten christlichen Städte sind erhalten geblieben, weil sie ständig modernisiert wurden. Wir haben das jetzt vergessen. Wir wollen auch heutzutage genau die gleichen Werkzeuge benutzen, die die Krise hervorgerufen haben. Wir stellen die wichtigsten Fragen nicht. Und wenn jemand versucht, sie zu stellen, sagt man ihm, dass er der Teufel selbst ist und behandelt ihn wie einen Wahnsinnigen.

Woran denken Sie, wenn Sie von alten und neuen Werkzeugen sprechen?

Europa muss sich aus der Falle der Geldmärkte herauswinden. Das bezieht sich in erster Linie auf die Eurozone. In den letzten Jahrzehnten haben die Geldmärkte die Politik beherrscht. Wenn das so weiter geht, kommen wir nie aus der Krise heraus. Nur ein gut organisierter Staat kann das. Natürlich behaupte ich nicht, dass zur Entwicklung einer zeitgemäßen Wirtschaft kein gut funktionierender Geldmarkt nötig wäre. Ich meine, der ist sehr nötig. Aber es kann nicht sein, dass die Politik ausschließlich der Diener der Geldmärkte ist.

Stimmen Sie mit der Annahme überein, dass die europäische Politik ihre Rolle nicht mehr spielen will und die Politiker nicht mehr regieren?

Ja. Das ist ein ernstes Problem. Warum gibt es in Europa keine solchen Führer mehr, die fähig wären, die Richtung zu weisen? Seit Helmut Kohl ist ein solcher Politiker nicht mehr in Erscheinung getreten. Vor ihm gab es auch nicht viele. Sie tauchten nur in schweren historischen Situationen auf, wie beispielsweise de Gaulle in Frankreich. Ich spreche nicht von solchen Führern wie

Lech Wałęsa oder Václav Havel, weil sie und die ihnen ähnlichen Politiker in Mitteleuropa für die Freiheit kämpften und sie keine rechte Möglichkeit hatten, das europäische System zu formen. Europa begann sich, nach dem Ende des 2. Weltkriegs der Frage der Macht anders zu nähern. Die Schrecken vor, während und nach dem 2. Weltkrieg war die Werke von Politikern – Hitler und Stalin … Auf der Gegenseite stand Churchill. In der Konsequenz beschloss Europa, sich gegen gefährlichen Missbrauch der Macht abzusichern. Das Wesentliche dabei ist, dass die europäischen Führer nicht zu große Macht haben dürfen. In den Vordergrund gerieten also Mechanismen, die zu große Macht begrenzen, durch unterschiedliche Systeme von Institutionen. Daher kommt es, dass Europa heute nicht von Politikern regiert wird, sondern von allen möglichen Prozessen, Mechanismen und Regeln.

Ja, aber das hat auch eine gute Seite, weil es die Möglichkeit, dass Konflikte auftreten, mindert. Lange Jahre gab es hier keinen Krieg. Sie kämpfen im Parlament und nicht auf dem Schlachtfeld.

Ja, das hat auch eine gute Seite. Im Zeichen solcher Gedanken entstand die Europäische Union. Aber die Folge dieser Denkweise ist auch, dass wir nicht in der Lage sind, zu sagen, wer in Wirklichkeit die Europäische Union regiert. Denn wir haben alles getan, um die Möglichkeit, dass Konflikte auftreten, zu minimalisieren. Die Führer haben wir ihrer wirklichen Verantwortung beraubt. Solche Politiker wie de Gaulle oder Kohl, die wirklich die Realität verändern wollten, sind Ausnahmen, die die Regel bestätigen. Daran ist nichts auszusetzen, solange die Lage unproblematisch ist, wenn aber Schwierigkeiten auftauchen und wir an die Wand stoßen, wie das jetzt gerade in Europa passiert ist, wissen wir nicht recht, wie wir die Karre wieder aus dem Dreck ziehen sollen. Es gibt keine solchen Führer, die fähig sind, energische Entscheidungen zu fällen und uns aus der schwierigen Situation hinauszuführen. Die Waren, die wir heute in Europa herstellen, können den Wettbewerb mit Produkten aus anderen Teilen der Welt nicht aufnehmen. Wir werden wettbewerbsunfähig, derweil wir uns gründlich verschulden. Aus der Schuldenfalle werden uns Mechanismen, Prozesse oder Regelwerke nicht befreien. Dazu brauchen wir kompetente und politisch starke Führer.

Wie sie gesagt haben, gibt es in Europa solche Anführer nicht. Wie kann man die Angelegenheit denn sonst in Ordnung bringen?

Ich bin zu dem Schluss gekommen, dass die Europäische Union dazu nicht in der Lage ist. Die europäische Krisensituation können nur die starken Nationalstaaten lösen. Nationale Führerpersönlichkeiten, die über eine starke politische Position verfügen. So muss man das Wahlergebnis in Ungarn 2010 auffassen. Die Ungarn haben die Situation gut erkannt und mir daher eine so starke Ermächtigung gegeben. Und ich muss natürlich in diesem Wissen handeln. Ich muss Ungarn aus der gewaltigen Verschuldung führen. Es ist meine Aufgabe, mein Land in die Lage zu versetzen, dass es den Wettbewerb nicht nur mit den europäischen Staaten, sondern auch mit den neuen Weltwirtschaftsmächten, solchen wie beispielsweise China oder Brasilien, aufnehmen kann. Die Ungarn leben jedoch in der Europäischen Union, in einem definierten politischen Kontext, unter bestimmten Politikern, als Teil gegebener Mechanismen. Davor kann man sich nicht zurückziehen. Wie können sie dennoch unter solchen Bedingungen klarkommen? In der Sprache des Sports könnten wir sagen, dass wir heute Rugby spielen. Wir rennen und stoßen einander. Wir müssen uns neue Spielregeln ausdenken. Wir können uns nicht ausschließlich den aktuellen Spielregeln unterwerfen, sondern müssen neue, sich an der veränderten Realität orientierende Lösungen wir vorschlagen können. Und das muss man auch tun.

* * *

Viktor Orbán ist ein ganz anderer Typ Politiker, als die uns bekannte Mehrheit der Politiker. Er empfiehlt Lösungen, die allem entgegenstehen, was momentan in Europa en vogue und akzeptiert ist. Er benutzt eine Sprache, wie sie heute in den großen Hauptstädten unseres Erdteils überhaupt nicht populär ist. Ohne Umschweife spricht er aus, was andere sich nicht zu sagen trauen. Orbán nennt die Dinge beim Namen. Er bezieht sich auf fundamentale Prinzipien. Er sieht sowohl das Gute als auch das Böse. Wie in einem guten Western.

Es gibt zwei Möglichkeiten Orbán zu interpretieren. Als eine an die alten Zeiten erinnernde Persönlichkeit, als letzten Boten einer – schon in die Seiten der Geschichtsbücher eingesperrten – politischen Auffassung, oder als einen Politiker, der über eine Zukunftsvision verfügt und seiner Zeit voraus ist und die Welt wird in ein paar Jahren oder Jahrzehnten so aussehen, wie er sie heute beschreibt.

Welche Version ist die richtige? Die Antwort kenne ich nicht. Ich weiß nur eines: Ich hatte mehr als ein Jahr lang die Gelegenheit, aus nächster Nähe einen der interessantesten Politiker unserer Zeit zu beobachten.

Fotos Innenteil